决策评价论

——价值评价在决策中的地位和作用

Evaluation Theory of Decision

The Status and Function of Value Evaluation
in Decision-making

陈阳◎著

知识产权出版社

全国百佳图书出版单位

—北 京—

图书在版编目（CIP）数据

决策评价论：价值评价在决策中的地位和作用/陈阳著. —北京：知识产权出版社，2020.11

ISBN 978 - 7 - 5130 - 7214 - 4

Ⅰ. ①决… Ⅱ. ①陈… Ⅲ. ①价值—评价 Ⅳ. ①F014.31

中国版本图书馆 CIP 数据核字（2020）第 185936 号

责任编辑：石红华　　　　　　　　　　责任校对：王　岩

封面设计：刘　伟　　　　　　　　　　责任印制：孙婷婷

决策评价论
——价值评价在决策中的地位和作用

陈　阳　著

出版发行：	知识产权出版社 有限责任公司	网　　址：	http：//www.ipph.cn
社　　址：	北京市海淀区气象路 50 号院	邮　　编：	100081
责编电话：	010 - 82000860 转 8130	责编邮箱：	shihonghua@ sina.com
发行电话：	010 - 82000860 转 8101/8102	发行传真：	010 - 82000893/82005070/82000270
印　　刷：	北京建宏印刷有限公司	经　　销：	各大网上书店、新华书店及相关专业书店
开　　本：	787mm×1092mm　1/16	印　　张：	14.25
版　　次：	2020 年 11 月第 1 版	印　　次：	2020 年 11 月第 1 次印刷
字　　数：	235 千字	定　　价：	68.00 元

ISBN 978 - 7 - 5130 - 7214 - 4

序

决策是人类生活活动中的常见的现象，也是遍及于人的各种活动中的重要环节，甚至可以说是核心环节，但长期却没有得到人们应有的重视。一个可能的重要原因，大概是许多人按着字面去理解，把"决策"当作是"庙堂之事"，即讨论、制定、决定"政策"的事体，是"领导科学"关心的事，与我等小民无关。这实则是一种误解。可能还有一个原因，就是我们长期处于农业小生产的社会，农业活动、农村事务几乎都是因循常规，照例行事，似乎用不着"决定"什么和"选择"什么。这个农耕文化的思维习惯是影响到我们各个方面的。进入市场经济文明阶段之后，各种主体面对着市场行情变化不定的环境，行为后果（成败）的硬约束，只能依靠自己自主选择，也只能自负盈亏，于是分散决策成为了常态。无论最后结果是成是败，其因都可追溯到起初确定的目标，或是活动期间的应对策略，总之都是由主体的决策和选择造成的。这种社会实践经验自然就突出了决策问题的重要性以及寻常性。但要引起普遍关注和重视怕还需要一定的时间。毕竟我们搞社会主义市场经济才三十几年的时间。

中国价值哲学研究是伴随着改革开放而发展起来的，对于推动改革开放尤其是促进人们的价值观念转变起了很大的作用。价值哲学的基本问题是价值与评价的关系问题。现实人们的生活实践活动，就是以一定的认知和知识为基础，通过评价来评估、把握价值，创造价值，以及分配和消费价值的不断循环往复的过程。三十多年前我在撰写博士论文《评价活动论》的时候，就曾写道，评价是与认知相对应的观念活动，如果说科学研究是认知活动的典型形态，决策就该是评价活动的典型形式。决策当然需要信息，但如何评价信息，确定其真伪和重要程度，进而根据主体的需要确定目标、行动方案以及行动时机，才是决策的核心问题。价值是决策（选择）的客观根据，评价则是决策

（选择）的主观依据。三十多年后，陈阳作为我的博士，当他提出想以评价在决策中的地位和作用为博士论文选题的时候，我欣然同意，认为他的选题非常有意义，鼓励他认真去做。他的论文答辩，也得到了多位教授的好评。

　　本书就是陈阳同志在博士论文的基础上增补完善而成的。从价值哲学的视角系统研究评价在决策中的地位和作用，本书是否是国内第一部，恕我粗疏懒怠，未查资料，故不敢肯定；研究达到了多深的程度，我作为作者导师，为避嫌计，也不下评语。我只是希望，学界应该重视并开展关于决策问题的多方面的深入研究，重视价值哲学和评价理论对于我们追求美好生活的重要意义。在这方面，本书算是开了一个很好的头。

　　是为序。

马俊峰

前　言

　　作为在具体社会历史条件下生活的人们，总是因为这样那样的目的，采取他们所能掌握的手段，来进行或大或小的选择，当有些时候某些选择重要到影响事物发展性质的时候，则被人们称之为决策。无论从规范性还是从描述性的角度来看，它大概的过程就是：人们为了实现某个目的，并在一定的限制条件下，通过一定的方式、方法，来制订一些方案，并从中选出最佳或最满意的方案，进而付诸实践，最终将心中的蓝图变成现实。决策既表现为一个时间性的过程，也表现为一种具有强烈价值倾向的、人的目的性的活动。本书从决策的一般要素、一般过程以及本质特征等几个方面来分析这一特殊的人类行为。并基于对以往决策科学的一般模型分析入手，尝试分析人们将"信息"置于决策的决定性地位这一观念有何不妥之处。同时，本书将提出"评价在决策中居于基础性地位并具有贯穿始终的决定性作用"这一观点，从而努力将决策从认识论分析的视角引向价值论分析的领域。

　　从研究意义上来说，对决策行为的考察，尝试从实践的立场和价值评价的视角切入，不但是决策科学研究进程中的前沿，也是价值哲学研究在现实应用上的探索。然而，当前关于本领域的研究成果主要体现在决策科学领域内，很多研究者试图通过对组织中的人、人的情绪、性格和风格的探索，以及对人从生物学意义上的考察，来找出决策的内在机制和逻辑。对此，我们承认这不失为一种探索路径。但是，若从价值的角度来看，决策尤其是公共决策是一种理性的过程，在完全理性反对者看来非理性因素不过是用另一种话语表达着价值的维度，尤其是评价在其中的作用。本书并不纠结于个体评价的讨论上，尤其是涉及脑科学和神经生物学层面上的讨论，而是着重从组织上、群体上、公共决策上来看待"决策一般"，并提炼出决策的要素、特征和一般过程，从而分析评价机制在每一个环节内是如何发挥作用的。总体上来说，人的行为具有社会性，人的判断与决策是社会和时代特征的倒影。因此，着重分析决策的社会性因素而不是生物性特征是本书的一个特点。正是基于这样的考虑，我将人的价值观念的形成、评价的特点与生成机制、评价与价值的相互关系等都纳入到社会性即历史性当中进行考察。

由于价值与评价在决策中的理论意义是本书首先要解决的基础性问题，本书就对价值学科的基本问题，包括学科确立过程中对价值的认识、价值的本质和概念的讨论，以及当前中国马克思主义价值论的基本立场和观点等做一个大概的梳理，这将为本书在何种意义和限度内使用价值和评价概念划好界限，防止出现理论和概念使用上不必要的争议。同样，既然本书讨论的主题是评价在决策中的地位和作用，那么就需要对评价的本质、标准以及评价的中介作用和实践意义等做一番探讨。本书认为，评价是决策的主观依据，但衡量评价正确与否却是有实际根据的，这一根据便来自于评价对象的价值事实。价值事实制约着评价，它是评价的基础。同样，价值标准也影响着评价的标准。此部分旨在防止将评价完全理解为一种主观随意，要知道评价是"主观的"却不是"随意的"。至此，我们会发现要解决作为人类实践活动中最基本的两大原则"价值原则"和"真理原则"在决策实践中所产生的张力是一个理论与实践中的难点，如何理解和认识这对既对立又统一的矛盾关系，是理解"决策本质"的基本理论前提。简单说，当高高在上的真理与价值原则降落到实践行为中时，是以"认知"和"评价"这两种活动形式出现的，那么如何看待"认知"与"评价"的关系，以及二者在决策中的作用，是研究决策行为的实际问题。

通常情况下，决策研究者们认为，决策的首要凭据是信息，认为只要有足够真实和充分的信息便会自然而然地做出正确合理的决策。所以，一直以来，"信息"在决策中的地位和作用都被赋予了极高的地位。然而，什么是"信息"，以及人们如何理解信息，却是值得深入考察的。本书试图从对"信息本体论"和单纯的"信息认识论"的反思和批判中，提出信息的两个维度，信息一方面反映了对象的"物理事实"，另一方面在作为决策主体的人的面前则以"价值"的形式出现。至此，"事实"和"价值"便构成了信息的完整形态和内涵。基于对"信息"本质的界定以及在决策实践中对信息的认识和把握，促使本书提出"决策信息"这一描述性说法，以区分在普通意义上对"信息"一词的使用，并指出"决策信息"是对决策中的事实之重新构建。这样就方便了我们该从何种意义上理解和使用"决策中的信息"以及它在整个决策过程中是如何与评价机制互为补充成为决策的两驾马车之一的。

当然，每个时代的人们，都在其所独特的决策环境下进行着决策，那么当前的决策环境和特殊之处便是以"大数据"为指称的"信息时代"。相对于以往信息贫乏的时代而言，当前的决策背景特点是"信息极为丰富而时间维度并未延长"，这无疑是从另外一个维度增加了人们的决策困难。首先，人们需要从海量的信息中剥离出真实有效的信息。其次，人们更需要具有强大的分析和评价能力。同时，决策事件本身也会随着瞬息万变的情境而发生改变，这就要求决策主体具备在短时间之内快速做出决策反应的能力，否则信息的价值会随着时间的延长而降低。当然在信息时代，困境不止这一个方面，高度发达的市场经济让信息成为一种具有极高经济价值的商品。于是人们的信息安全便又成为社会中的法治难题和伦理困境。如何对待这一难题以及合理对待信息在决策中的地位和作用，成为当前以及今后相当长一段时间之内各个国家、政府和人民共同面临的问题。

基于对评价和"决策信息"的论证，本书便进入到对决策本质的探索中，而这需要建立在对"决策技术论"和"决策主观论"反驳的基础上。通过考察，我们找到了这两种认识误区的理由和逻辑内核，我们既反对将决策完全等同于计算，也反对将决策理解为纯主观的个人偏好。因此，无论是在对信息的加权、赋值和评估上还是对方案的选择上，我们都试图把决策看作一种公共理性下的合理结果。为此，本书考察了传统决策科学视角下的决策种类、最为常见的在决策主体数量上所表现出的决策机制的差异以及不同决策领域所体现的决策特点，最后从文化制度的民族性上来看中西决策特点和正当性问题，在一系列的比较中，它既把我们带入了一种更为广阔的文化视域，也让我们看到了决策理论发展的普遍性和前景性问题。接下来，为了抽象出决策的"一般过程"，本书考察了决策的主客体、目标、标准和方法以及影响决策质量的因素等决策要素，并发现了主体性和动态性是决策的主要特征、理性与不完全理性之争是对决策本质的回应等研究结论。最后，从主体、时间和逻辑三个维度抽象出了"决策一般"。正是有了"决策一般"，为考察评价在决策环节中的每一步作用和运行模式提供了一定的便利和可靠的实验空间，顺利论证了评价在确立目标、搜集审查和加权信息、确定方案、方案实施过程中的时机选择、矫正目标或计划中的作用以及评价不当所可能造成的一些后果等一系列问题。

总之，本书强调当前我国决策制度改革和建设的落脚点是解决决策的科学化和民主化问题，而这一制度性探索是为了实现决策价值最大化这一最终目标的阶段性目的。也正是通过对"科学化"和"民主化"概念的分析，指出了二者之间的对立统一关系，并认为二者的内在张力是从中西决策制度和思维方式的不同体现出来的。决策科学化的内在要求是确立严格的信息真实性审查机制以及研发运用先进的决策技术；而决策民主化的价值追求则是为了营造良好的组织氛围和促进决策伦理的内化，它是组织决策活动的润滑剂，有利于提高组织决策的效率和实现价值最大化目标。当然，合理的决策制度是科学化和民主化的共同目标。那么基于中西两种文化背景和思维模式的不同，其二者应当探索和形成一种与自己文化基因相符合的、合理的决策制度。文中最后指出，审慎对待多元主体的意见表达是为了统筹兼顾实现多种价值的合理综合，这既是决策的原则和目标，又是价值多元和全球化的时代呼声。总之，从"事实"与"价值"两个尺度来分析和研究决策，是对这一人类行为的最高抽象和概括，是决策研究的合理方向和路径。这不但对人类已有的、在各个领域内所体现出来的决策实践行为有一定的指导意义，而且对当下蓬勃发展的人工智能领域也有一定的借鉴价值。

目　录

导　论

决策，是人类独有的一种实践活动。由于决策涉及人们活动的各个领域，故而对决策的研究就不能仅仅局限于公共管理领域，而应该以更大的理论视野来关照它。同样，纵观整个人类历史，决策可以被视为一部人类通过自身来改变自然界和人类自己过程的历史，而这一过程并不是按照神的旨意而是按照人自己的旨意来进行的。我们将决策视为人的本质不断展现的过程，它在人类实践中有着重要地位和作用。

一、决策在人类实践中的重要地位和研究意义

从本问题的研究意义和对人类的重要性来说，决策行为在人类社会实践中居于重要地位，是人类社会的一项重要活动，它涉及人类活动的各个领域。纵观整个人类历史，可以被视为一部人类自身进行决策和实践、改变自然界和人类社会的历史。马克思曾指出："历史什么事情也没有做……其实，正是人，现实的、活生生的人在创造这一切，拥有这一切并且进行战斗。并不是'历史'把人当作手段来达到自己——仿佛历史是一个独具魅力的人——的目的。历史不过是追求着自己目的的人的活动而已。"❶ 决策可以被视为人的本质不断展现的过程。它总是伴随人的目的不断外化；它总是否定性的，改变自然和社会，甚至人自身；它总是在反思当中关照对象、改造对象，并把自身视为对象；它总是体现着人类对美好生活的新定义；它总是在新的生产和生产关系的情境中阐述人对幸福和人自身的新定义。从人们的现实社会实践中来看，人们充分地认识到决策的重要性，决策方向是否正确、决策质量的高低直接关系到人们现实生活的切身利益。因此，对如何制定出正确的决策和如何提高决策质

---

❶　马克思，恩格斯. 马克思恩格斯文集：第 1 卷 ［M］. 北京：人民出版社，2009：295.

量，人类从各个学科出发倾注了大量的研究。从学术研究史的角度来看，人类对决策的研究古已有之，其中古代中国对决策的探讨主要分散在历史、军事等著作当中。然而真正意义上科学的研究决策行为是在近代才有的事，一般说来，决策科学是研究决策的理论、方法和步骤的科学。为了提高决策质量和水平，减少决策失误，人们迫切需要学习科学决策的知识，通过掌握决策理论、方法去解决实际中的具体问题。

（一）评价因素对决策研究的意义

从目前的研究状况来看，自决策科学产生以来，决策理论经历着决策方法学、决策行为学与决策组织学等层层递进式的、越来越向现实的决策可能性迈进的研究取向，尤其 20 世纪 60 年代初西蒙提出"以行政人假设取代理性人假设"的观点，认为作为现实人的决策主体是有时间成本、经济成本、有限理性等实际限制的，因而目标不能设定成最优选择，只能设定成最满意选择。这一思想将决策从遥在天国、高不可攀的理论问题拉向了现实的人间生活，自此使普通人都可以理解决策成为可能，也真正使决策研究对现实实践的指导成为可能。西蒙的成功在于他以现实的眼光用具体的、历史的和活生生的人来代替了冰冷的、抽象的和毫无人情味的人。这应当使得我们认识到将决策仅仅置于认识论的框架下研究的弊端，而要重视决策实践当中的"评价"因素。但当前主流的决策方法学要求决策者按理性方法进行决策，为此，它从理性人的公理假设出发，推导出一套对决策的规范性要求，使决策纳入规范化决策的框架。以规范性决策学为例，它认为只有理性方法才是唯一可取的，主张以客观事实为依据，不掺杂个人的情感和其他主观心理因素，按严密的逻辑程序和分析推理来做判断与选择，其本质上是按事实材料、以逻辑推理为基础来做决定。但是，决策者的主体性会在决策行为的每一个环节中体现出来，可以说规范性决策论者是用抽象的人代替了现实的人，以抽象的主体代替了现实的主体。反之，反对完全理性一派的做法又过多地诉诸对情绪、心理甚至从脑神经科学中找出路，把情绪性的、非理性的因素过分夸大，并将其提高到理性之上，认为决策是一种具有极强主观性的行为。甚至，决策主观主义者们将对决策信息评价环节中的赋值和权重问题一同视为一种主观的偏好，好似完全没有客观基础。我们认为决策技术论和主观论都是在从两个极端看待决策问题，没有认识到决策主体的社会实践性。

从决策的本质上来说，决策是一个价值选择的过程。决策总要体现着决策主体的意志和目的。然而目前的决策研究，将主要的研究精力放在决策手段、决策方法上，而忽视了对决策主体或者说对人的研究。其实在决策者的心中，他所关心的是他决策行为的总体效果，他要从更高的高度上来统筹各个选项之间的关系，而目前决策分析的方法却不能达到决策者的这一价值诉求。决策分析方法的弊端是，它所要求的各种决策条件不是现实的条件，而是从现实中抽象出来的条件，它要么模拟一种无约束条件的决策情境，要么模拟一种每一个决策者都会面对的约束条件。所以说，规范性决策提供的是一个在真空中可行的模拟决策手册，这就使它既不能代替真实的决策主体进行决策，也不能从方法论上对决策主体提供任何有价值的指导。

故而，基于以上分析，我们认为决策应当重视评价因素在此过程中的作用，并应当将"真理原则"和"价值原则"统一起来，把决策不单单当作一个"认识"活动，更应当注意这中间的"评价"活动是如何展开的，进而像马克思在具体的劳动中抽象出"劳动一般"来一样，从不同决策类型中总结出"决策一般"，并以此为基础来分析评价机制在决策当中如何发生作用。

（二）决策研究对价值哲学的反哺

价值哲学研究与决策论研究分属于两个不同的领域，从已有的文献当中可以发现这两个领域尚未有较为深入的交叉研究。虽然有些研究已经涉及情绪、非理性、价值观等问题在决策中的影响，但这些只可视为对"价值"现象探讨的代名词，并未正面揭示价值和评价在决策中的影响。所以，这一研究可以看作是此交叉领域的创新性研究。另外，从价值哲学尤其是其核心问题——"评价"问题的研究上来说，评价行为如何体现在人类的社会实践当中，是价值哲学从理论走向现实大众生活的关键一步。而决策又是人们每天都会面临的问题，这使得在决策研究当中凸显评价的地位和作用尤为重要。从逻辑和论证结构上来说，如何围绕"信息"和"评价"两个核心关键词展开论述，并将评价的地位真实地展现出来，这不但是主要的研究工作，也可能是今后价值哲学和决策科学的一个交叉点。最后，从价值哲学对现实的指导意义上来说，决策是价值哲学踏入现实最近的一步。决策过程从价值选择的角度可以表述为："决策主体以价值最大化原则设定目的，并以此目的为指导筛选有价值的信息，并根据已有信息制定最大范围内的若干方案，最后经过方案间的评价和比较，做出决定。"对价值评价在决策行为中的地位和作用的研究，不但对价值和评价关系的澄清有着重要意义，同时也有助于增强价值哲学对其他学科的影响以及发挥其在生活实践中的作用。

具体来说，新研究可以从以下几个方面着手。首先，相对于以往将决策划归到认识论领域当中来考量的研究路径来说，可以从价值论来考察决策的思路，因为我们有理由认为由于从决策目的和原则上来说就是趋最大利和避最大害，尤其在各方案之间的选择本质上是主体进行"好坏"的评价与取舍。其次，相对于以往对信息的定义来说，"决策信息"作为一种特殊的信息形式，要认识到它不仅是认识论的对象，而且是通过主体的评价以价值的形式进入到决策实践当中的，也正是由于决策主体的存在，信息才具有了价值的维度。再次，从"真理原则与价值原则"的辩证关系来考察决策行为的可能，有利于反思当前决策的规范性问题，并为各层主体进行科学决策与民主决策做一些基本的逻辑前提和原则性探索。最后，在目前人工智能研究即将进入迸发的临界点的新时期，困扰人工智能的不仅仅是技术，更为深层的是它所面临的伦理困境与决策难题，甚至是如何理解"人"的问题，而对人是如何做判断和做决定的理论分析可能，对于人工智能研究有一定的启发意义。至于如何让人工智能做出有"人道主义"决策，这不仅仅是一个决策专家所面临的问题，更是一个让哲学工作者头疼的难题。

总之，我们认为"信息"和"评价"是决策过程当中不可缺少的两个关键因素，而二者都是在"主体"尺度上被统一到决策实践中的。评价反映评价者自己的认识水平和价值取向，这中间有认识的成分，但更是一种主体性哲学的体现。评价主体在目标设定、方案选择的时候，本质上是一种价值评价和价值选择。决策主体是研究决策问题的钥匙，而关于它的研究经历了从单主体模拟假设到多主体的组织行为学研究，在我们看来这是一种对决策研究越来越接近实践和"真实"的过程。当前，决策研究中的多主体以及同一主体内的成员关系等问题成为决策主体研究的重点。另外，在决策类型上关于不确定因素下的风险决策也成为各个行业关注的要点。这种越来越接近真实世界实际情况的决策研究反映了人们关于自身和对象世界的认知深入和价值多元的包容心态。

二、国内外研究现状述评

生活中，无论个人还是群体组织，每时每刻都在做着决策目的的设立、决策信息的搜集、决策方案的制订和筛选以及决策的执行和对反馈信息的反思等一系列活动；小到日常生活的决定，大到国家大事的抉择，都是决策行为。传统的决策科学是在运筹学、数学、统计学的基础上发展起来的，而决策科学被大众所熟知得益于其在管理科学中的作用。最早把决策这个概念引入管理理论的是 20 世纪 30 年代的美国学者巴纳德，而真正在管理学界流行起来则是到了60 年代初，而这与西蒙等人的倡导有关。西蒙在《管理决策新科学》中提出"以行政人假设取代理性人假设"❶，认为作为现实人的决策主体是有时间成本、经济成本、有限理性等实际限制的，因而目标不能设定成最优选择，而只能设定成最满意选择。西蒙的这一贡献，使得决策在经济组织行为中有了重大的现实实践指导作用。西蒙的成功在于他以现实的、具体的、历史的和活生生的人来代替了冰冷的、抽象的和毫无人情味的人，将决策从遥在天国、高不可攀的理论问题拉向了现实的人间生活。它使得决策使普通人都可以理解成为可能，也真正使决策研究具有对现实实践的指导成为可能。总之，自决策科学产生以来，决策理论经历着决策方法学、决策行为学与决策组织学等层层递进式的、越来越向现实的决策可能性迈进的研究取向。在西蒙的启发以及国内马克思主义主体性价值哲学的研究不断取得丰硕成果的前提下，当下我们应当关注的是"基于不同价值立场的主体是如何让评价因素在不同决策实践中发挥其作用的？"作为对此问题的研究之前奏，本文试图从"史"和"问题"的维度来整理相关文献，进而对此问题的研究现状进行必要性的评述。

（一）国外研究现状及西蒙"行政人"假设的贡献

现代决策学的蓬勃发展与 20 世纪四五十年代以来的科学技术发展密切相关，它是历史现实的需要与各个科学门类共同发展造成的。在当时，一方面，概率统计学、运筹学、控制论、信息论、系统论等一系列相关学科的发展极大地推动了决策科学的进步；另一方面，计算机的出现使得决策运算的速度大大提高。这些学科的出现和运算工具水平的提高不但为决策科学提供了新的方法论，而且提高了材料处理的能力尤其是在定量分析上的能力，这便是我们所熟知的决策硬方法。然而问题是人们在信心满满地以为决策方法能解决决策的一切问题的时候却发现计算既不能对人类行为做出全方位的指导，也不能从根本

---

❶　［美］赫伯特·A. 西蒙. 管理决策新科学［M］. 北京：中国社会科学出版社，1982.

理解人。于是决策科学家们开始关注人类的另外一个维度即心理、社会心理等方面，并试图在逻辑学、社会学和组织学等方面取得突破，这便是后来的决策软科学所主要研究的领域。当然，经过半个多世纪以来的研究，人们在决策的心理活动、组织机制和社会因素方面获得了很多成果，并成功地将这些成果运用到决策的行为与组织当中，为今后的决策研究开辟了一个广阔的空间。有了各个学科的相互配合研究，人类逐渐对决策活动当中的相关因素有了相对清晰的了解，为今后处理更加重大的、复杂的、多主体参与的决策提供了基础理论的保障。总之，决策科学从定量分析开始逐渐走向以人为中心的多维度研究，至此，一门比较系统和全面的决策学科才逐渐完善起来。

现代决策学包括三个层次：决策方法学、决策行为学与决策组织学。决策方法学是决策学的基础层次，它的研究对象是一项一项的决策，一般不考虑各项决策间的联系。决策方法学研究的成果，是对决策的步骤、方法、手段、信息以及对待风险等方面提出一些基本的要求和规范，提出一些决策活动应遵循的基本原理与原则，因此它也被称为规范性决策学。在决策方法学之外，开始出现以描述决策者个人行为为中心的决策行为学，以及以研究决策组织问题为目标的决策组织学。前者属于决策学的中间层次，后者属于最高层次。决策行为学把一个决策者的全部决策行为作为研究对象，目的是使决策者的全部决策行为达到总体效果最佳，而总体效果如何并不是各项决策效果的简单相加，它受制于如何正确处理决策者所从事的各项决策之间的关系。决策组织学的研究对象则是研究决策行为中的组织问题，目的是使该组织的全部决策达到总体效果最佳，为此就要正确解决组织决策中的目标冲突、利益平衡、分工协作、决策权分配与监控等问题。个人决策、决策行为、决策组织，是一步步深入研究决策的必然。

分析决策（即硬决策）的一般模式。传统决策论是在统计学的基础上发展起来的，从1920年起，统计学家皮尔逊等人在通过对抽样信息的调查中提出了"决定"这一概念。20世纪40年代，冯·诺依曼和摩根斯坦等人则在古典效用概念基础上，提出了现代效用理论，成为决策硬科学的重要理论来源。50年代，萨维奇建立贝叶斯决策理论成为决策分析中最为重要的方法。此后，瓦尔德等人通过最大期望值准则来为风险决策找到相应的决策标准。自此之后，大量的学者通过数学方法试图将决策分门别类地加以研究，使得序贯决策、多目标决策、群决策等进入决策科学研究体系中。然而，自决策科学产生以来，传统决策论研究专家对决策主体即决策者的假设一直以"经济人"的形式出现。经济人的假设是数学化、量化思维模式的必然产物，也是决策认识论所依托的必然前提条件，因为只有抽象掉了具体的活生生存在的主体，才能进入到数学计算领域。它的特点主要表现在以下几个方面：完全理性人假设；利益最大化假设；完全孤立无感情的个人。然而这是一种思维模式，它在方便了数学家们计算的同时，却并未解决人们选择的困惑，可以说"经济人"假设不具有现实可操作性。

组织决策（即软决策）和西蒙有限理性假设的提出。相对于决策硬科学来说，决策软科学则主要体现在管理和组织当中。它肇始于世界大战之后生产力的大力发展、生产社会化的日益提高以及科学技术的蓬勃发展。同样是现实实践迫使决策研究必须面向组织和社会分工中的活生生的人，尤其是跨国集团公司的发展对分析决策的研究提出了重大质疑，为了使决策群体当中能积极有效地发挥它的作用，管理学家和决策科学研究者不得不重新审视决策这一概念。巴纳德首次将统计学当中的决策概念引入到管理学当中，20世纪50年代之后西蒙的《管理决策新科学》直接点明了决策在管理中的核心地位，并对决策的原则、程序、目标冲突等问题做了详尽的分析。西蒙等现代管理科学家从对决策方法的关注中转向对决策主体的研究，进而对传统管理科学的基本前提即"经济人"假设提出了质疑，在"决策要有现实可行性"思想的指导下，提出了"行政人"假设取代"经济人"假设的观点，并以决策结果的"最满意方案"替代"最优方案"，从而使得决策研究从天上走向人间。西蒙对决策者的定位是一个活生生的现实的人，决策主体越精确具体受到的约束条件就越现实，无论是其个人的能力、时间、精力等条件还是他所处的政治社会环境等，都使得主体在制订和选择决策方案的时候考虑到现实，决策的方案也具有强烈的可执行性。相对于理性人假设将决策者置于一种全知全能以及时间条件都无限充足的理想状态下而选择一个最优解来说，行政人假设则承认决策主体的现实条件和困难，认为人们的决策其实并不需要一个最优解，而是一个最满意解即可，就像我们要在针盒里拿起一枚针缝衣服，我们只要找到一根能把衣服缝好的针即可，没有必要一定要找到最锋利的那根。西蒙对决策主体的这一人文关怀的定位解答从根本上解决了现实的决策困境，并大力推进了组织行为学和管理科学的进步，也带动了决策研究向其他学科的跨越与渗透。20世纪60年代，阿罗在《社会选择和个人价值》中提出不可能定理对群决策和社会选择领域的研究起着重要作用，❶ 使决策分析理论研究进入更新更广泛的领域。综上，在决策分析学科的发展历程中，决策硬科学和决策软科学互相交织促进，互为反思、互为补充，两条研究线索使得决策学科在理论和现实当中都取得了巨大的进步。

（二）国内研究现状以及决策研究新动向

目前决策研究偏向于技术科学、管理科学、情报学和心理学方面，从哲学角度谈决策问题的偏少。首先，《控制与决策》偏向于计算机技术方面；《统计与决策》则是在统计学学科意义上讨论；《中国管理科学》《科技管理研究》《科技进步与对策》《系统工程》多从管理学角度来谈；《情报杂志》隶属图书馆、情报与文献学学科；《心理科学进展》属于心理学学科。其次，若以"评价"为搜索项得到的大部分数据也多是非哲学类文献，真正隶属于价值哲学问题域的"评价"类文献相对比例较少；在一些同时涉及决策和评价问题的文献中也仅仅是在通俗意义上使用"评价"一词，而不是在价值哲学层面上使用。最后，虽然单独研究评价和决策的文献较为丰富，然而对二者交叉研究的文献较少。

相对于期刊资料，书籍等文献资料中关于此主题的研究可分为三类：①基础类教材。此类文献多是从基础的决策常识讲起，主要偏重数学方法在决策案例中的使用，并对决策类型进行较为详尽的分析，一一讲解如何来计算出最优的决策方案。例如：陈珽的《决策分析》，岳超源的《决策理论与方法》。②从心理学角度对决策行为的尝试性探讨。例如：庄锦英的《决策心理学》，范翰章等著的《决策心理学》。③国家政策或领导人的决策历史文献。例如：罗依平的《深化我国政府决策机制改革的若干思考》，薄一波的《若干重大决策与事件的回顾》等。④从哲学的角度谈决策问题的专著。此类著作是真正涉及本研究主题最切近的文献，即同时涉及二者的文献，基础性理论文献主要体现在价值哲学方面。例如：李德顺的《价值论》，马俊峰的《价值评价论》和《价值论的视野》等。关于直接涉及此主题的有陈新汉的《权威评价论》，韩云平的《决策认识论》，王志远的《模糊偏好形成机制研究》，阿罗的《社会选择与个人价值》，陈正伟的《综合评价技术及应用》。这类文献解释了一

---

❶ ［美］肯尼斯·J. 阿罗. 社会选择与个人价值 ［M］. 丁建峰译. 上海：上海人民出版社，2010.

个问题："科学知识或者科学规律本身不能驱动决策或行动，只有人的价值需要才是获得科学知识的动力，也是诱发决策的前提。"

通过对国内目前研究状况的整理，可以从基本观点、研究方向和前沿问题等几个方面看出以下两大转向：一，在聚焦上：从"规范性决策"向"描述性决策"转变，并以"行政人"替代"理性人"对传统决策论的颠覆；从"个体性决策"向"群体性决策"侧重，并加强行政决策中的制度性建设；二，在研究手段上：大量采用生物学、心理学视角及计算机辅助手段；从"单一观察"到"跨学科全方位研究"的方法论转移。决策科学前沿动态为我们以"信息"为触发点来讨论决策的"认识论"与"价值论"问题提供了可能。

首先，对于关注焦点问题中行政人对理性人的替代问题上文已做过解读，核心立场是对完全理性传统决策论的反驳，强调人们应该如何做决定是一个规范性问题，而人们实际上如何做决定则是一个描述性问题，强调当前的决策研究应当从如何理解和帮助人们实际地做出决策方向做出探索，更加贴合现实实践，此立场已经成为当今决策研究的一个基本学界共识，此部分无须做过多说明。在此，主要分析从"个体性决策"向"群体性决策"侧重，并加强行政决策中的制度性建设问题。关于群体性研究得到如下一些发现：①群体成员过多地将精力放在维持群体内的人际关系上，使决策不能按照理性的程序和方法进行是失败的一大原因。❶ ②对伦理决策困境的尝试性研究，认为"外部控制、伦理立法不能解决伦理问题，伦理决策的困境需要行政主体伦理自主性的充分发挥才能解决"❷。③针对行政决策给予建设性指导意见的，例如强调如何健全领导决策失误问责机制；❸ 群体决策中团队成员之间的异质性问题，通过研究发现成员之间的异质性区别过大则会增大分歧，不利于做出决策。❹ ④关于决策的效果问题，学者们强调应当从个体、组织、社会三个层面对团队决策的影响因素加以归纳和总结，有研究指出人们基于经验，以及对决策行为理性因素的推崇，认为男性在决策方面优于女性，然而事实上并不是这样，纯

---

❶　毕鹏程，席西民. 群体决策过程中的群体思维研究［J］. 管理科学学报，2002（1）：25 - 34.

❷　刘法威. 伦理决策的困境与自主性［D］. 南京：东南大学，2005.

❸　韩民. 着力健全领导决策失误的问责机制［J］. 理论学习，2015（8）：57 - 58.

❹　异质性主要是指决策团队成员之间在某种特质上的区别。参见：李辉. 高管团队特征与决策效果研究：行为整合的中介作用［D］. 沈阳：辽宁大学，2014.

粹由男性构成的团体在决策中的成绩是最差的。❶ 研究进一步指出伦理决策从决策效果上来说有一个现象：单个男性＜群体男性；单个女性＞群体女性；决策团队中最优秀那个人是团队能达到的天花板，团队决策中权威人对整个团队的决策有着重大影响等结论。⑤关于群体决策的文化差异问题，应当指出的是中庸的处事态度对中国人的决策行为有着重大的影响，尤其是中国人的自尊心或者脸与面子的观念非常容易左右决策。要注意的是，人们决策并不是完全计较物质利益，有时候脸面也是一种利益，而且被视为重大利益，这一发现有力说明了在不同主体的"评价"下，会做出不同的决策方案，我们足以理解为何有时候人们会把"脸面"赋予那么高的"权重"。

其次，在研究手段上，突出特点是大量采用生物学、心理学视角及计算机手段进行研究：通过神经生物学以及计算机技术的运用，来研究大脑到底是如何进行决策的，这是当前决策研究的一个明显特征，主要研究者和代表观点是科院的李纾等人。李纾在《发展中的行为决策研究》❷《人类决策：基础科学研究中富有前景的学科》❸ 中指出："'人类如何进行决策'是近几十年来行为科学、经济学、心理学和神经科学等学科极为关注的重大科学问题。"一方面，人们发现决策是人们认识能力和实践能力的反映，它要受到社会历史等多种因素的制约，于是决策专家们在肯定数学和计算机在管理决策中的作用的同时，也放弃了那些片面的过分迷信的做法；另一方面，关于心理方法的运用，它得益于决策软方法的发展，"决策软方法可以充分地考虑到人们的意愿、需要、情感等社会心理因素，从而使决策更能贴近人们的心理实际，也容易为人们所理解和拥护，它不仅促进了决策质量的提高，而且也为决策的实施奠定了良好的基础"❹。通过一些神经科学的研究，我们发现个人在不同决策阶段拥有不同的神经基础。沈翔宇以不确定决策类型为研究对象，借助 ERP 技术观测决策不同阶段的脑神经活动特征发现：①在决策预期阶段，不同决策类型的信息加工过程以及不同情境下个体的决策偏好存在差异。②在决策反馈阶段，不同决策因素会影响个体对决策结果的体验和评估。③决策的反馈与预期在认

❶ 季浩. 团队如何进行伦理决策 [D]. 南昌：江西财经大学，2014.

❷ 李纾. 发展中的行为决策研究 [J]. 心理科学进展，2006 (4)：490－496.

❸ 李纾，梁竹苑，孙彦. 人类决策：基础科学研究中富有前景的学科 [J]. 中国科学院院刊，2012 (S1)：52－65.

❹ 范翰章，杨树春，孙秀玉. 决策心理学 [M]. 北京：中央党校出版社，1996.

知机制上是分离的，在预期阶段形成的决策偏好并不影响决策结果的体验。❶最后在计算机技术方面，DSS 和 GDSS 两个决策辅助软件在现实中得到了一定的运用，并得到了一些研究发现，例如，随着决策群体的扩大，使用此决策支持系统的决策效果要优于不适用决策支持系统❷。

最后，以"信息"为触发点来讨论决策的"认识论"或"价值论"问题：决策应当是真理尺度与价值尺度统一的结果，离开对决策对象在真理层面的把握和对决策主体在价值层面的理解所做出的决策是难保科学的。而信息向来被看作是决策的基础和基本前提，通常认为人们是基于一定的信息而做出决策。要指出的是，虽然人们没有信息无法做出决策，但这不能说明只要人们有信息就会做出决策。对传统信息概念的破除和重新解读成为深刻理解决策的必要途径。目前信息哲学的发展被概括为五种学说：状态说、相互作用说、反映说、意义说和自身显示的间接存在说。❸ 其中，"意义说"主要反映在肖锋《重勘信息的哲学含义》一文中。"信息不是本体论范畴而是认识论范畴"❹，成为该文的一个核心观点，他主要从对信息本体论的反驳出发来论证信息的"属人性"，并将信息定义为"人工"的结果，进而将信息归结为认识论范畴。然而，我们认为不能仅仅将信息归结为认识论领域，还应该从价值属性出发对信息予以考察。"从认识论意义上说，客体只是产生信息的'信源'，而主体才是决定'信息'之成为'信息'的关键性因素。"从本质上讲，信息在人类社会中应该是一个"关系思维"下的价值现象。实际上在反对纯粹认识论、技术论的立场上有着大量的研究，并在一定程度上取得了学界的共识，例如对全面理性行政决策模式的反思，对夸大唯技术论的批评，等等。苏曦凌在研究行政决策和非理性维度上给予了一定的贡献❺，他认为应当从知识论、方法论和价值论立场剖析行政技术论硬核并提出质疑和解决方案，并对全面理性行政决策模式进行了彻底的批判与反思❻，他试图找到全面理性行政决策模式的理论硬核并从心理学和哲学认识论层面给予批判，最终将科学决策和民主决策视为落脚点，这一思路成为当前研究决策问题的一个基本方向。

---

❶　沈翔宇. 不确定决策的两阶段特征研究［D］. 杭州：浙江大学，2011.

❷　李武，席酉民，成思危. 群体决策过程组织研究述评［J］. 管理科学学报，2002（2）：55-66.

❸　邬焜. 中国信息哲学核心理论的五种范式［J］. 自然辩证法研究，2011（4）：48-53.

❹　肖峰. 重勘信息的哲学含义［J］. 中国社会科学，2010（4）：32-43.

❺　苏曦凌. 行政技术主义批判［J］. 广西师范大学学报（哲学社会科学版），2014（2）：43-50.

❻　苏曦凌. 行政决策的非理性维度研究［D］. 湘潭：湘潭大学，2011.

三、本书的论证逻辑

本书需要论证评价在决策中的地位和作用，看似是两个任务即它的地位是什么？作用是什么？然而在笔者看来，若清晰地论证了评价在决策的每一个环节起什么样的作用，那么它的地位也就是不言而喻的了。然而在给其地位作一限定性描述的话还需要考虑以下问题，即地位指的是什么？如果以"基础性"来描述或限定它的话也就意味着所有的决策都不可或缺，那么在本书看来是没有问题的；当然，可否用"决定性"来形容？这意味着无论决策情况如何变化，最终对决策起根本性影响的就是主体的评价，那么本书并不这么认为，因为某些关键性信息可能会起到决定性的影响，当然这些信息也需要通过主体的评价才能起作用。同样，第二个问题就是如何理解"作用"一词？起关键性作用还是决定性作用？关键性作用指的是诸多影响性因素中的一个，而决定性、基础性作用则是指其他的影响因素都需要以此为前提，即其他因素的作用大小是需要在此基础上进行衡量的。就像任何一个结构性的系统一样，其中有些因素起着基础性的作用，而有些则通常被放在二级影响层面来看。那么评价在决策中到底有何作用以及作用是多大呢？还需指出的是评价的作用是否被意识到在不同的主体那里是不同的，然而它并不为此而受改变，经研究本书认为评价在其中的作用不是一个一般性的影响因素，而是起着贯穿始终的前提性、基础性的作用，本书的论证可被看成以价值评价的视角来看待决策现象，也就是说，采用哲学反思批判的基本方法来看待决策现象以及已有的决策科学研究成果。需要在现有的决策理论分析基础上抽象出"决策一般"，并分析其构成成分，从哲学的高度上予以分析，来看待评价和决策的关系问题。最后，本书将指出此研究对改进人工智能决策和公共政策制定提供一定的现实思路。

（一）基本论证思路

本书针对决策的两个关键要素即"信息"和"评价"，来论证二者在决策行为当中到底是如何发挥作用的，尤其是围绕着"真理"和"价值"两个尺度在决策中的对立统一关系来作为本书的主线，具体论述"评价"在决策中的作用机制。在第一章中针对既有的决策理论对于价值与评价关系问题的误解，同时也因为价值与评价相对比较抽象，而在后文的论证当中它们又特别重要，所以在第一章当中重点阐述价值、评价以及二者的关系，为后面的讨论奠定基础。第二章讨论信息问题，信息通常被认为是做出决策的基础条件，因此重点分析从决策的角度如何来看待信息并指出信息中蕴藏的事实维度和价值维度以及二者的关系。基于前两章的基础性论证，第三章结合当前决策分析的研究成果，对决策的各种类型分门别类地反思批判，并总结出决策的基本过程和要素。第四章主要论述评价机制在决策的每一个环节是如何发挥作用的，至此便可回应评价在决策当中到底是处于什么样的地位这一问题。第五章可以看作是本书分析的落脚点或是价值指向，即对决策的分析无非是让现实的决策更加科学和民主，科学与民主是决策的基本原则和运行方式。第六章是对实践哲学以及拉兹理由理论的一个阐述，可以说是从更为广阔的视角上论证决策和人的行动问题。第七章可视为对"后真相"时代的一个回应，在这样的背景下，人们是如何探寻真相、作出选择和行动的。这便是整本书的一个论证思路和整体安排。

（二）基本研究方法

（1）概念分析法。此为哲学研究的基本方法。只有概念分析，才能把握住事物的本质。所以在基本概念上要进行辨析性概念分析。同时，本书要对以往的决策模型和方法进行反思，概念分析法是不可或缺的分析方法。

（2）数学与模型分析法。本书所做的大量基础性研究工作，都借助了数学或统计学、运筹学等基本分析方法。这些方法在以往都大量运用在决策分析当中，而本书正是对一些经典决策分析的案例进行反思和批判，才发现了评价被作为一个轻视的对象存在于决策研究中。本书可能没有直接体现运算的过程，但基本的论证思路和结论是在借助数学或模型的前提下得出的。

（3）国内外学者文本对照研究法。本书在前期文献整理工作中，大量阅读本学科在国内外的最新成果，通过对现有文献的整理、反思以及相左文献之间观点的对比，来看待学术争论的焦点。

（4）理论分析与现实相结合的方法。由于本书研究对象是人类的决策实践行为，此主题具有强烈的现实指向意义，只有经得起实践检验的理论才是真理。本书基于如上基本关照，在论证分析当中，时刻不忘理论，要与现实结合。故而本书既有概念分析、学科梳理的学究特点，又有将研究成果与现实进行对照反思的特点。因此，本书在分析论证的时候，随时会借鉴历史或学术当中的经典案例，并对本书的观点加以佐证。

（三）当前研究应关注的几个问题

价值研究与决策论研究分属于两个不同的领域，从文献查阅情况看，这两个领域的学者还未有较为深入的交叉研究，即便有学者注意到价值观对决策者的影响，但并未深入分析。本文认为最为重要的是应加强"评价"在决策中作用的研究。从主体的现实决策实践活动过程来看，可以将决策表述为："决策主体以价值最大化原则设定目的，并以此目的为指导筛选信息，并根据已有信息制定最大范围内的最佳方案，最后经过方案间的评价和比较，做出决定，付诸行动。"不难看出评价活动在决策过程中的每一个环节都起着重要作用。从某种意义上来说决策即为价值决策，凡是决策必定为价值选择。评价现象贯穿在整个群体决策始终的过程，从问题界定、信息收集、方案生成、评价直到最后的决议。可见，在群体决策中，影响最终结果的往往不是最终拍板定案的那一瞬间，而是整个的决策过程。

从历史背景上来看，现代决策学的产生，是 20 世纪四五十年代以来科学技术的迅猛发展和历史的需要共同造就的。一方面概率统计有了重大发展；另一方面运筹学、控制论、信息论、系统论等相关学科加入决策研究的阵营；最后是计算机的出现。这些都是在一个路子上的推进即定量研究上的推进。当硬决策发展到一定程度时，心理学、社会心理学、逻辑学、社会学和组织理论等也加入进来，从某种意义上来说，软决策的介入是对硬决策的反思和补充，它们为决策研究提供了一些新的思路。然而软决策也并未彻底解决决策中"决策主体"的根本属性，并未将决策理解为一种价值评价关系。目前决策论研究依旧偏向于认识论，对评价在其中的作用认识不足。例如，决策方法学要求决策者按理性方法进行决策，它认为只有理性方法才是唯一可取的，它主张客观性，以客观事实为依据，不掺杂个人的情感和其他主观心理因素。可以说规范性决策论者是用抽象的人代替了现实的人。从决策者的角度即决策目的来看，决策本质上是一个价值选择的过程，是实践的一系列评价的结果和结论。其中包括自我（需要、能力、目标等）评价，客体及环境条件评价，过程及前景（手段、效益、代价等）评价等。对决策的执行实践过程也是一个落实（检验和修正）评价的过程。决策活动中，信息是必要条件和因素，而主体的价值取向和评价才是起决定性作用；主体的价值需要是决策的根本前提，评价则在方案的具体制订中起着决定性和贯穿始终的作用。而当前的决策方法学按照规范性决策论道路对此无能为力，它要求的各种规范，往往只是抽象地从决策模型的需要出发，而不管决策者的客观条件能否实现这些规范。规范性决策是一种手段价值，计算本身只是提供了一个参考，它并不能替代决策。故而，笔者认为分析评价在决策中是如何发生作用的和研究决策过程中认知原则和评价原则是如何展现、如何辩证地统一起来的，将会对今后的决策科学起到一定的方向性推动作用。

另外，鉴于对此问题的研究还处于萌芽期，学术界在关注评价在决策中的地位和作用研究的同时，还应当兼顾其他几个问题：①如何划定本研究的范围？由于从决策目的和原则上来说，决策就是趋最大利和避最大害，各方案之间的选择本质上是主体进行"好坏"的评价与取舍，因此，从价值哲学的角度对决策有一番全新的解读，从这一角度看问题可能会对决策科学和价值论研究都具有一定的推动作用。②在研究中发现，我们应当重勘"信息"的定义。从决策实践中必不可少的两个因素"信息"和"评价"来看，对"信息"概念从价值哲学的角度来进行一番解读可能更有利于认识决策的本质。本文认为，信息不能再单作为认识论的对象，而应当以全新的"价值形态"进入到决策科学中。笔者认为，信息具有二重性即事实属性和价值属性，知识论的信息通过主体的评价以价值信息的形式进入到决策的每一个环节当中，这便是信息二重性中的价值维度。当然，这一切都始终离不开决策的主体在当中发挥的作用，正是由于决策主体的存在，信息才具有价值维度。③在决策研究当中应当重申"真理原则与价值原则"的辩证关系。因为真理尺度和价值尺度是人类实践的两个基本尺度，通过在人类的实践活动中来看清二者之间的辩证关系有利于夯实历史唯物主义和实践唯物主义的科学与真理地位。另外，这也有利于从现实角度梳理功利价值与伦理价值的矛盾冲突，为决策的描述性和规范性研究提供一定的现实依据，并为各层主体进行科学决策与民主决策指出基本的逻辑前提和决策原则。④决策研究应当关注最为前沿的人工智能科学进展。目前人工智能研究即将进入迸发的临界点，困扰人工智能的不仅仅是技术，更为深层的是人工智能所面临的伦理困境与决策难题。如何让人工智能做出有利于人的决策，不仅仅是一个决策专家的问题，更是一个哲学问题。

第一章　价值理论及其
对决策研究的意义

正如导论中所提出的问题那样，关于决策是什么，通常人们都会将它视为一种认识论的研究对象，即建立在统计学和运筹学的基础上，采用计算和制定科学模型来将复杂的人的选择行为还原为纯理性的经济行为，这是决策科学一直以来的主要理念和方法。然而当人们在面对一些复杂的决策情景的时候，会发现建立在认识论基础上的、科学的决策理论并不能给予完全合理的解答，于是人们开始试图研究决策当中的非理性因素，例如情绪、偏好和决策环境等等，更为关键的是在面临多样的决策信息以及不同的决策方案的时候，决策行为学或组织行为学的专家们提出了采用"加权赋值"的方式，给予不同的信息或方案不同的权重，应该制订和组织决策方案的实施。从这一决策研究的转折上，我们既看到了决策理论越来越接近现实、越来越可行。但是关于"加权赋值"的合理性与合法性问题却得到了不同的答案，一些人将其视为可能主观的偏好，比如我认为某一个信息重要我就将它赋予更多的权重，相反则降低某项信息的权重，"权重"的高低完全基于个人的主观评价。评价到底是不是主观的，以及评价是否有根据、理由和制约条件，既是本章节所要论证的重点，也是决策实践能否进入可证伪、可比较、可学习与可传递的人类学科体系和智慧体系的关键。

一、现代价值哲学兴起的背景

在古往今来的人类历史中，价值思维作为人的一种思维方式体现在各个民族的生产生活、精神文化等方方面面。在族别的区分上，其中一个重要的因素就是价值观念，每一个独立的民族都会有一套相对稳定的价值体系，包括有一定区别性的价值偏好，对于什么是好、坏的善恶标准以及信仰体系等。就像理性是人的一个维度一样，价值思维方式也是人类存在的另一个维度，这便是马克思所说的真理维度与价值维度在人这一生命形式上的体现。既然如此，要研究人的决策行为就不能仅仅停留在对真理层面的探讨上而忽略了价值维度的研究，第一章节重点是对价值问题在学科史上进行背景性的梳理，并规范后文中关于一些基本概念上的使用问题，以免出现概念使用混淆和不必要的歧义。

随着近代以来自然科学的发展，人们认为只有通过理性才能够达到对世界的认知，理性被赋予了极高的地位，像笛卡尔等人都认为哲学应该像数学一样可被计算才能称得上一门理性的学问。这也是近代以来认识论转向的一个主要原因，人们更多的讨论认识是如何达到真理等问题。但人文科学的建设将自然科学的方法运用其中的时候才发现"是"无法推出"应该"，尤其是哲学遇到了一些关于情感、意志等非理性问题的时候才发现科学并不是万能的。于是人们开始朝向另外一个维度来探寻，这便是现代价值哲学之所以兴起的背景。此部分就从"现代价值哲学的兴起和传播"，"从学科意义上来说，价值哲学从何种意义上确立并成为学术研究的基本问题"，以及"中国近代以来对价值问题的初步探讨和马克思主义哲学视域下的价值研究"，也包括"我国目前为止价值哲学研究的基本观点和成果"等方面，来梳理已有知识并为后文的论证打下基础。

（一）西方价值哲学的兴起和传播

价值学科在西方的确立。苏格拉底曾指出，哲学就是下定义。自古希腊以来，任何关于事物本质性的思维方式都是从对概念的分析入手的。关于"价值"这一概念从词源学上来看，它的本意是"可宝贵、可珍惜、令人喜爱、值得重视"的意思。❶ 我们通常是在经济学中使用"价值"这一概念，最早的经济学当中，人们用它来表示商品所包含的人的一般劳动，这即马克思所说的商品的本质属性。而以货币为代表的价格，则要围绕着商品的价值上下波动，它不过是商品交换价值的表现形式。马克思所说的价值是一种价值一般，它和商品的使用价值不是一个层级上的问题，商品的价值即内在价值是一种凝结在商品中的无差别的人类劳动，而不是使用上的价值。在这一点上，马克思与传统的经济学家对商品价值的理解完全不同。当然，我们在哲学上讨论的价值要

---

❶ 李德顺. 关于价值学的几个理论问题［J］. 人文杂志，1992（5）：42–50.

比经济学意义上的价值更抽象、更深刻，也可以说经济学意义上的价值不过是哲学上价值的一种特殊表现形式。哲学上的价值简单说就是"好坏问题"，这一概念也是从其他哲学词汇当中抽象出来的，比如"善""美好"等，它直接指向的是意义世界。可以说关于这一领域的思考，古已有之，它分散在人类的各个学科当中，不过是在近代清晰界定之后，被各个学科自觉意识并采纳。这个过程不是逻辑推演的结果，而是人类各个学科不断丰富和思考不断深入的必然结果。它首先从各个学科自身领域的不断演进中展露出来，主要表现在美学、伦理学等领域，它们的共同特点是破规范研究、认识论研究方式而进入到价值论领域中。18世纪中叶的鲍姆加登将美学定义为"感性学"的时候既标志着现代美学的诞生，也标志着不再从单一的理性、知识角度来探讨美的问题。自19世纪末到20世纪初，德国哲学家洛采、新康德主义弗莱堡学派的文德尔班、李凯尔特等试图将价值和评价问题置于哲学中心地位（他甚至提出，"一切哲学问题不过是价值问题"的论断）以来，价值问题便与存在论和认识论一样层级的哲学元理论问题存在了。

在几乎同时的中国哲学家张东荪也指出，从本体论到认识论再到价值论是哲学发展的必然逻辑，并在引进和介绍西方最新的哲学前沿问题后指出，在价值哲学兴起的初期对此问题的研究几乎取代了认识论的地位，并概括当时哲学研究特点是以价值论来吸收伦理学。[1] 可见当时的价值哲学，若用奎恩的话来说就是一种范式的转换，它用新的一套解释方法来吸收和重新规整了之前的哲学体系。价值思维方式是对传统真理式认识的思维方式的冲击，它挑战了认识论的地位，给哲学研究带来新的风气和面貌，只是在创立之初，人们还并未逃脱用实体式的、真理式的思维方法来看待价值问题，这便是价值哲学在学科创立之始就首先面临的一个难题，即"价值到底是什么东西"，"是什么东西"的思维方式就是一种实体化、物理式的、对象式的研究路径，这一思维方式并未占据学科前沿很长时间，便被价值主观主义所挑战，因为人们很快就发现价值既然作为一个新兴的哲学问题，就一定是与传统的认识论思维方式相区别的，那么在对象之内或是对象的属性中亦或是在物理世界之外的另一个实体王国中来找寻总是会失败的。此时的价值研究越来越接近价值的本质，他们试图在情感、偏好和关系中来理解这一现象，最典型的代表就是奥国学派从心理学

---

[1] 张东荪. 价值哲学 [M]. 上海：世界书局，1934.

角度所做出的研究成果，虽然他们的研究带有明显的唯心主义色彩，但相对于实体思维来说已经是一个巨大的进步，他们的问题是没有将价值所依附的主客体当作客观对象来研究，这也将是本部分分析的重点。总之，价值的本质和特点要求不能用真理的思维方式来对待价值问题，要从对象式的思维转向关系性的思维，这是价值哲学研究的正确方式和思路。

在西方前苏格拉底时期，哲学家们关注的问题是世界的本源问题即存在论问题。无论是"水""气""无定"还是到最后的"原子和虚空"，他们都是以"对象"为主要的研究对象。但当进入到原子内部以后，由于已经完全进入了近代以来的科学意义上研究对象的层面上了，但是他们却没有先进的研究工具和手段，导致这个问题无法前进。从而使得之前想要建构世界的本源这样的宏大问题无法实现，他们不得不停了下来。普罗泰格拉提出了反对这一追求世界本源路的研究路径，他认为"人是万物的尺度"，即要以人自身来作为最后的关切意义。随后苏格拉底将人们的视角由天上拉向了人间："人要关心自己的幸福生活"，这便是西方最早的伦理学或者说是价值学的转向。然而，古代的西方并未在此道路上前行多少，自柏拉图之后，他们依然还是逻辑地、认知地进行着对实体和存在的追问。就像前文所说，"真正从价值一般的角度集中地探讨价值的本质、生成、一般形态、分类、评价标准，等等，即严格意义上的价值论却是从 19 世纪末 20 世纪初才开始的。这股思潮产生后迅速扩展，影响日益加深，成为现代哲学的一个重要特征"❶。当人们发现价值这一现象之后，大致以两种态度对待之，赞成的一派如文德尔班等人认为，一切问题无非是价值问题；而反对的一派则想要把一切新发现归结到旧事物上去，坚称价值并没有任何新奇的成分，这一切只不过是为旧有的存有模式套上一个新词罢了。例如哈特曼则主张把价值划归本质当中。20 世纪初的摩尔通常被认为是一个新实在论者。《伦理原理》是他的代表作，他试图以价值的表述方式来讲道德问题。当然大概在相同时期的布伦坦诺、迈农、艾伦菲尔斯、尼采厄尔本等人都对价值问题的研究做出推进工作。李德顺老师指出，冯·哈特曼 1911 年发表的《价值学纲要》一书被认为是价值学名称出现最早的记录。

第一，价值是不是一种实在？自古希腊起，哲学家们认为伦理学研究的是"善"的问题，但是摩尔却反对目的论和自然主义对这一概念的解释，他认为

---

❶　马俊峰. 价值论的视野［M］. 武汉：武汉大学出版社，2010：5.

"善"不是一个对象。摩尔批评说，已往伦理学只是研究"何种事物和行为是善的"，却并未反思"善"本身是什么。在摩尔看来"善"不是古希腊人或者伦理学所说的具有终极意义的对象，而是尺度或标准。摩尔指出："好"（即good）是独立存在的，不能被归并到任何别的物质，自然主义把"好"归并于快乐之中，目的论把"好"归并于目的之中，这都是不对的。其实，"好"是单纯的特自的；"好"就是"好"，不是别的任何东西，我们不能说"好"是快乐，也不能说"好"是所欲，或者其他任何东西。❶ 这里要指出的是，摩尔看到了每一个具体的"好"不能简单地归并到"目的"或"快乐"之中，并认为"好就是好"，他承认"好"不是一个对象，而是对某种关系状态的描述，这无疑是正确。其实，他这里是将每一个具体的好当作一个描述性的判断，即"×××是好的"（但不能用快乐和目的来替换）。这种判断本身看到了价值作为一种关系状态存在，却无法深入分析，因为摩尔认为一旦分析就会把这种"好"归并到别的东西上了。摩尔的问题是他在反对自然主义价值论的同时，却在自然界之外又加上了一个价值的领域。他主张"价值这个东西实际是自己存在的"，这样他便成了一个价值论上的实在论者。❷ 摩尔的贡献是将价值的"好"与伦理学的"好"剥离开来。摩尔对于"好"的辩论，在表面上看来好像是没有结果的，但却提出了一个方向性的解释即价值的解释，并指出价值地解释"好"是现代价值论的趋势。关于"好"的研究就是在研究和回答一个价值的问题。价值是不能被归并的，而且也不是自然之物。自然之中只有事实没有价值；同样自然之中也只有实然，而没有评价。摩尔的伦理学属于一种新实在论，因为他把"好"理解为一种具有客观性的"性质"，这种性质以他所说的"虚存者"的形式存在，在自然之外但却也实实在在地存在着。摩尔还区分了手段的"好"和目的的"好"，据此将纯粹伦理学和应用伦理学区分开来，纯粹伦理学是研究"好"之本身的，而应用伦理学则是研究如何实现"好"的手段的。由于摩尔认为"好"是一种不可定义的性质，只能从所谓的"直觉"来把握，而不能用旁的东西来说明它，所以被归为新

---

❶ 张东荪. 价值哲学［M］. 上海：世界书局，1934：3.

❷ 张东荪认为，"根据对于价值自身和评价的关系如何而定"，可以将价值主观主义和价值客观主义区分开来。他指出，认为先有主观的评价然后把这评价的结果加在客观事物之上而始认为其有价值的，那就是价值主观主义的价值论立场；主张在客观事物之中本来已有价值，然后才有评价的根据，这便是客观主义的价值论。

直觉主义。张东荪说，新实在论主张在认识当中一切性质都是属于客观的，摩尔作为一个新实在论者，他的哲学是以关系质作为根据的。张东荪借用摩尔所用的"黄色的桌子"的例子解释依据"关系质"的这种价值思维，他说："比如我们看见了桌子的时候，我们便发觉了黄的颜色。然而这个时候黄的颜色已是在我们知觉上，而不是依靠于我们的认识而是生出来的。""黄的颜色不只是存在于客观世界之中，不过这些特性必须在主客的关系当中方现来……关系连在一起以后才能出现，关系一断这个质便消灭了。这种性质在主观方面看来好像是属于主观的，其实只是主客相遇的一种自然结果。"❶ 由此可见，虽然这种在主客相遇而显现的价值性质离不开主观成分，但"黄色"又是存在于自然世界之中的，是一种实存。张东荪认为，摩尔所谓的"好"自己存在，就是在这种关系质的条件下产生了"好"的意思，但必须知道，人们说"好"是客观的，即是说只有在主观和客观的关系中才能呈现出来罢了。

第二，价值是不是一种事物的性质？洛克曾经提出事物有第一性质和第二性质区别的问题，亚历山大在此之上提出事物还有"第三性"。他认为，无论是第一性还是第二性，都是客观的，只不过第一性是由"空时"所决定的，第二性则要见之于经验之上。他以感官认识为例，认为认识行为必须有"作用（Act）"和"对象（Object）"两个要素，比如我们要"看"一个东西，如果离开了"看的对象"，那么"看"本身也就不存在了，而我们之所以能够认识外物是因为我们和外物有着同样的来源，即他所说的一切复杂物都是在"空时"当中生成的。第二性是在主客观关系中体现出来的性质，"第三性虽亦是在主客的关系中，然却不是在官觉中。因为官觉的认识必有对象，其内容是客观的。而第三性却在于欣赏（Appreciation）之中。在欣赏上主观的成分比较多些。但亦并不是说它是完全主观的，所谓主观者不过说含有选择的作用而已，实则它的内容仍旧是客观的，不过对于这客观的内容，有选择的自由罢了"❷。亚氏认为，感觉不能去选择，我们不能选择呈现在我们感觉器官上的对象，但我们在欣赏这个事情当中我们却有选择的自由，他认为心有选择的力量。亚历山大是把价值当作一种性质来看待，但这种性质存在于心灵这一层级的复杂物当中。在他看来，价值即是第三性，或者说，他提出第三性就是为了

❶　张东荪. 价值哲学 ［M］. 上海：世界书局，1934：7.
❷　张东荪. 价值哲学 ［M］. 上海：世界书局，1934：18.

解释和说明价值的存在的。他认为第三性完全是依赖于主观对于客观的欣赏而成立的，只有在主客的欣赏关系之中，才有价值问题的产生。在这里要注意的是，他认为在人类的欣赏里头，主观和客观是合二为一的，成为一个整体的。所以张东荪说："所谓欣赏者，实际上就是主客的联合。"❶ 亚历山大是价值客观论者，他认为价值是一种实在，这种实在是在主客观的关系中才存在的，而不像一般客观论者将价值等同于对象一样的客观存在物。在此基础上，亚氏又将价值分为三大类，最高的价值形式是真善美，最低的是对生物的生活有意义的事，而介于二者之间的是所谓的经济价值。他认为最高的价值需要判断才知道，其中"真"就是对一个命题的判断，"善"是一种社会性的规范，"美"则比较复杂。"真"是在欣赏中被客观对象所决定的，我们只能发现它，而不能制造它；"善"是由人自身所决定的，而不是由外物所决定的；而"美"介于真、善之间。关于"真善美"三者之间的关系，亚氏认为这三者是互相包括、不可分离的。在最后他谈到了什么是"神"，他认为神也是"空时"的一个层化的复杂物。他认为虽然神和宗教是高于我们的心灵的，但并不是说要我们一定朝着神而去寻求价值，因为神只是一种性质、一种存在，而非价值。他看到了价值信仰在激励和引导上的力量，也看到了价值信仰的现实作用。在对于看待个人价值判断是否正确的问题上，亚历山大提出了"社会心"这一概念，意思是，我们要将自己对事物价值的判断和社会上大多数人的判断做一个比较，以此来鉴定自己的判断是否正确或准确。他指出，每个社会都有它的社会标准或社会心，"真善美""假恶丑"这样的判断标准主要受社会心或集合心的影响。显然，他提出这个问题，是想解决一个价值评价标准的问题，防止评价行为滑向相对主义。因为在他看来，"真善美"属于一种客观存在的普遍的价值形式，而人们对它的把握却因每个社会的不同而不同（个人的价值观念受到所在文化的影响），他试图在价值多元与价值客观之间做出调和。

　　第三，价值是不是一种心理现象？在早期价值哲学研究上最有贡献的是奥国学派，它的创始人布伦塔诺从心理学的角度来分析"心"的认识现象，并将心理现象分为摄像（Presentation）、判断（Judgment）和情感（Affection）三个方面，其中情感部分直关价值。他的两位弟子迈农和艾伦菲尔斯继承了布伦塔诺将"情感与意欲合二为一"的思想。但不同的是，艾伦菲尔斯认为情

---

　　❶ 张东荪. 价值哲学 [M]. 上海：世界书局，1934：18.

感和意欲是一样的，所以主张用"意欲"这一名词；而迈农认为价值是依靠于情感的，主张用"情感"这一名词。自此正式形成了价值主观论和价值客观论两种对立的思想派别。奥国学派的主要贡献是将价值问题纳入了人的意识领域，实际上是开拓了价值意识的研究。布伦塔诺对价值的论证从认识论说起，关于认识他是这样说的，"凡认识作用总会有一个对象在认识中存在"，简单说就是"对象在意识中存在"。他认为认识的三要素是：作用（Act）、内容（Content）和对象（Object）。这三者是如何运作起来呢？他举例说，"我想念甲"，想念便是这个"作用"，甲便是这个"内容"，而内容又不是凭空而来的，外界必定客观存在一个甲，是由外界的甲引起了我心中的影像（内容）。他论证说，"对象是在外面的，把外面的对象于心理的作用中吸引了进来，而呈现于心上，就变成了心理现象的内容"。❶ 与传统西方哲学心理现象分为知情意三部分不同，布伦塔诺将心理现象分为"摄像、判断和情感"，摄像即感官与对象碰触而产生的如实反映；判断是我们对于一些摄像再思考，它有"肯定"和"否定"两个取向，这在摄像中间是没有的；而情感就是我们对于呈现在我们面前的东西"采取何种态度"，它有两个极端：愉快和痛苦。布伦塔诺说："因为它是好的，它便能给我快感，所以我才要它。我们之所以想要一个东西，是因为对它起了好感"。❷ 迈农的价值论思想主要取法于布伦塔诺学说中关于"情"的部分，他认为价值这个东西从根本上来说要依赖于"情感"或者"情绪"。他的论据是，价值存在于评价之中，在我们关于价值的经验中，一个前提条件就是有一个欣赏价值的主观情感的存在。每一个评价都包含或隐含着一种肯定或否定的判断（或态度），而这种态度则是以我们经验到愉快或痛苦为基础的，由此可知价值依赖于情感。在前期，他偏重于强调主观方面的作用。后来，他又认为在价值的经验之中还有一个客观的价值物存在，他既承认精神要素的重要，又强调欣赏并不是欣赏作用的自身，而是一种和主观相关系的东西。张东荪认为，迈农的价值学说有一个重要的特点把感情和判断合在一起来讲。比如，如果我们中意它、喜欢它，我们便说它是有价值的、是好的，这在心理学上是一样的。所以情感和判断是一致的，不过这种判断并不是理性的判断，而是一种情感的判断。迈农在此基础上提出"情感是可以

❶ 张东荪. 价值哲学 [M]. 上海：世界书局，1934：35.
❷ 张东荪. 价值哲学 [M]. 上海：世界书局，1934：37.

度量的"，他认为主观的情感经过多次的变化、多次的经验之后，自然而然能找出一个共同的普遍的价值标准，这个价值标准是不会变的，所以它是客观的，也是可以被度量的。艾伦菲尔斯与迈农价值论的根本不同点在于，艾伦菲尔斯认为，价值是意欲而不是情感，"所谓价值物，即是'可欲'。我所以要它，因为它是可欲的，故我觉得它好"❶。艾伦菲尔斯与迈农对情感的解释不同之处是他将情感视为意欲的一种赋性，说到底价值及其大小都是由意欲来规定的。用艾伦菲尔斯自己的话来说，"凡事物之可欲性大者则其价值高，其可欲性小者则其价值亦低"❷。关于迈农与艾伦菲尔斯的争论，以及在争论中各自观点的变化，在此不多赘述。迈农的贡献有四个方面，一是把价值当作一个独立的学问来研究，同时把美学、伦理学吸收到价值论的研究范围内。二是不但把价值变成一个独立的研究学问，而且又建立了一个普遍的价值论，把一切东西都纳入到价值论当中。三是开创性地找出价值这一个东西，并加以研究。"原是事实只是事实，并没有什么好不好，是没有价值的问题。而价值则存在于关系之中。所谓关系的种类很多，价值却是一种特殊的关系。"❸张东荪总结说，"在天地之间的关系有很多种，但大多数关系都是一种事实的关系，在此之外尚有一种特殊的关系，那就是价值"❹。四是他认为迈农将价值描述为可计算的科学是一种灼见。总之，张东荪对迈农的介绍和点评既道出了迈农价值哲学的特质，又指出了他的创新之处以及他的贡献。迈农所著的《价值论的心理学——伦理学探讨》一书显示他是第一位以系统形式给予价值主观论阐释的哲学家。然而照某些学者的主张，他并不是价值学的始祖。两位杰出的英国哲学家霍布斯及休谟可以说是价值主观论阐释的先驱。休谟在《人性论》一书中想要澄明美德与恶行之别并非从理性得来："除非你回到内心深自反省，并找到一种不赞同的感觉，这种对上述行为不赞同的感觉在心中生出，否则你永远找不到罪恶。"对于美学的价值，他说：美并不是事物本身的性质；它只存在于欣赏者的心中；而每个人心中所感受到的美，都是不一样的。斯宾

---

❶ 张东荪认为艾伦菲尔斯的"意欲"有几层含义：一是在可欲程度上有差别，我越要它则它的价值越高；二是意欲是自觉的；三是它带有快乐主义的色彩，快乐越高，我们对它的欲求心越强。张东荪却批评艾伦菲尔斯将"可欲性"与"意欲"视为一物，在此不多赘述。（可参见张东荪《价值哲学》53页）

❷ 张东荪. 价值哲学 [M]. 上海：世界书局，1934：54.

❸ 张东荪. 价值哲学 [M]. 上海：世界书局，1934：51.

❹ 张东荪. 价值哲学 [M]. 上海：世界书局，1934：51.

诺莎在《伦理学》一书中有着类似的主张：我们绝不因为我们认为某个东西好才去追求、祈求或希望得到它；正好相反，我们认为，某个东西好，是因为我们追求、企求或希望得到它。

可以说哲学上的每一次大的前进都是自身内部逻辑反思的结果，这种"进步"是以"后退式"的反思为动力的，从研究"对象""客体"的存在论，到反思"主体"的认识论，以及再一次反思进入到我们表达方式的语言学等。这些进步都是在一个逻辑框架下进行的，并未走出这种思维方式本身。而价值的重提恰巧是一种超越此种方式的"非常规"的一种转向。方迪启认为："人的精神对于怀疑论及悲观论的颓废形式具有极大的抗拒能力，因为人的精神没有积极、创造及丰富的情感来刺激它的话，便起不了作用，因此人的精神同样无法接受那种对任何问题都一口咬定的方式来处理的教条主义。创造的意识是我们免除了第一种危险；批判的精神是我们免除第二种危险。"❶ 那么此刻的精神便是第二种精神，若从批判的层面上说，这也算是一种反思，但却是一种跳出局限性的反思，是对之前"科学的"或"拟科学"的反动。就像方迪启在《价值是什么》中说到的："当我们发现了一个新的知识领域时，一般会有正反两种对立的运动产生。一种我们前面提到的热衷于此项发现的支持者所领导的，他们设法用所发现的东西去衡量一切事情，并尽力想依此发现去重估旧有的实在界。反对的一派则想要把一切新发现归结到旧有的事物上去。赞成的一派主张：一切哲学不过就是价值学的时候；反对的一派则坚称：价值并没有任何新奇的成分，这一切只不过是为旧有的存有模式套上一个新词罢了。"文德尔班等人认为：一切问题无非是价值问题。显然是第一种思路。而哈特曼则主张把价值划归本质当中。这个错误主要是将价值的非实在性和本质特征的纯理念性混同了。如果我们把"是"的问题完全抛开，来把价值全部规定为"应然"的领域时，我们又变得无从下手了，因为人们将它与"嗜好本是无可争辩的"这样纯主观的东西联系起来。❷ 人们会说"我喜欢"来结束价值的争论，但那就没有一个标准了，完全成了主观的、相对的东西，道德和美学教育就没有意义了。所以有人说：价值既不是事物，也不是经验，更不是本质，价值就是价值。

---

❶ 方迪启. 价值是什么 [M]. 台北：台湾联经出版事业公司，1986：36.

❷ 方迪启. 价值是什么 [M]. 台北：台湾联经出版事业公司，1986：11.

　　此后，史蒂文森和卡尔纳普等人提出了一种新的观点：价值的判断是规范或命令语可伪装的形式。在一个价值判断的语句"杀人是坏事"和一个命令句"不可杀人"之间，内容上并没有不同，不同的只是述说的形式。规范并不下任何断言；规范是下达命令或表示一种愿望；对于相关的价值判断也同样是如此。两种语句中所表达的都是一种愿望而已。价值判断语句的文法形式使许多人误解，以为价值判断只是一个陈述句，是可以证明真假的。然而价值判断并不作任何肯定，因此也不能是真或假。在逻辑经验论的传统语言中，这种价值判断无法验证，因此也就无意义，哲学中像价值论这种学问是不可能的，因为价值判断非真非假，只不过表达一种愿望罢了，这就导致了伦理学和美学也因价值论的不可能而无法成立。艾耶尔同意经验论所谓的价值判断，特别是伦理的和美感的判断，既非真亦非假，因为这些判断并未做任何肯定，只不过表达一种个人的情绪罢了。艾耶尔认为：凡是做价值判断的人只是"表达"，而没有肯定某种感受。凡是情绪的表达没有真也没有假，就好像一阵狂笑和一声恐怖的尖叫一样无所谓真假。根据一般的主观论以及客观论的学说，价值判断不是真便是假。艾耶尔不同意这种看法，他坚决认为我们不能争论价值的问题，因为一项价值判断不包含一个命题，价值的命题便不会彼此冲突。一般与我们争论的人都受过和我们一样的道德教育，并且和我们一样生活在同一的社会秩序中，我们对一个显而易见的价值问题以实际的理由努力去使他信服通常是有理的。我们要争论的是，他的价值观是错的，我们的价值观比较高明，但是根本没有办法来证明事实真是如此，因为如此的断言便是一种价值判断，也超过了论证的范围。因此，只有在双方都赞同某一特殊的价值体系时，道德问题的讨论才是可能的。当我说"你偷钱是错的"的时候和我说"你偷了钱"是同样的事。在我说这种行为是错的时候，我对这个命题的经验内容绝对没有添加任何东西。这只能反映我在道德上不能苟同。艾耶尔否认了有异与事实世界的价值世界的存在。或者说得更恰当一点，他认为所谓的价值判断是经验的判断，或者因为价值判断本质上只是一种情绪的表达，因此根本没有意义，这便是伦理学与价值学上著名的情绪说。

　　罗素用科学的方法来研究哲学，使得他与逻辑经验论的距离拉近。他的价值论主要体现在一本通俗的评价性著作《宗教与科学》中，他认为："价值问题是在科学的领域之外，不是因为这些问题属于哲学，而是因为它们根本不在知识的领域之内。价值之所以在想象中具有客观的本质，并且令人困惑的根本原因，在于愿望是个人的，而欲求的事物却是普遍的。"罗素和艾耶尔都否认伦理命题具有认知内容，也因此将伦理学与价值哲学置于科学的知识领域之外。艾耶尔是主观价值论，罗素却表明他的理论是一种可以称之为价值"主观性"的学说。罗素说，如果两个人对价值看法不一致，他们并不是因为对任何事情的真理看法不同，而纯粹是口味不同而已。他说，采取这项观点的主要理由是因为根本不可能找到任何论据来证明任何东西具有内在价值。与罗素不同的是谢勒和哈特曼等是价值客观论的支持者，他们认为事物内部就含有价值，这种论证与主观论的论证刚好相反，然而无论西方学界如何争论都没有使得价值的讨论往前有实质性的推动。因为他们从一开始就忘了价值是一个"主体性现象"，既不是主观的也不是客观实在，更不是事物内部的属性。真正将这一问题向前突破的是将价值问题看作一个关系问题，进一步将其看作一个实践问题，这便是马克思主义价值论的基本立场。

（二）当代中国价值哲学的研究

相对于我国早期的价值哲学研究来说，中国当代的价值哲学研究开山之作是杜汝楫先生的论文《马克思主义论事实的认识和价值的认识及其联系》，在这篇文章中，杜先生介绍了西方自休谟以来的一些关于价值和事实关系的讨论。然而，中国的价值哲学研究却不是学术交流的产物，而是时代政治背景的激发，内源性因素是主要作用，是因为需要对"什么是好"和"什么是坏"这样的问题的研究才促使人们系统地了解和研究西方的价值哲学思想与成果。价值哲学研究的视野打破了长期受苏联教科书模式即"对象决定论"的影响，并提供了一种真正符合马克思本意的从主体的角度看待世界方式，这种科学、现实、全面的思维方式不仅促进了马克思主义哲学的发展，而且还推动了其他哲学学科以及其他科学研究的发展。

在关于价值是否是一种实存问题上，可以将价值学派分为两大类，一种是承认价值是客观实在，是一种客观的事实；另一种则认为价值是一种完全主观的经验。马克思主义价值论承认价值是一种客观实在，但与西方传统哲学把价值理解为一种客观存在不同。传统的价值客观论将价值理解成一种对象性的客观事物一样的存在，或者理解成一种客观事物属性的存在。而马克思主义价值论则首先承认价值是一种主体性现象，他的这种实存是在主客体关系当中所表现出来的，价值的实存意义只有在具体的主客体关系当中才存在。它认为主体是客观的、客体也是客观的，主体的价值需要与客体的属性以及在主客体关系中生成的价值关系都是客观的。当然，当主体改变或客体改变的时候，这种价值关系就消失了。马克思主义价值论更多地从价值产生的社会实践当中来考察这一特殊的属于人的现象，这种价值论给人一种鲜活的、动态的、丰满的、实际的、可把握可理解的感觉。而不像西方传统价值论研究者那样抛开价值存在的具体历史情境和客观基础，将价值剥离成为一种孤立的抽象的静态的形而上学式的冷冰冰的存在。

中国价值哲学的研究有着内源性的因素：首先，中国传统的以善统真的思维模式在近代以来受到西方科学成果的冲击，当面对民族存亡的时刻不得不选择科学而放弃人文，科学论战以及后来的社会进化论思维、社会达尔文主义、大跃进、"文革"等都是这种世界观影响的直接后果。"文革"结束之后，人们开始反思自1840年以来的近代中国，不断调整文科与理科之间的平衡关系，中国的价值哲学就是在这样的背景下产生的。其次，历史现实需要改革开放市场经济发展所设立的好的标准与以往的价值观念的冲突等，都是价值哲学兴起的关键现实因素。中国价值哲学研究的特点是注重实际的物质生活实践，强调事实与价值的统一，承认价值客观性原则，反对价值主观主义。通过梳理，我们可以认为，20世纪80年代兴起的价值哲学是李连科、李德顺、马俊峰等一批马克思主义哲学家基于对"文革"的反思和改革开放的历史现实而独立思考出的一套理论成果。它是完全自发的，是在没有外部资料的情况下根据中国社会的现实情况而独立产生的，它本质上体现了中国马克思主义哲学家们在没有与西方学术接触的情况下，独立地面对和试图解决中国的现实理论困境的伟大尝试。中国价值哲学的产生和发展说明了中国马克思主义理论工作者在对马克思主义哲学思想精髓的理解和把握上做到了完全吸收、内化与灵活运用，它是马克思主义哲学思想中国化的体现。

马克思在《共产党宣言》中指出，资产阶级时代不同于"过去一切时代的地方"，是"生产的不断变革，一切社会状况不停的动荡，永远的不安定和变动"。正因此，"一切固定的僵化的关系以及与之相适应的素被尊崇的观念和见解都被消除了，一切新形成的关系等不到固定下来就陈旧了。一切等级的和固定的东西都烟消云散了，一切神圣的东西都被亵渎了。人们终于不得不用冷静的眼光来看待它们的生活地位、他们的相互关系"❶。如果说，在前现代社会，或是由朝廷颁布的礼法规矩，或是由教廷规定的价值标准就是整个社会的统一的价值标准的话，那么，随着尼采振臂一呼"上帝死了"，"重估一切价值"，现代性境遇下的价值多元主义和价值虚无主义就始终困扰着人们，至今也依然在困扰着我们。

（三）马克思主义价值理论的基本立场和方法

可以说，长期以来社会主义国家的教科书都奉行经济决定论和科学至上的思维模式，没有更多地从人文和价值的角度来理解社会的变化发展，但《1844年经济学哲学手稿》和《关于费尔巴哈的提纲》发现之后人们开始认识到马克思哲学是有人道主义维度的。同样，中国的政治现实，尤其是在"文革"之后，很多问题需要通过价值来进行思考，价值的理论意义和现实价值便凸显了出来。那么马克思主义价值理论的基本立场和方法是什么？首先，我们反对将马克思主义哲学仅仅理解为一种科学主义，尤其是以经济决定论为代表的商品价值思维模式；其次，我们也反对将马克思主义的价值论等同于西方唯心主义的价值学说，将价值的问题等同于资本主义意识形态中的精神、意志等唯心主义成分。我们认为价值是从各个具体的价值当中抽象出来的一般理论，它代表着人与对象事物之间所形成的一种关系结构，这既不违反马克思主义哲学的基本原理，而且还是我们与唯心主义哲学最大的区别，即我们通过现实的人与物之间的客观关系来阐述价值。这一方面阐述了人在这个世界上的客观定位，并重申了人类中心主义的合理性问题；另一方面，它又有力地解释了情感意志等心理的客观实在性。当然，马克思主义价值哲学的引入对解释中国优秀传统文化中间的价值成分提供了方法论上的巨大支持。

那么，马克思本人或者马克思主义者是如何理解价值问题的呢？就像前文所指出的那样，长期以来人们总是从经济或者商品的角度来理解价值，尤其是马克思主义政治经济学当中多次强调价值、剩余价值、劳动价值等概念，导致人们误以为马克思所讲的价值就是经济价值，所谓的价值就是商品的价值，是商品中凝结的人类抽象劳动，这就是为何我们一开始就强调要将经济上的价值与哲学上的价值相区分，经济价值不过是哲学价值的二级概念。马克思本人并

---

❶　马克思，恩格斯. 马克思恩格斯选集：第 1 卷［M］. 北京：人民出版社，2012：403 - 404.

未从哲学的角度来讨论过价值这一问题，但如果我们用马克思主义的方法和基本观点来看待哲学上的价值的时候，我们可以把它理解为人类生活实践当中最为普遍的一种主客体关系。这也是当今主体性价值论得以成立的合法性依据所在。虽然马克思、恩格斯本人没有专门著作阐述价值哲学，但他们有价值哲学的思维方式和一些价值思想，这个思想是指导当今价值哲学研究的一个基本前提。马克思本人对资本主义的批判、对"人的异化"的批判都反映出马克思本人有着强烈而明确的价值反思和价值取向。马克思主义哲学即实践的历史的唯物主义哲学在本质上就包含着价值论的思想。"从前的一切唯物主义（包括费尔巴哈的唯物主义）的主要缺点是：对对象、现实、感性，只是从客体的或者直观的形式去理解，而不是把它们当作感性的人的活动，当作实践去理解，不是从主体方面去理解。"❶在李德顺老师看来，若马克思研究价值问题，他应该也会这样论证，即从主体性的角度来论证价值现象。中国的价值哲学研究者的主体部分是马克思主义哲学家们，他们基本的前提是站在实践和历史唯物主义的立场上，也就是说中国的价值哲学属于马克思主义视域下的价值哲学。中国学界将价值问题正式当作一个学科来讨论是从 20 世纪 80 年代开始的，它并非肇始于学术的自然逻辑，而是基于一场政治运动即"真理标准问题"的讨论。随着这场运动的深入，也基于改革开放的历史现实需要，甚至对"文革"那个荒唐的颠倒是非年代的反思，使得对"价值问题"的探讨自然而然地繁荣了起来。❷

从价值哲学学科发展的历程来看，价值哲学的确立既有现实生产力发展的原因，又有人们对以往价值进行重估的呼吁，当然也离不开最伟大的哲学家对这个问题的思考和推动。我们认为价值哲学能够成为与存在论、认识论相并列的第三大元理论，应具备如下三个条件：首先，历史生产力发展的条件，即资本主义生产力大力发展，导致"人们日益扩大自己的生产能力以达到自己的价值需要却不能的矛盾"，也就是资本主义生产方式所带来的"人的异化"问题，它包括马克思学说的工人越创造财富自己却越贫穷的矛盾、物质生产能力越强大资源越匮乏的矛盾以及由此引起的世界大战、道德败坏等问题，正是这些"事与愿违"的矛盾让人们不得不反思"人类到底想要怎样的一个世界，

---

❶ 马克思，恩格斯. 马克思恩格斯选集：第 1 卷 [M]. 北京：人民出版社，2012：133.
❷ 此部分参见肖前教授在《价值论》中的序言部分。

为何越努力却越不能实现"？正是在这样一个生产力大发展却不能达到人类目的的时代背景下，价值思考的重要性才日益凸显出来。其次，宗教世界在科学理性面前的崩塌是"重估一切价值"的另一个现实因素。近代以来，由于资本主义的发展引发的科学革命，大量科学成果的出现导致宗教权威所描绘的世界图景不断被证伪，人们的信仰受到了前所未有的打击。然而作为有限理性存在者的人，或者说人这种生命体本质上有一种康德所说的追求终极信仰的特质，人们始终会将理性作用到这个维度上，再加上现实社会生活的需要，人类若不接受康德所设定的"上帝存在""灵魂不死"和"意志自由"这三大假设的话，也必须在价值信仰上找到终极稳定的可靠指向，那么人类不得不再次思考"活着的意义是什么"这样一个古老而又终极的价值问题。这便是价值哲学在近代逐步成为大量哲学家思考的一个宗教价值观崩塌后所必须思考和重建的学科的原因。最后，也就是具体的现实条件，即近代科学蓬勃发展的两大理论根基经验派与唯理派在论战中走向终结的休谟问题的出现，休谟提出"今天太阳升起并不能证明太阳明天照样会升起"。这一问题使得两大派别都无法从理性上予以解决，从而导致了"是"推不出"应该"这样一个重要的论断的出现，可以说对这一问题的探讨是价值哲学成为一门规范性学科的起始，从此之后无论康德还是黑格尔或者任何一个伟大的哲学家心中都绕不开这个难题："事实"与"价值"或"是"与"应该"之间的论证与调和问题。在洛采、文德尔班等不断将价值维度抬升到与存在论、认识论一样基础性高度的时候，甚至提出"一切哲学问题不过是价值问题"这样的论断的时候，它标志性地使得价值哲学作为一门独立学科而存在了。

那么马克思主义价值论指导下的价值研究所遵循的基本方法是什么呢？中国价值哲学 30 年来的研究成果表明，马克思主义价值哲学研究所遵循的基本方法有如下几个方面。首先或最重要的就是主客体分析法，它的特点是将主客体都当作现实当中的人和对象，但这种方法又区别于科学认知逻辑下的认知结构关系，它的特点是将主客体在具体情境中的价值关系当作考察对象，而不是从认识论的角度只考察对象性客体的物理属性。我们的总原则就是反对西方一直以来的主客二分的研究方法，而对这一方法的有力批判就是一种实践论转向，即在实践中来考察价值关系而不是停留在思辨的层面。其次就是更多强调价值是一种"主体性"现象，即更多从价值的主体方面来考察价值关系，这就要求从主体的需要和能力的角度来考察主客体之间所形成的价值关系，那么主体的需要以及实现这种需要的能力就成了对象性客体对主体的正负价值以及价值大小的一个衡量标准。当然，我们若将此原则贯彻到底，我们就能清晰分辨出主体的"需要"与"想要"的区别，我们把需要当作一种客观潜在的价值关系能够实现的问题，而反对将"想要"却无力实现当作一种价值可能。当然，主体的需要总是多层次和多维度的，那么在现实关系当中人与对象事物之间的价值关系就表现得极其复杂和丰富多彩，又由于主体的层次下至个人上至人类，那么不同层次上的价值关系也不一样，于是人类的价值体系就表现出了一种极其丰富多彩和复杂的特征；最后，价值关系所表现出来的动态性导致了主客体之间有一种相互作用、相互制约的主体客体化和客体主体化的互动影响，而且主体间也会由于复杂的价值关系而表现出或对立冲突或统一一致的结构关系。这便是马克思主义价值哲学所遵循的基本方法和原则。

二、价值哲学的基本问题

就像任何一个学科都会有它的基本问题一样，价值哲学也有其基本问题，这一基本问题便是价值与评价的关系问题。其中价值是由评价决定的，还是一种客观实在，是评价客观论和价值主观论的试金石。马克思主义价值论的基本观点认为价值是一种客观事实，它决定了人们应该如何进行评价，而评价是对价值的一种特殊的观念把握。如果将价值理解为完全是由人们的评价所决定的，那么就是一种我们所反对的价值主观主义。

（一）价值的本质及具体形态

在讨论价值的本质的时候我们要有一个基本的立场，就是要分清楚哲学意义上的价值和经济学意义上的价值，经济学意义上的价值概念不过是哲学意义上的价值概念的一个子概念。那么在哲学意义上讨论价值的时候就像任何一个学科在确定它自己的研究问题一样，首先是确定自己所要讨论的基本概念，而对价值哲学来说，"价值"一词毫无疑问成为首要的概念，也正是基于对价值的不同理解才划分出了不同的价值流派。关于价值的本质按照研究时间划分，大体经历了实体说、属性说、主观说、关系说和实践说五个阶段，每一步都是对之前讨论反思的结果，当然前三种学说大体处于一个时期内，可被看作价值学说的第一阶段，而关系说和实践说可以看作是价值学说的第二阶段，也是马克思主义价值论的基本立场。价值的本质是一种关系，而且是一种主体性的现象，但这并不意味着，任何两个事物之间都会有一种价值关系。而它仅仅指的是人与对象之间在实践当中所产生的客观实在的需要关系。由于世界的普遍联系和运动的特点，这种价值关系必定表现为一种动态的、相互作用的客观实在。

价值是丰富多彩、多种多样的，同一个价值主体其需要的多维性就已经决定了价值的多样性，更何况主体的层级非常的复杂，那么整个人类社会中的价值种类的负责与多样就是可以想见的了，然而问题在于按照什么样的标准给价值的种类进行分类。除了我们生活中经常遇到的政治价值、经济价值、文化价值和生态价值等具体的分门别类的价值形态之外，还可以从精神价值、物质价值或是人的价值和物的价值等角度进行分类。比如说人本身的价值的问题，我们通常认为价值指的是对象性事物对人本身来说的价值，但人本身亦可作为价值客体来成为价值对象，那么关键问题是价值主体是谁？也就是说人作为谁的价值而存在？在此需要指出，我们既反对将人作为上帝的附属来讨论其价值，也反对从人对社会的贡献角度来讨论它的价值问题，更反对以人的社会地位和他所拥有的财富来衡量它的价值，这既不符合价值的本质更是一种庸俗的价值观念。我们认为人的价值应该从人与人互为主客体的角度来看待这个问题，马俊峰老师曾指出，"人的价值本质上是一种能够创造价值的价值"，"在于人的价值具有一种自反性，物不能作为主体，物的价值只是物对人的价值，物对自身没有价值关系，而人的价值无论怎样都是对自己的价值，对自己个人、对自己的群类、对自己的社会的价值"。❶

另外还有规范性价值，它往往讨论的是一些规范规则的价值问题，在规范新价值讨论的过程当中，我们要始终反对内在价值论，内在价值论或事物固有的价值是一种价值属性说的遗毒，它在本质上背离了价值的关系说和实践说。功利价值和超功利价值是价值分类当中的一个重要角度，功利价值是我们生活当中经常遇到的，我们在决策研究上也主要是为了解决功利价值问题，它包括物质利益、精神利益、社会利益、环境利益、政治利益等。可以说，功利价值是一切价值的基础，但这并不能说明所有价值都是功利价值，同样我们也并不能说有些价值是完全超功利的，比如道德价值、审美价值和宗教价值等，只是说它在某一个维度上具有一定的超功利性而已，但并不能说完全是无功利的，

---

❶ 马俊峰. 马克思主义价值理论研究［M］. 北京：北京师范大学出版社，2012：152.

这样的话就与价值需要说相背离了，而且也无法解释人的选择和决策行为是一种趋利避害的功利性价值选择现象。

（二）价值与评价的关系问题

本书的主题是讨论评价，但评价的基础却是价值，因为评价的本意即为评定价值，同样若我们认为选择即选择一种价值的话，那么相对于评价问题来说，对价值的理解和探讨可能成为需要说明的更为基础的理论问题。在本节当中，需要对价值问题从一个学科史的角度进行一番梳理，指出本学科研究过程中所面临的基本问题以及基本概念的探讨，并在最后指出本书所依据的马克思主义价值论的基本立场观点，指出本书在何种意义上使用价值和评价这一对概念。这既是本节花费笔墨主要解决的主要工作，也是整书论证的理论基石。而关于价值哲学这门基础性元理论学科的基本问题就是"价值的本质"和"价值评价的关系"问题。例如，价值是主观的还是客观的；它是基于一种需要下的人为判断还是人与对象之间的客观关系；同样，是价值决定评价还是相反，何者居于第一位的问题。这是价值哲学首先面临的、无法跨越的基本理论问题，对于以上问题的回答是学科流派判定划分的依据。当然价值哲学在发展的过程当中还涉及到其他问题，比如人生的价值观念是如何形成的；如何看待不同的价值观念的冲突；价值主体的多元化；价值能否被创造和传递，等等，这些问题都是基于最基本问题所引发出来的，对于基本问题的回答，是构成这些问题研究立场和方向的基本逻辑前提。

三、评价是对价值的观念把握

评价标准是否适合于被评价的对象，这是标准本身真伪的最明显的标志。评价标准真伪的核心是看它是否符合主体需要和利益的价值标准。我们通常所说的"好心办坏事"，便是一个经典解读评价标准真伪的案例。"好心"但没有理解到被评价主体的客观价值需要，得到的结果只能是"坏事"，它既反映了评价标准的真伪问题，又反映了价值的过程和结果具有客观性。与评价标准相关的另一个问题是评价本身的真假问题，因为在生活当中，人们的评价总是表现出一种随机和动态的特点，总是零零碎碎地表现在人们的语言、情绪、行为等方面。但并不是所有的评价都有这么大的随意性，相反通过这些零碎的评价能判断一个主体更为根本性的价值取向，这种深层的价值取向具有一种稳定性，比如说信仰。人们对世界的认识越深刻，对人生的反思越彻底，他的价值取向和价值观越稳定、越不容易动摇，这种价值观会影响到日常细小的评价当中。我们甚至不需要通过语言或者接触，只用了解他的历史和行为就可以把握到他这种深层次的价值取向，这也是我们对历史人物进行判断的原理所在。

评价问题既是价值哲学研究的难点和核心，也是后文当中理解决策问题的关键，深入分析评价的本质不但有利于对价值的理解，而且也利于对决策行为的疏通。通常情况下，我们用"评价"来代替"价值评价"这一说法，因为"评价"就是"评定价值"，它是评价主体对评价对象的价值进行估算、判断的一个活动。它是价值意识在主客体价值关系当中的一种具体表现，相对于价值的本质问题通常被划归到价值的存在论部分来说，评价问题就隶属于价值的意识论，从整个价值哲学的重要性上来说，评价问题是贯穿价值存在论与价值实践论中的一个桥梁和过渡。故而，理解评价是理解价值哲学的重中之重，也可以说一切价值问题都是从评价开始的。另外，就像前文中指出的那样，作为人的带有极强主体色彩的决策实践行为，必然会受到主观评价的影响。因此，如果说在决策过程当中对主体和客体自身的规律、特征和性质的认识上属于为决策提供客观依据的话，那么对同样的信息或现象在不同的主体看来却有着不同的价值，而且为了制订方案，不同的主体会赋予相同的信息以不同的权重，这一情况怎么理解？在本书看来，这恰恰说明了，评价是作为决策的主观依据而起着重要的作用。同样，在生活当中我们也不难发现，在多主体决策的情境下人们在做出决定之前总是会经过辩论或讨论，当然若是个体决策，个人也会经历一个权衡、反思的思想活动过程，这样的一个过程就是发挥评价作用的过程。评价既是决策在主观方面的依据，也是决策不可或缺的一部分。总之，无论从理论上还是现实上都说明了评价在决策当中的重要地位。那么如何理解评价现象和评价问题，就成为研究决策主观依据的重要理论问题。

（一）价值事实是评价的对象性根据

关于评价是什么，不同的学者有不同的说法。国内几位价值论研究专家就有不同的表述。袁贵仁曾指出，"所谓评价，就是主体对客体于人的意义的一种观念性掌握，是主体关于客体有无价值以及价值大小所作的判断"❶。而李

---

❶　袁贵仁. 价值学引论［M］. 北京：北京师范大学出版社，1999：207.

德顺老师则认为，"评价，是价值意识朝向客体的对象性精神活动，即价值意识在主客体价值关系中的现实表现"❶。李连科强调，"评价实际上是价值，即客体与主体需要的关系在意识中的反映，是对价值的主观判断、情感体验和意志保证及其综合"❷。马俊峰老师则讲到，"评价就是价值意识的现实的展开，是价值意识的对象性活动的过程，是对价值的特殊观念把握活动"❸。通过以上专家对价值的本质所下的定义，我们不难看出，他们都把评价理解为一种基于评价主体的、有认识前提的、精神性的活动，而且是一种过程性的活动。它表明评价既具有主观性、动态性，也具有一定的时间性。

评价，这种具有极强主观性特征的活动，在现实实践当中，不但会表现得因人而异，就连评价的标准也会表现出一种相对性。这往往容易让人们将评价理解为一种纯粹的、主观的、极具相对性的、没有判断标准的、个体性的活动。然而这里要指出的是，虽然不同的评价主体在评价和评价的标准上表现得千秋各异，但他们都遵循着一个基本前提，那就是在评价的过程当中，既要尊重客体的规律和属性，又要从主体的客观需要和利益出发。这就让显得主观的评价行为变得客观起来，因为人们的利益和需要总是客观的，所以在此基础上所表现出来的价值标准总是以客观的形式出现；同样认识论告诉我们，要想了解事物的本质和规律，就要尊重自然事实，于是这一前提中的两个方面都变得客观起来。自此我们知道，评价不是一厢情愿，更不是一种主观随意。同样，从本质上来说，评价标准也是"我"的标准与外部对象世界在实践当中不断磨合的结果。当然，现实生活当中的每一次评价活动，都不能苛求评价的主体完全遵从客观的价值标准，但他们总会在现实实践当中被客观的价值标准所纠正。就像认识要在实践当中得到检验一样，评价依然需要在实践当中磨炼，它最终会让带有强烈主观性的评价主体越来越能够自觉地用客观的价值标准来约束自己的评价标准，进而使得自己评价越来越客观准确。

从评价的概念上来说，评价反映的是价值主体对于价值客体的一种态度。基于上文的分析，我们清楚地了解到总以主观形式出现的评价现象却具有客观的基础和标准，长期以来走向价值主观论的专家们都是在评价问题上体现出来的，虽然有些专家认为价值具有客观性，然而一旦涉及评价问题就立马倒向了

❶ 李德顺. 价值论 [M]. 北京：中国人民大学出版社，2007：223.

❷ 李连科. 价值哲学引论 [M]. 北京：商务印书馆，1999：104.

❸ 马俊峰. 马克思主义价值理论研究 [M]. 北京：北京师范大学出版社，2012：244.

主观主义。罗素就曾指出过："当我们断言这个或那个具有'价值'时，我们是在表达我们自己的感情，而不是在表达一个即使我们个人的感情各不相同但却仍然是可靠的事实。"❶ 在现实生活当中，评价问题多见之于个人爱好、美学艺术等感性学方面，人们在具有一种强烈相对性的评论话语体系当中，就很容易将评价理解为一种主观的行为。就像上文中指出的一样，我们承认个别评价行为可能不是客观的，但评价本身却具有客观基础。从根本上来说，评价是具有一定现实客观属性的对象同主体之间的一种需要，所发生的关联现象的表现，虽然它的形式是主观的，但它并不完全是随意的。对评价的主客观问题的澄清，是后文论证评价在决策当中地位和作用的基础。

若从评价主体的角度来看评价行为，要指出的是无论哪一层级的评价主体都是在一定的价值意识基础上进行的，它是对一定的价值关系在精神上的一种反映和表现，相对于社会存在来说，它是社会意识当中的价值论部分，是一种主体化了的意识。它不但包括价值心理，也包括价值观念，所有的评价都是评价主体在此基础上做出的。例如人会根据自己的动机兴趣或是根据自己的信仰和理想，来评价一个对象是否符合自己的需要，如马克思所说，"忧心忡忡的穷人甚至对最美丽的景色都没有什么感觉；贩卖矿物的商人只看到矿物的商业价值，而看不到矿物的美和特性，他没有矿物学的感觉"❷。

除去道德评价、审美评价、技术评价等具体评价样态外，就评价活动的结果来看的话，那么肯定与否定的态度便是评价结果的最一般形式，它集中地表现了主体的需要是否得到了满足。肯定性的评价态度，代表的主体被满足，评价主体会对客体赋予正价值；同样否定性的评价都反映了主体没有被满足，主体会给予负面性的评价。但生活当中，并不是所有的评价对象都会让主体给予如此清晰的评价，很多时候在一件复杂的价值关系当中，评价还可能表现出一种中间状态，这表现了主体认为客体价值不大或零价值。最后，人们以何种方式来表达或表现出来这种态度便是评价活动的形式问题，对这一形式的概括便是李德顺总结的那四个层次。当然每一个具体领域的评价活动形式都有它的特点，我们既要理解评价的本质和评价的共性，又要理解到每一个具体领域内评价活动的特征，这样才能做到准确地对评价标准本身进行评价，进而修改不合

❶　［英］罗素. 宗教与科学［M］. 徐奕春，林国夫，译. 北京：商务印书馆，2011：123.

❷　马克思，恩格斯. 马克思恩格斯全集：第42卷［M］. 北京：人民出版社，1979：126.

理的评价，使评价标准与价值标准相符合。

任何一个概念都有它的要素与结构，评价的要素包括三个方面，即评价主体、评价客体和评价尺度。由于评价尺度及评价标准问题，是评价的核心关键，故而放在后面单独讲，这部分主要分析评价的主体和客体。首先，评价主体是相对于评价客体来说的，它指的是在评价关系当中评价活动主动发出一方的个人或者群体。同时要注意的是，"评价的主体"也是相对"价值的主体"来说的。在这一区分上要指出的是，评价主体是评价客体所包含的价值关系中的价值主体，因此评价是"我"的评价，评价的主体与价值关系中的主体是同一个；而对某一种价值关系做出评价时候的这个评价主体，与他所评价的对象即这一对价值关系当中的主体来说不是一个主体。其次，评价当中的客体是价值关系，而不是价值关系当中的价值客体，是作为一种价值事实存在的价值关系，是一种价值活动当中主客体之间所形成的客观的现实状态。而价值本身则是不依赖于评价者的主观意志而存在的，评价者的评价是否客观、真实、准确，主要是看对此价值事实的反映程度。构成评价对象的价值分为两类，有物质性的价值事实和精神性的或社会关系的价值事实，对于前一种形态，例如"牛肉对运动员的价值""高铁对于旅客的价值"，这种价值比较容易通过计量的方式进行估算，人们对它的评价更多依赖于对牛肉或是高铁的对象性知识把握，不同的评价主体之间不会产生太大的分歧。而对后一种价值类型，即精神性的或社会关系的价值事实又容易由于不同的评价主体而产生分歧，而且也不可能通过计量的方式来精准把握，比如"伟人""敌人"等。这两种价值事实都有一个共同的特点，那便是它们都是一种主体性的事实，即它们要符合主体的内在尺度，要满足主体的需要，而主体对它们的评价不但要看它们是否能够满足主体的需要，也要依赖于主体自身的能力能否满足主体的需要。我们已经分析过，主体本身的客观性以及满足主体需要所体现出的事实一起决定了价值事实的客观性，而这种客观性是一种主体的客观性，也就是说它可能对张三来说为"真"，对李四来说就为"假"。自此可知，价值评价中的主体和客体两个要素都具有客观基础，后文当中会分析评价的标准是否具有客观性问题，我们可以通过评价这一概念当中各要素的客观性问题来看待评价是否是一种具有客观性的行为。

评价的特点。首先，评价总是表现为一种主体性的精神活动，因而它是主体价值意识的现实表达，这种表达既可能是语言的，也可能通过行为来表现，所以它不仅仅是一种只存在于主体内的精神活动。而由于这种精神性的活动总是随着主体的变化而变化，故而评价也会表现出一种动态性，即在不同的时间条件下，评价主体会对同样的一个评价对象有不同的评价态度，比如我们经常会听到"此一时，彼一时"这样的说法，这种评价性的语言便表现出了评价在时间维度上的一种动态性。其次，评价的对象，即作为一种客观存在的价值事实来说具有客观性，所以这一事实关系会在实践当中按照一定的规律变化发展，评价包含了对这种关系的一种预见，这也是后文中要说的，决策具有预见性，而评价也同样具有预见性，决策总是指向未来，而评价同样指向未来。再次，评价的结果都是在一定的历史条件下做出的评价，因此评价具有历史性，任何一种评价都不是超时空的，任何一种评价都具有其历史局限性，它都会成为后人对其评价的材料，例如每个王朝都会对前一个王朝进行总结性的评价。我们今天在看《清史》的时候，所承认的基本前提是它是清朝人对明朝的评价，而对于这种评价我们有自己的看法，这种看法上的差异是必然的也是合理的，这也回答了评价所体现出来的争论与矛盾何以具有逻辑上的合理性。最后，要指出的是，认识并不能直接指导实践，认识是一种对"是"的研究，而实践则是一种对"应该"的探索和追求，"是"无法推出"应该"，那是哲学界的一个普遍共识，至于"是"与"应该"之间是如何发生联系的，本书认为是靠评价。评价对实践具有直接指导作用，回过头来，评价又指导着认识的方向，总之，评价是认识与实践之间的桥梁。评价对主体的实践和认识都具有决定性的意义，没有评价主体就失去了认识和实践的方向与动力。

评价标准中的矛盾本质上反映了价值主体的多维性，由于主体是客观现实中存在的人，人的丰富和多维特征决定了价值对象在不同的时空、情境当中对价值主体的价值诉求有着不同的价值。比如说，评价标准中所反映出来的主观与客观的矛盾实际上是一种"想要"与"需要"的冲突；理性与非理性的矛盾表现的则是理智与情感的冲突；多样化与同一性的矛盾反映的是个体与社会的冲突；流变性与稳定性的矛盾反映的是不同代际之间的冲突。相对于形式逻辑中间的矛盾和冲突来说，评价标准中的冲突体现了一种辩证的矛盾。这种冲突是客观和合理的，从本质上反映了价值多元是客观存在的。小到个人的评价标准，大到社会历史的评价标准，都会以一种体系化的形式存在，每一个评价体系以及不同的评价体系所表现出来的一种确立、变更与消亡的过程，本质上反映了物质世界即实践着的客观世界的发展变化。这也构成了后文将要指出的决策问题存在的理论依据，因为正是由于这些相互冲突的评价标准才导致了"决策"的产生，决策本质上就是在不同的评价标准之间做出权衡。有时候是在现实性与超越性之间做出抉择，有时也是在个体与社会之间做出妥协性选择。

评价是认识与实践的中介这一理论可以细化为：认识—评价—决策—实践四个步骤，它是主体客体化的完整过程。因此，评价就可以细化为认识到决策的中介。就像实践是检验真理的唯一标准，实践同样是检验评价标准的唯一标准，它是评价合理性问题最终的、最高的裁判员。比如说，"应不应该发动'文化大革命'"，"应不应该搞市场经济"，这样的问题在现实实践当中都给出了答案，这个"客观的应该"就是以全中国人为价值主体所反映出的客观的价值需求，也是我们继续坚持走中国特色社会主义道路的最大的现实依据。

评价标准与实践之间的关系问题，在价值哲学学科上意味着"评价与价值"的关系，因为，我们是否能把价值看作一种客观实在，从根本上来说需要在实践当中得到检验。而价值与评价的关系，可以说是整个价值学科最为核心的部分。对于马克思主义研究专家来说，所遵从的基本前提是只承认物质是第一性的，而意识是第二性的，然而在价值问题上，至少有一部分马克思主义研究者发生了动摇，也就是说，在价值问题上他们倒向了一种主观主义。从根本上来说，这是由于评价现象的复杂性所导致的，尤其是评价标准所反映出来的矛盾与冲突加剧了这种不能将唯物主义坚持到底的困难。不能将价值当作一种客观事实来对待，把评价看作是一种主观随意，那么就会在哲学基本问题上发生质的动摇，就会认为"评价不为价值所决定"，这就不但违反了社会存在决定社会意识这一条基本的马克思主义哲学原理，而且也会导向一种价值相对主义和虚无主义。

从根本上来说，若说实践是一种最高形式的评价的话，那么决策作为一种改变现实的否定性活动也是一种实践水平上的评价，是一种高级的评价活动。就马克思看来，从对以往哲学家只是以不同的方式来解释世界的批评，到强调要改变世界的价值取向上来看，我们可以认为解释性评价到实践性评价是一种质的飞跃，改变世界就是实践性评价。

（二）价值标准与评价标准

评价是一个具有极强主观性行为的现象，那么评价本身是否有判断的标准，或者说评价能否为其找到一个客观的衡量依据，这本身就成为价值客观论所要解决的首要问题，倘若评价没有标准那么直接导致的问题就是陷入一种彻底的相对主义。因此，评价本身是主观的还是客观的，以及是否具有可遵循的评价标准将是本节重点论述的内容。评价标准的合理性实际上是"对评价的评价"，这种合理性就是要避免评价问题上的主观主义和主观随意性。从马克思主义价值论的观点来看，主体的价值需要总是客观的，而不是主观的，它是一种现实的存在。比如以"人类"整体作为主体来说，那么他们对"食物"的价值需要总是不言而喻的，并不因主观的评价而转移。准确的评价就是要准确地把握主体的价值需要，而主体对自己价值需要的把握即评价活动总是根据主体的客观变化而变化的。价值是评价的客观依据，而评价则是要这样那样地反映着主体的价值需要，它类似于社会存在与社会意识之间的辩证关系。

我们首先要遵循的基本前提是，评价标准要遵从主体的标准，那么这个主体的标准的客观性问题将是要首要分析的问题。简单来说，这一主体的标准便是一种与主体的存在具有统一性的价值标准，这种标准指向的是主体的客观需要、利益满足和实现的问题。比如说，一个人该吃什么东西，要从人的普遍性生理特征与他具体的、特殊的身体健康状况等方面综合分析来看，而不应该从他个人的爱好来看，也就是说这种价值的标准要与主体性的客观存在相一致。

首先，价值的客观性是构成评价具有客观性的基础，那么价值的标准就成为决定评价标准的客观依据。通常人们认为评价标准也是主观的，不同的人有其自己的评价标准，它基于以人们的理想、兴趣和愿望等作为评价的尺度来评判眼前的事情，它是人们心中关于一些事情在情理中应该如何的一些基本准绳，人们在面对具体的情境中总是拿这些准绳来衡量眼前的价值。但是这一准绳本身是否具有一定的客观前提和基础，便是在回答一个评价标准是否客观的问题。绝大多数唯心主义价值论者都认为评价标准是"肚皮内的标准"，是完全个人的、主观的，在价值哲学史中多数西方哲学家都这么认为，评价和价值标准都是主体愿望的反映。他们指出，人们总是会有关于一件事情"应该如何"的主观假设，这一主观假设成为了评判的前提和标准，而这一假设却是找不到客观依据的。与此观点相左的是马克思主义价值论哲学家们的论证，李德顺和马俊峰都认为，主观的价值标准与客观的价值标准是应该加以区分的，作为主观的价值标准即评价标准，实际上指的是一种存在于主体当中的"想要与应该"；但这并不能与主体真实的需要和能力完全一致，因为主体真实的需要就像上文当中指出的一个人应该吃什么不是由他自己想吃什么决定的，而是由他的客观生理基础所决定的。用需要来替代想要，便是要用客观的评价标准来替代主观的愿望，便是用符合现实实践的尺度来检验主体的想法是否可行，它本质上再次说明了"社会存在决定社会意识"这一马克思主义基本哲学原理。

其次，如何对待人们评价当中的一些非理性因素以及评价过程中所体现出来的相对标准与绝对标准之间的辩证关系问题，有利于我们澄清马克思主义价值论中关于评价标准的客观性问题。评价当中总是会出现一些非理性的现象，这种非理性的评价不断反映在语言上也可能反映在行为上，然而这并不能说明评价是一种非理性的行为。我们的基本观点认为，评价当中以非理性形式出现的评价现象本质上也有理性的成分，若适当地加以分析便可以看出来它具有客观的现实基础，非理性与理性之间的转化是一种由深到浅、由潜到显、由无意识到意识的动态变化过程，评价从本质上作为一种反映论现象决定了它必然是一种对主体现实存在的精神性表达，无论是理性或非理性都在这一反映论前提下呈现。评价的理性成分和非理性成分不是构成人们认识评价的障碍，相反，它是人们认识评价的完整性、多样性、动态性的得力阶梯，二者互相作用、互为补充，使得评价以丰富多彩的形式呈现在人们面前。

如果说，评价当中所表现出来的理性与非理性矛盾的问题是判断价值论主观论与客观论、唯心论与唯物论的基本哲学立场的话，那么评价标准所表现出来的一种相对性和绝对性问题则是区分价值论当中的形而上学与辩证法的试金石。如果某一个体或群体认为自己所尊崇的评价标准不在历史、现实与时间当中，而是一成不变的，一旦确立就成为终极的、绝对的评价标准，那么这一思想就是一种价值评价中的形而上学，本质上是与现实相脱离的、静止的、孤立地看待价值和评价标准问题。相反，若将主体放在实践当中，用动态的、普遍联系的、变化发展的观点来看待评价标准的变动问题便是坚持的辩证法，也只有这样的评价标准才能与实际的现实相符合相一致。那么到底什么是评价的相对标准与绝对标准呢？总体上，对于一个具体的主体来说，他所处的具体的现实情况构成了他进行评价的客观依据，而在这之上所形成的评价标准又具有绝对性，是唯一正确的依据。而甲的评价标准与乙的评价标准由于不同的现实条件所表现出来的相对性不但是正确合理的也是充分必要的，这里所表现出来的评价标准的相对性是容易让人理解的，但就其各自的标准对甲乙双方各自来说都是绝对的。同样，若将整个人类作为评价标准的主体，每一个个人和群体的标准都是相对的。而在每一层级当中所抽象出来的共同拥有的评价标准，也就是符合全人类的价值利益的评价标准则是最高的、绝对的标准。在此也说明了，普世价值存在的真实性、科学性与合理性。每一层级的评价标准，都要接受以人类为主体作为评价标准的检验。但同时，由于人类主体也是在不断变化发展的，因此对人类主体的评价标准本身来说也是在自身的相对性与绝对性当中不断否定式前进的。

（三）评价的层次及多种形式

广义上说，所有的评价都是社会评价；从狭义的角度来说，评价主体的层次可以从小到大分为个人、群体、社会和整个人类历史。从评价专业性上来说，可以分为日常评价和权威评价，后文当中将会提出权威评价是决策的重要依据。根据主体的不同，每一个层级的评价都有其独特的特点，有一定的优势又有一定必然存在的劣势。

评价的最初级层次是个体评价，但这并不是说个体评价是其他层级评价的基础，相反，生活当中个人的评价很大程度上要受到社会历史以及权威评价的影响。个体评价是研究评价行为最简单、最初级的模型。虽然个体评价总以"各执己见"的形式出现，但他们却有一定的普遍性和共识性，对一个评价对象所形成的各种普遍性的看法就构成了一定范围内的公共评价，于是就成了社会评价的最初模型，并构成了系统研究权威评价和社会评价的基础。个体评价的真实性问题涉及两个方面，一个是由于评价主体并没有真实地把握到那种价值事实而造成的一种错误评价，这种评价既容易被辨析出来，又容易在现实当中得到纠正。另外一种情况是个体评价者怀有一定目的、故意歪曲价值事实的评价，这种评价就是我们生活中所说的谣言。谣言的特点是有意阉割事实、捏造事实、歪曲事实，并利用假象来谋私。

评价的第二个层次或者说对决策影响比较直接的是权威评价。权威评价是相对于日常生活当中的个体评价与随意的一般评价来说的，通常人们会认为某些专家所做出的评价即这个行业内的权威评价，或者指称某一权威机构，或权威的群体所做出的一种公共性的评价，然而这种评价是否真的达到了权威评价了呢？我们要知道权威评价标准是保证权威评价有效性的信用准绳，它具有理性化和自觉性的特征，比如说在一定社会范围内所共同形成的法律法规、职业伦理等是最为典型的权威评价标准。例如"杀人有罪","杀人"是一种对客观现实的描述,而"有罪"则是对这一价值关系的评价,这一评价是一定范围内的社会成员所共同认可的权威评价。而类似于这样的权威评价在任何一个民族或国家当中都是普遍存在的,它的特点就是能够有效地规范社会共同体成员的价值观念和价值活动,甚至具有一种强制力。就像上文当中所指出的个体评价要受到权威评价的影响那样,在这里只要表述为,"权威评价标准"是"个体评价"必须接受和服从的"命令"。可见,权威机构的评价并不一定就是权威评价。也就是说,权威评价是否权威并不取决于权威机构或人士。权威评价的标准在于代表"共同体成员的共同利益"这一价值标准,而个人不服从将危及这种价值的实现。权威评价标准掌握在公众手里还是权威机构手里,决定着权威评价标准是否权威,是否合理,是否公正。如果权威机构所做出的评价达到了权威评价的标准,也就是说达到了公众所认可的社会共同体成员的共同利益这一标准,那么权威机构的评价就与权威评价所等同了。那么会不会有一种评价成为一种"权威的终极评价"呢?我们这里要指出,所有的评价包括权威评价都是动态变化的,没有一种评价能够达到所谓的"终极"。在价值问题上轻易断言最终的或终极的结论或普遍前提往往与否认或无视人的现实权利和责任的意图有关,所以我们反对价值的一种独断主义,而应该真实地同情和现实地理解每一个价值主体所做出的合理的价值选择。一个人的成熟是一种自我主体确认的成熟,主体越是能够明确自己是谁,他的行为越理性、越客观、越符合实践、越少碰壁,越能做出客观的评价,他的选择决策和行动越能达到他的目的。

从广义上来说,任何一种评价行为都是社会评价,因为任何一个层级的评价主体都是在一定的社会历史当中进行的评价,而这里所谓的社会评价指的是一种"狭义的社会评价",它是以"社会身份",站在社会整体的立场上,以社会的共同价值标准为评价标准。社会评价的客体是以该社会人们所共同面对的一切与社会整体有价值关系的现象,如全球变暖问题、全球化问题等。

评价的形式总是多种多样的,考察各种评价形式对我们理解评价的本质有着很大的帮助。评价不仅表现为一种语言,也可以用行动来表示,然而通过语言来表达,则是最为常见的评价形式,而且是一种进行交流和传递评价的主要形式。李德顺指出,有时候即便人们不说,但也在进行着评价。所以这里要区分评价和评价的表达方式问题。因为评价主要是人们对待事情的一些看法,那么人们表达看法的形式既可以比较直接，比如直接诉诸语言，当然也可以借助表情、肢体动作等来表达。这些都是评价的外在形式，而外在形式其实反映着评价的内在形式，就是主体的愿望、情绪或动机等。"当我们思考'评价表达什么？'的时候，应该是指评价的内容、内在形式、态度表达什么，而不是评价的'语言'表达什么。否则，问题就过于肤浅和狭隘了，这一点必须明确。"❶ 李德顺进一步指出，语言是评价的外在表现形式，是传递和交流的一种方式，也是最主要的一种方式，然而它并不是评价本身，还有更多的评价方式，语言不过是评价的一个子概念。相对于我们认为语言的评价形式表达着一定的内容，一些西方学者例如罗素等人则试图从语言学的角度对评价进行分析，他们将评价语言解构为一种毫无实际内容的情绪或情感，认为不是在传达一种事实，这是我们所不能同意的。我们认为人的情感、动机和欲望不是无缘无故产生的，而是来自于主体在社会实践中对价值关系的一种认识，价值关系是一种客观实在。比如我们痛骂秦桧，难道不是因为他卖国之事实吗？可见，情绪是真实地表达着评价者对"事实"的价值评判。"评价的外在形式表达主体的态度和情感等等，而态度和情感则表达着对主客体之间价值关系的一定的客观状态，它是客观事实的主观反映。评价，本质上是人对主客体之间价值关系一定的反映、认识。"❷ 另外，一些自觉的行动，比如改造一件自然物的整个活动，则是在最高的水平上表达着人对它的评价，这是一种自觉的、系统的、物化了的评价活动。

　　总体上，评价形式大体可分为四个层次和水平：本能的生理反应形式、心理水平的评价、理论和观念水平的评价以及活动或实践水平的评价。这种划分为决策作为一种特殊的评价行为提供了有力的理论支撑，不但因为选择是评价的外化，有选择就有评价，而且还因为决策反映了决策主体对自身和决策对象的认识，同样也表明了决策行为本身就是一种以实践形式所表现出来的高级评价活动。

四、决策须遵循的两个理论原则

　　理清"真理与价值"的辩证关系和区别"认识与评价"的对立统一问题

---

❶　我们面对的价值选择：李德顺教授一席谈 [J]. 思想政治工作研究，1993（4）：4-7.

❷　李德顺. 价值论 [M]. 北京：中国人民大学出版社，2007：224.

是客观世界在意识中的反映，并由此构成了决策中必要的两个理论前提，两对矛盾关系其实是理论与现实相碰撞所折现出来的"一体两面"现象。

（一）真理原则与价值原则

价值是客观的主体客体之间的一种关系，不以评价为转移。但评价作为对价值的观念把握，包含着将潜在的可能的价值现实化，即通过观念中的合理组合形成决策，然后再将这些价值在之后的实践中创造出来。相对于认识的目的是不断接近真理来说，评价的目标是真实反映价值。在决策中，认识的功能在于把握决策主客体的物理属性、本质特征和运动规律，而评价则在对信息的加权赋值过程中体现出主体的价值偏好和情趣，决策的目的和结果都是主体意志的体现，它本质上是主体客体化的实践过程。价值标准有两个特性，一个是它与主体的存在具有同一性，另一个是主体性的客观存在。价值标准反映着主体的客观需要或利益的满足，因而，价值标准总是与主体需要是否得到满足相一致，主体本身的主体性之客观实在的体现就在与它相统一的价值标准中。这两大特性，是保证价值标准客观性的根本依据，进而也保证了评价的客观标准问题，使得价值从相对主义当中解脱出来。

在生活当中我们经常会遇到两难抉择问题，比如说，"我想吃鸡蛋，但胆固醇会高"，它突出地反映了"想要"和"需要"的冲突。这种冲突说明了评价和价值、主观尺度和客观尺度的不一致。我们通过上文的分析可知，评价的标准依据价值标准，价值标准反映着一种价值事实，这种事实是作为价值双方的主客体相互作用、相互影响所形成的一种客观的存在状态，它是价值客观实在性的最大保证，而一个评价是否能被真实地理解和从情感上认同这种价值事实，便构成了这一评价是否客观真实的依据。评价既可能是对这种价值事实即在客观存在的价值主客体运动所形成的客观效果的反映，也可能是对某一种可能性的假的后果的预见。这种预见同科学认识中的"真理事实"同样具有客观有效性，它构成了人之所以能够决策的基本逻辑前提。评价标准与价值标准的矛盾虽然在生活当中处处可见，但我们始终不要忘了用价值标准来衡量评价标准，主观的"想要"越符合客观的"需要"，那么这一评价就越客观、越合理、越可行。虽然在生活当中我们要理解和尊重别人的选择和评价，但并不意味着我们承认所有的评价都是正确合理的。评价标准的客观合理性问题是在不同的评价之间进行度量的尺子，如果没有一个评价的标准，我们就无法把握别人的评价是不是合理和正确的，那么就会陷入一种相对主义境地。我们要有一个清晰的立场就是评价标准需要建立在价值标准的基础上，二者存在一个反映和被反映的关系。一个主体客观的需要和利益是衡量评价标准的尺度。总体上来说，评价标准与价值标准的矛盾需要在现实实践当中解决，在这里要指出的是，检验一切认识和评价最终的机制都是实践。一个人的价值需要是否客观真实的，其评价、评价标准和价值标准是否真实，评价标准是否符合价值标准，都需要在实践当中得到检验才行。

（二）真理原则与价值原则的内在张力

真理原则和价值原则的内在张力在决策实践中表现为"认知"和"评价"的对立统一问题。从根本上来说，认知的结构与评价的结构就是不同的，而要理解这种张力就要将二者置于实践当中，评价是认识与实践的中间环节，评价是认识到实践、实践到认识的必要中介。事实上，我们想让认识的结果应用到实践上，需要经过评价环节才能起效。我们认为主体的意识活动主要由"评价"和"认知"两部分构成。而它们之间的区别在于，相对于认知以客观事物为中心，评价则以主体为中心。评价与认知的不同，主要表现在三个方面：首先，二者表达的内容或对象不同；其次，二者的主体以及结果上不同；最后，二者的形成机制不同。

就二者表达的内容和对象来说，认知的焦点是关乎事实的存在和属性，而评价则是从事实对主体是否具有某种意义的角度来进行主体性判断。比如说，"这件衣服是黄的"就属于认知所表达或呈现的内容；"这件衣服很漂亮"则是一种价值评价。同样是关于一件衣服，从认知的角度和价值的角度便有不同的表达内容。这种不同，我们可以通过相应的语言描述就能明了。在主体与结果上的不同集中表现在，认知的主体不是个人，而是整个人类。认知的主体在认识的过程中要尽量符合或趋近于认知客体，要准确地把握客体的规律和本质，比如，"这件衣服到底是不是黄色的？"这便是认知所要关心的内容。同样，他不能以一个人的认知为最终的结果，比如说一个色盲的判断就不能构成对事物本身的真实反映，它需要整个人类群体对其进行辨识与判断。相应地，在评价问题上，不但个人可以成为评价的主体，一定层级上的群体——例如家庭、族群、国家甚至整个人类都可以成为评价的主体，它是要按照主体的尺度表达一种"我"的感受或态度。在结果上，更体现了认知与评价属于人类精神活动的两个相区别的维度，对一个同样的认知对象来说，不同的认知主体必须趋同于一个答案，这便是认知判断中的真假标准问题。而对于同样的一个评价对象来说，不同的评价主体可以有不同的答案，它们之间并不冲突，这种不同反而是一种合理。

在二者形成机制上，主要是要区分反映和非反映的问题。我们通常认为认识是遵从反映论的原则，即人们的认识是客观对象在人脑中的反映，当然，这一认识过程有人的能动性的参与。而关于评价是否也遵从反映论，不同的学者就有不同的看法。我们坚持从马克思主义唯物实践观的基本原则来看待评价问题，认为评价属于思维对存在的一种反映。那么它具体都反映了哪些内容？这便涉及价值的本质问题，从"价值是什么"所经历的学科发展历程，就知道了人们认为评价所反映的内容是什么的问题，即有人认为它反映了客体的属性，有人认为它反映了主体的需要，也有人认为它是一种价值关系的反映。不认同评价是一种反应的学说的都可以划归为唯心主义评价论的范畴，它们要么认为评价代表了主体的一种情绪，要么认为是评价创造的价值，这些思想都体现了一种主观唯心主义的特征，造成他们对这一问题误读的主要原因是他们没有将评价和价值放在社会实践当中来理解。在这里，我们要指出的是，评价不但是一种反映论的现象，而且是一种认知，它反映的是主客体之间价值关系在社会实践当中所形成的客观的、不依赖与评价者主观意识的事实存在。上文已经指出了这种认知与认识论的认知有着本质的区别，在此无须赘述。

关于评价本身的真假问题，即是否真实地做出了评价。相对于认识有真假问题来说，评价是否有真假问题也是区分价值客观主义和价值主观主义的一种重要标志。如果坚持价值是一种反映，并且坚持实践唯物主义的基本态度和立场的话，那么在这个问题上就会承认评价有真假之分，目前我国的大多数学者都支持这一看法。所应指出的是，价值判断的真假与事实或认知所反映出来的真假问题并不是一回事，评价的真实指评价如实地反映了主体的价值事实，它并不指向客观对象，而是指向一种真实存在的价值关系。这种评价的真假要接受价值标准的检验，要以价值标准来衡量评价的真假。在这一点上，认识与评价的真假问题都需要放在社会历史的实践当中来检验，那么从最终的判断标准来说又是一致的。

评价和认知作为主体性的、精神性的两种把握世界的方式，各有自己的特点，然而，虽然它们所提供给人的服务的方式、内容不同，但却在结果上都是服务整个人类的进步、发展的。我们虽然讲了他们的不同，然而它们却不是对立的，而是一种辩证的统一，这种统一归根结底是"真理尺度与价值尺度的统一"。从哲学不但要解释世界，而且要改造世界的角度看，人们对所栖居、生存与发展的对象世界之把握，主要通过对对象世界的一种本质和规律的掌握来实现，也就是通过认知来实现。而这一认识又是具有强烈的目的性的，这个目的便是人要改造这个世界，而改造世界必须通过评价，正是经过评价才在改造自然界和人类社会的否定性的实践过程当中将人的目的、意志与价值取向带入到对象世界当中，所谓的主观能动性便在这一过程当中得到了淋漓尽致的体现。认识—评价—决策—实践是人们从精神上把握世界到将主体客体化的一个完整过程。

（三）真理原则与价值原则的辩证统一

哲学研究初期，人们总是有一种错误的思维习惯，那便是将认识论的思维模式运用到价值问题上，甚至包括现在，人们在思考价值问题的时候，还是习惯将价值当作认识的对象来思考。所以价值哲学研究的首要问题是破除对象性思维方式，不再把价值当作实体或者事物的属性来研究，而是要把价值放在关系当中来研究。但人对一切事物的把握都需要从认识开始，这就是说价值研究不能脱离认识。这一问题肇始于休谟，他最早提出了"是"无法推出"应该"，自此奠定了事实认识和价值认识不可过渡的问题，也可以说对此问题的追问便是价值哲学研究的起始。对价值的把握是基于在对主客体双方的了解、认知的基础上的，主客体双方都必须是具体和真实的，也就是说对价值的把握，是以对事物的把握和认知为前提，这便将价值与认识统一了起来。而评价作为对价值的主观把握又必须符合事实，这说明了价值评价必须尊重客观性的原则。评价可以是多元的，但评价是否客观正确却是有客观标准的。最后要说明的是，"是"与"应该"的矛盾推动了价值哲学的研究，它不过是思维上的一种看似不可调和的矛盾，它们在实践当中和解。价值和真理是人的两个维度，只要主体是明确、真实的，那么在他那里"是什么"与"应该干什么"便会自然而然地统一起来。因为在现实生活当中，没有人不是根据对世界的认知和把握而树立自己的志向、确定自己的价值追求的，由此世界观便与价值观统一起来。

马俊峰指出："任何时代的哲学大发展，外源因素都是社会实践和科学发展提出了新的问题，内源因素则都以哲学家们对前一时期或时代人们关于哲学本性的观念进行批判性思考从而形成新的哲学观为前提。"❶ 在价值评价方面，更加明确地体现出了马克思主义价值论与西方传统价值哲学之间的区别。许多西方哲学家都将价值评价理解有纯粹主观的行为，他们甚至说价值是人们的评价所赋予的，或者将价值理解为一种纯粹感情、情绪的表达。而马克思主义价值论在评价方面，则坚持认为评价是价值的一种反映，或者是对价值事实的反映，或者是即将形成价值的反映。这坚持了价值评价是有标准可以衡量的，价值评价要遵从一种客观性，它虽然在多数情况下表现为一种精神性的、主观性的，但价值事实却不能以评价者的主观意志为转移。以马克思主义价值论所奠定的评价与价值之间的关系为理论基础，将其运用到如何看待决策中的评价问题，具有非常科学的理论指导意义。

---

❶ 马俊峰. 价值论的视野［M］. 武汉：武汉大学出版社，2010：33.

第二章　对信息概念的重新审视

在决策科学的研究过程中发现，人们在做决策的时候通常首先想到和重视的就是信息，有效信息或高价值的信息对决策的意义怎么高估都不过分。此部分就是基于对信息本质的探讨，来区分出决策信息和普通意义上使用信息的不同。本书要指出的是，对信息定义的考察既不是日常用语中的信息，也不是自然科学中的物理信息，而是着重对信息在决策过程中的"功能性"考察。日常用语中对"信息"的用法其实是信息的具体形态，比如一则消息或者是新闻等；自然科学研究的信息其实是比特，是信息的载体，更多的是物理学、通信技术方面的研究对象。而通过对信息在不同关系状态下的考察，即从哲学上的更为抽象和深入的探讨，发现要理解决策中的信息就需要从信息的本质入手，它超越了具体的信息形态抑或是电磁波物理意义，这里着重对信息的本质即它的一级概念进行探讨，我们会发现决策所面对的"决策信息"本身不再是原始信息，无论它是由对象自身传递给决策主体的，还是由主体主动搜集的。因为决策主体所得到的信息全面与否、真实与否、深刻与否都需要经过主观的甄别、辨析与评价。于是"决策信息"就会包含有两种含义，即一方面是反映着决策对象的物质属性的内容，另一方面是本身所携带的价值意义。信息的事实和价值成分混合在一起，出现在主体面前，主体所要做的工作首先是对信息的事实成分和价值成分进行区分和剥离，然后是对信息事实成分当中的真实性进行考察，其次是对信息进行价值评价，最后信息以价值关系的方式进入到决策方案中。

一、信息的概念及其本质

信息这个概念古已有之，在中国古代的诗词歌赋或小说当中经常会看到"消息""音信""情报"等词汇，那时候人们虽然没有对信息做出严格的定义，但却用这些词语表达信息的含义。今天"信息"这个词语在我们生活当中已被普遍、大量使用，然而不同的学科或情境中有着不同的含义。在《辞源》《辞海》中，"信息"一词从字面上被解读为"消息""音讯"或"通信系统传输和处理的对象"。"信息"对应英语中的"information"，美国最早的信息论研究专家们在研究此问题的时候所关心的并不是信息的本质是什么，而是关于信息如何传递和测量的问题。在控制论专家那里，他们认为信息是控制系统概念下的人类与外界不断互相调和、互动的内容。信息真正作为一个科学概念出现是 19 世纪以后的事情。"如奥地利的科学家波尔兹曼于 1872 年提出了信息与不定度间的可测关系的概念。美国科学家费希尔于 1918 年从古典统计理论的角度研究了信息量的量度问题。又如美国科学家哈特莱在《信息传输》一文中，从通讯理论的角度出发，首次提出了信息量概念，他认为信息是消息中不定性的排除，用消息可能数目的对数来度量消息中所含的信息量，人们对信息量这一问题才有了深刻的认识。"❶

（一）对"信息本体论"的质疑

关于信息是什么以及它有怎样的表现形式，这不单是信息学家、经济学家、社会学家所关心的问题，而且也是哲学家所思考的对象。当人类初次将信息作为认识对象来考察的时候，就像人类认识和考察任何一个对象一样，首先将它纳入到认识论的实体领域来分析。而这一思考路径和典型代表就是"信息本体论"和"信息认识论"，可以说直到现在长期占据着信息本质论的主导地位。

本体论的思维方式是哲学形而上学中最古老、最根深蒂固的思维模式，它的特点是在观念中制造出一个存在并将其对象化、客观化，将其描述为世界的根本，信息本体论不过是本体论思维的一个新变体。它无外乎主张世界的本质是信息、万物的本源是信息（如同"水是世界的本源"或"火是世界的本源"等）；信息是实存，在哲学的概念上等同于物质，甚至比物质更实在；或者如控制论创始人维纳所说"信息就是信息，既不是物质，也不是能量"；"物质、能量和信息是构成现实世界的三大要素"，等等。这些对"信息是什么"的分析不过是一种臆想的独断，再一次证明着"孤立的""静止的""片面的"

---

❶ 郑开琪. 关于信息的定义及其分类 [J]. 上海社会科学院学术季刊, 1989 (3)：114 – 119.

"形而上学"的思维特质。信息既不属于本体论范畴也不属于认识论范畴,而是属于认识前提下的价值论范畴。首先从信息"属人性"的特点来说,就不存在所谓的脱离人而客观存在的信息。若说有本体论的信息,那么就意味着信息可以脱离人而存在,它的存在不以人为前提条件,这显然既不符合理性的逻辑也不符合生活的常识。

关于"信息认识论"的主要特点是将信息完全当作认识的对象来考察,这本质上也是一种实体思维的表现。邬焜将中国三十年来信息哲学的发展概括为五种学说:状态说、相互作用说、反映说、意义说和自身显示的间接存在说。其中在总结"意义说"范式时,主要介绍了代表性人物肖峰的观点"信息不是本体论范畴而是认识论范畴"❶。邬焜指出,肖峰主要从对信息本体论的反对出发来讲信息的"属人性",并将信息一定是"人工"的结果来将信息归结为认识论范畴。"从认识论意义上说,客体只是产生信息的'信源',而主体才是决定'信息'之成为'信息'的关键性因素。"❷ 然而在反对"信息本体论"的同时不能把信息仅仅当作"认识论"的范畴,从本质上讲信息在人类社会中应该是一个"关系思维"下的价值现象。虽然肖峰反对将信息归结为价值论的研究范围,但是他的思考却为我们的信息价值论研究开辟了新思路,他反对将信息科学化、实体化的思维方式可以理解为对价值实体思维的反思。肖峰在另外一篇名为《信息的价值问题与价值论信息主义》的文章中一上来就指出:"一旦涉足信息的价值问题,我们就难免会问:是不是一切信息都有价值?是不是一切信息都对人有价值?如果信息有价值,是什么价值?"❸ 从"价值"的含义之一"有用性"来看,"一切信息是否都有价值",相当于问"一切信息是否都对人具有有用性?"于是又回到信息的定义:如果信息是离开人的,有所谓"自在信息",则这部分信息至少没有现实的价值;而如果信息是属人的现象,则信息的出现就是为了一定的用途,即"因为要用,所以才形成相关的信息,这样,信息从一开始就是具有价值的"❹。显然,肖峰的这一追问几乎摸到了信息的价值本质,然而可惜的是他依然用"人的尺度"而不是"主体"的尺度来考量信息,他接下来的论证明确表明了立场并反映

❶ 邬焜. 中国信息哲学核心理论的五种范式 [J]. 自然辩证法研究, 2011 (4): 48-53.
❷ 肖峰. 重勘信息的哲学含义 [J]. 中国社会科学, 2010 (4): 32-43, 220-221.
❸ 肖峰. 信息的价值问题与价值论信息主义 [J]. 学术界, 2010 (2): 56-63, 284.
❹ 肖峰. 信息的价值问题与价值论信息主义 [J]. 学术界, 2010 (2): 56-63, 284.

出其依然没有摆脱对象性思维的窠臼。

肖峰在《重勘信息的哲学含义》中明确指出："认识论信息定义不是次于本体论信息的定义，而是关于信息的终极定义，乃至唯一定义。信息只能从认识论的角度去加以阐释。至于人之外存在于客观事物中的所谓'信息'并非信息，而只是属性。说到底，信息是'我们'看出来、听出来和想出来的东西，而不是'本来就有'的东西，对信息只能做认识论的解读而不能做本体论的解读。"❶ 可见，在反对"信息本体论"的战场上我们是战友，但在关于信息的本质是什么问题上，肖峰停留在认识论层面，而没有到达价值论层面。一旦划归到价值论层面来讨论，肖峰都一并以"属人的认识论"解释之。"由于信息对不同的人的有用性的大小甚至性质（如负有用性）是有所不同甚至天壤之别的，所以，信息的第二种价值属性——信息价值偏向性——便随之而生。"❷ 在这里他把价值当作了信息内部的一部分属性，这最起码还是在"价值属性说"的层次上讨论信息。他甚至引用了弗洛里迪的"信息最小价值量"概念，并认为，凡是信息都至少具有零价值，而不会存在负价值。然而我们坚持认为信息的本质是价值，那么信息一定对于不同主体来说总是呈现为正价值、负价值或无价值三种形式。文中所谓的"信息价值的偏向性"问题，恰恰说明了信息判断的依据，即信息是主体的评价结果。信息是否有正价值是根据主体的变化而变化的。此文的根本观点是坚持将信息当作认识论的对象来研究，这样就使得他即将把握到了信息的本质就是价值的时候又擦身而过，落到了传统认识论的窠臼里。

（二）信息的物理意义和哲学意义

在生活中，我们天天跟信息打交道，没有信息寸步难行。自己既可能是某条信息的发出者，也可能是某个信息的获得者，更可能是一些信息的载体和传播者。信息的形式多种多样，那么信息本身到底是什么？作为权威人士，控制论的创始人维纳认为，信息既不是物质，也不是意识。这个论断更让很多人大伤脑筋：世界上怎么会有既不是物质也不是意识的东西呢？那它究竟是啥？困惑起源于人们关于一个对象"究竟是啥"的理解和期待之中。按照传统的思

---

❶ 肖峰. 重勘信息的哲学含义 [J]. 中国社会科学，2010（4）：32 - 43 + 220 - 221.

❷ 肖峰. 重勘信息的哲学含义 [J]. 中国社会科学，2010（4）：32 - 43 + 220 - 221.

维习惯和哲学信念，我们问一个对象"是啥"的时候，内心的理解和期待，总是想知道它是一个怎样的"存在者"，即哲学上"实体"，或俗话所说的"东西"。而且我们确信，世界上所有的存在者最终无非是两样：物质和意识。正因为如此，说信息既不是物质也不是意识，就很难让人理解和信服了。这其实是一种只知道有"存在者"，却不知道何为"存在方式"的"实体主义思维"。

以发现"信息"现象为代表的科学进展，却对这种传统思维发出了挑战，告诉人们：这个世界的存在，不仅是由存在者（实体）构成的，也是由存在方式（"关系"）构成的。有些现象，并非是某个独立存在者的显现，而是存在者之间相互联系和作用的显现。信息就是这样的一个典型。信息论的起源，据说也与"二战"期间解决无线电通讯中的一个难题有关——通讯中总是无法排除某种噪音干扰，它究竟来自何处？对于这种噪声干扰的追踪研究，使科学家发现了宇宙背景辐射的存在，由此揭开了天文学研究的新篇章。就是说，在通讯中成为"噪声"的宇宙射线，在天体物理学研究那里，却是一个十分宝贵的重大"信息"！通信不等于是信息。通信是信息传播的方式，是对信息的处理和传输，是在空间和时间上对信息的转移。通信可以通过语言、书信、电话、电子邮件、无线电报等方式来传播信息。

信息论把信息的本质界定为一种相互作用的关系和效果：信息，是通过物质或能量的传递（相互作用）消除不确定性，反之则是噪声。无论在自然界还是人类社会，从"信源"发出的物质和能量，经过"信道"传递给"信宿"，并消除信宿方面的不确定性，这是信息发生的完整过程。在这个过程中，信息并不是作为"信源"的实体本身，也不是它所固有的不变属性，而是"信源""信道""信宿"，或"物和物""物和人""人和人"之间，相互关联、相互作用的过程及其效果。所谓"效果"，就是指是否在信宿那里"消除了不确定性"。在高仓健电影《幸福的黄手帕》中，勇作在出狱之前，跟妻子通过信件约定好，如果她还是一人生活并且在等着自己的话，那么就在家门口的杆子上挂上黄手帕，如果自己回去没有看到黄手帕就会永远离开。我们可以想象勇作回去时忐忑的心情，他一面想急切看到妻子，却又担心看不到黄手帕，黄手帕对勇作的意义相较于普通人来说肯定完全不同。因为从他家门前路过的人，一般不会注意黄手帕这个"信息"，更不会理解它的价值。而对于勇作来说，这是一条命攸关的"信息"。当然，如果约定挂其他颜色的手帕，也是一样的。区分"信息"与"噪声"的标志，不在于发出、传递和接收的物质与能量，而在于它所负载的内容对于"信宿"的意义：是否回应了勇作的悬念，消除了勇作心中的"不确定性"？

同一个事物及其表现，在此为信息，在彼却为噪声。造成这种效果的根据何在？事实是，"信宿"一方如何，成为决定信息与噪声之间相互区别的根据。由此可见，信息是事物之间的一种"关系态"或"关系质"：通过相互作用，在接受作用那一方产生了怎样的效果和意义。"效果和意义"是不能固定形状、称斤论两的，也不是瞬间永恒、一成不变的，它总会随着关系项的构成和关系状态的演进，而随时呈现多种多样、变幻无穷的面貌。信息的这种本质表明，世界万物的存在，都与存在者之间的相互联系和相互作用分不开。"关系"是世界万物"存在"的普遍方式。实体总是作为关系项而存在。对于具有特定"关系"质态的现象，我们要用"关系思维"去把握。"信息"和"价值"都属于这样的"关系质态"，因此更需要我们用"关系思维"去把握。相互作用产生"信息"，这一现象在自然界已经具有普遍性，到了人类特有的关系体系中，它就成了"价值"。可以说，"信息"是形成"价值"的自然基础和前提，"价值"是人性化社会化的"信息"体系。作为世界和人的普遍存在方式的表现，"信息"和"价值"的存在论基础是一回事。

二、信息中蕴含的两个维度

劳德·香农 1948 年发表了《通信的数学理论》一文，从理论上阐明了信源、信道和信宿的特征以及编码等有关通信方面的一些基本问题。我们知道对信息的研究，本初是为了解决战争当中的通信问题，而在"二战"结束之后，信息作为科学概念进入了通信领域即得益于香农的这篇文章，这也是信息论成为一个专门的研究学科、领域的标志。那么战争中的信息在香农看来，即从技术和物理学看来是一堆比特信号，而在战争指挥员手中却是用来决策的主要凭借，本部分主要从信息所反映事物的事实维度，即它对主体来说具有不同价值的维度来分析普通信息是如何转换并生成为决策信息的。

（一）信息在何种程度上反映着事实

简单来说，信息指的是"通过物质或能量的传递（相互作用）消除不确定性，反之则是噪声"。从信源发出的物质和能量，经过信道传递给信宿，并消除其不确定性，这是信息发生的完整过程。现代计算机技术将它量化成比特。从这一对信息发生过程的完整表述中，我们认为比特是实存，它是中性的，而信息则是与信宿相关的。简单说，由信源发出的一串比特到底"是什么"要由信宿来"定义"，它是不是信息，有何意义与价值由信宿赋予。而所谓的自然信息（自然现象或是信号）则属于"前信息"或者"前价值"现象，只有这些信号遇到了它的主体，才构成信息，才真正进入有价值与否阶段。所以从根本上来说并不存在自然信息这一概念，我们统称为比特。信息的哲学分析说明信息是跟主体相关的，跟主体无关的是自然现象或者噪声。至于信息的表现形式则是丰富多样的，它可以是声音的、图片的、文字的甚至是行为的，等等。

信息所反映的内容在此处可以主要概括为两个方面：首先，自然信息。自然信息以一种客观的形式存在，在人类出现之前就已经存在亿万年。比如山上的卵石，反映着沧海桑田的地质变化；鸡犬不安、老鼠乱窜，预示着海啸或地震；包括"二战"时期天体物理学家们检测到宇宙辐射波等，都是自然信息的表现，它本质上是自然事物之间普遍联系的表征，也是事物运动的结果。其次，生物信息。在生物进化的亿万年当中，整个生命蕴含着丰富多彩的信息。比如一些基因遗传信息、动物的鸣叫求偶、花开花落等都是生物信息的表现形式。

（二）信息在何种意义上体现着价值

相对于信息所反映的物理世界的"事实"来说，那么在人类社会，信息主要以社会信息形式出现。社会信息是属人的存在，只有在人类社会中有意义的信息才能称得上价值。社会信息在本质上是作为关系质存在的一种主体的属性。从事实到价值这一嬗变主要是信宿即信息的接受者所导致的，也就是说，一堆比特到底有何价值，是否能构成"信息"（有价值的一堆比特），主要是对它的接受主体即信宿来说的。比如天空突然打雷下雨，对于一个躺在沙发上看电视的人来说就是一条意义不大的一堆比特（其实就是噪声），而对晒了一院子衣服的老王来说就是一条信息，他一听到打雷赶紧跑出去收衣服去了，其实如果说老王是被动地听到了打雷，不如说是老王在打雷之前就一直在关心着天气的变化。在信息被生成的决定性环节中，肖峰指出，"从认识论意义上说，客体只是产生信息的'信源'，而主体才是决定'信息'之成为'信息'

的关键性因素"❶。在此，他强调了信宿的决定性意义，然而不同的是他依然用人的认识来解释之，而我们认为正是主体（信宿）的评价才"生成了信息"。信息的主体是信宿而不是信源，信源无法赋予比特意义，不同的意义在不同的信宿那里体现。在信息活动中，信宿要积极主动发挥主观能动性，不断探讨理解获得的比特对自己的价值。由于信息是比特的一个子集，所以，信息的两个维度（即其两个主要属性），一方面是它的载体——比特的自然属性，另一方面是赋予它灵魂和本质的价值属性。对信息的载体比特的我们主张用知识论的方式来考察，但对于它的本质属性价值方面的考察则要从信宿即主体的角度来考察。信息本身对主体来说是一种价值关系，这种关系可能是正价值、负价值也可能是无价值的。但作为衡量信息量的比特却与价值无关，它是知识论的对象，按照康德的分析，对比特的认识应是有限理性存在者所把握的判断命题范围，无论是分析判断、综合判断还是先天综合判断，这些判断本身只指向"真假"，这里不做过多分析。但是判断的"真假"对主体来说却意味着"正负价值"。同时要注意，"真"的内容并不一定给主体带来"正价值"，"假"的内容不一定给主体带来"负"价值。例如：信息一："DNA 是双螺旋结构"。虽然，这条消息从知识论的角度来看无疑是"真"的，但它对我来说却是无价值的，因为我不从事生物科学工作，我知道这条"科学真理"对我来说没有"实质意义"。我们现代人知道的一些"科学知识"对于"普通老百姓"来说都是类似这样具有"零价值"。信息二："太阳每天东升西落"。虽然这一判断从知识论的角度来说为"假"，但对我来说具有"正价值"的意义。因为我若不基于这条信息，我就无法进行日常生活，所有的决策都要被判定为"无效"。

决策中的对象，即反映在主体视角中的对象与"对象"所对应的在物质世界中的那个"物自体"并不能完全等同起来。因为，它是由决策信息在多个维度的描述中所重新构建起来，并在人脑中生成的。而对决策中的事实的构建主要是由"决策信息"完成的，这正是决策主体所能把握到的那个决策所面临的"事实"。比如，我们有时候会说"关键信息"的缺失，导致不能认清"事实"，无法做出判断和决定，这就是从反面说明了人把握对象需要借助于决策信息，当然由于决策信息也需要借助人才能构建所谓的事实，那么由于主

---

❶ 肖峰. 重勘信息的哲学含义［J］. 中国社会科学, 2010 (4) 32－43, 220－221.

体的不同，同样的信息或客观事实在主体的评价和参与下形成了不同的"事实"，比如"杀人"是不是犯罪，要知道杀人是一种客观事实，而犯罪则是一个价值判断。在不同的情境中，杀人所形成的决策信息对构建一种决策事实来说是不同的。历史上也有这样的闹剧，比如袁克定为了让自己有一天能够当上皇帝，就先怂恿他父亲袁世凯当皇帝。袁世凯有一个习惯，就是每天必看日本报纸《顺天时报》，袁克定就想到一个办法，他把真正的报纸扣下来，自己印一份假的报纸呈上去，上面的内容主要是各个社会团体和国际当局希望袁世凯早日当皇帝的假新闻。袁世凯就误以为真，以为这就是他面临的决策事实，在这样的决策信息基础上袁世凯果然做出了称帝的闹剧。

综上可知，既不存在所谓的"信息本体论"，也不能把信息当作"认识论"的范畴，信息归根结底是一个"关系思维"下的价值论研究对象。信息的本质就是一种价值关系，在未经过主体评价确认成为信息之前的比特才是纯粹的认识论对象，但比特本身不是信息，二者之间的辩证关系是对信息本质理解的关键。从根本上来说，将信息从认识论领域划归到价值论领域反映的是人类以一种新的思维方式来对待"属"主体的世界。

（三）信息不足与信息冗余

信息不足，以往通常将其视作信息的事实维度不足。但我们现在需要更多地从价值的角度来考虑，而且集中在对未来的价值了解的不足上。比如三峡大坝的建设问题上，在目标和方案制定之初人们对其正价值的把握还算是比较充分，但是在负价值方面则预估或把握得不足，比如在生态环境上、地质影响上等。因为这种认识需要建立在对未来的一种价值关系的把握上，而当价值关系当中的对象并未充分展现的时候，就有可能把握得不充分，这是合情合理的。

信息冗余是由两个方面造成的，一方面是作为物理信息的体量在信息高速公路环境下快速发展、急剧膨胀。当今社会人们所面临的信息量是之前任何一个时代的人们所不能比拟的，人们在决策之时首先需要从大量的信息当中区分出哪些是有用的、有价值的信息，这便是信息冗余的第一个表现。另外一个方面就是决策主体在面临众多信息的时候，扰乱了自己的决策目的或价值取向，以至于决策主体不知道自己想要什么。这便是信息量太大造成的第二个问题。这也难怪在先秦时期道家哲学代表的老子和庄子都提出过要"虚静""守一"，通过"坐忘"来达到一种"澄明"，就是要防止过多的信息干扰，而把注意力集中在仔细反省自己的内心上。可见，信息不足或信息冗余都会对决策造成困难，而破除这一困境的关键就是主体本身。主体一方面需要具有很强的信息分析能力，另一方面又要明确自己的价值目标或价值取向，因为只有拥有坚定的价值信仰和价值观念才能够在实践当中明白自己想要什么，从而做出合理科学的决策来。

三、信息时代的决策问题

随着人类物质生产的扩大和丰富，信息成为交互着的人类社会生产中的重要组成部分。可以说，人类每一次生产力的大幅度提高既改变了社会的组织结构与生产关系，又让人重新理解什么是人，什么是人类生产中所依赖的信息资源。从整个人类生产力发展所经历的阶段来看，我们现在正处在第三次科技革命当中，它是继18世纪以来的蒸汽机时代和19世纪中叶以来的电气时代之后的一次对人类生存、生活环境具有本质性改变的新时代。它的主要特点是计算机的大量使用、航天技术的发展和生物医药工程的发展，而这一切归根结底是在不同的领域当中表述着信息作为一种生产力的威力。信息成了这个时代的核心，它不但影响到生产力在各领域的发展水平而且也改变着人与人之间在社会中的关系，甚至改变着人本身，尤其是人工智能的快速发展颠覆了以往哲学对"人"的理解。

对信息本身的理解，要把它放在进化过程、控制过程等当中去理解，人不知道它们之前，或者没有人类出现之前，信息在自然世界当中一直发挥着它的作用。但是，当我们理解信息在决策中作用的时候，就要注意从决策主体即信宿的角度来理解它。因为信息一方面反映着信源（物质运动、实践、事件等）的实际情况，另一方面又包含着它们与信宿（接受信息的人）的有用或无用、重要或不重要的关系。这后一方面，是信息的价值维度。在这里，信息是价值客体，信宿是价值主体，一定的信息对一定的主体有什么价值、有多大价值，是具有一定客观性的。信息作为一种中介，最终表现的还是一定的信源（事件等）与一定主体的关系，包括价值关系。若没有用来指导主体进行决策的决策信息，主体就不可能了解事件的情况，无法判断对自己是不是有价值。所以，决策一定要依赖信息，信息收集的全面与否、准确与否、及时与否都直接影响着决策者对决策事实的了解。没有对情况的客观的可靠的了解（这主要是属于认知、事实判断），评价和价值判断就很可能会出错。但如果只是从真理的维度或者认识的维度来了解决策所面临的客观实在或决策的情景，却不能合理地进行评价也可能造成决策失误。这两个维度各有自己的独立性，各自有各自的作用，需要辩证地来看待，并将其各自的作用合理综合起来，而这一切都存乎主体一身。

当然，相对于主体及其评价有不为人们所意识到（评价像空气一样，是一种容易被主体所忽略的前提性存在的条件）之外，人们往往会比较清醒地认识到信息的重要性和价值，这也是长期以来人们决策的时候会把更多的精力放在对信息的获取上的原因。在人类历史当中，"信息"或者"情报"的价值是在极端的决策条件下鲜明地凸显出来的，比如军事决策。就中国古代来说，战争成为决策智慧主要的角逐之地，而这些军事决策思想主要集中在兵书中，例如《孙子兵法》《吴子兵法》《孙膑兵法》等，其中一个共同的特点表现在对信息的重视上，认为"知己知彼，才能百战不殆"，为了获取有价值的信息甚至要使用间谍，同时为了在信息上误导对手，还要采用"反间"等方式。例如孙武说，"能以上智为间者，必成大功"，可见他非常重视信息情报在军事战斗中的作用。又说"故三军之亲，莫亲于间，赏莫厚于间，事莫密于间"。对待从事间谍工作的人员应该是最亲近的，给予的奖赏应该是最优厚的，没有任何事情比间谍工作更机密，它成于秘而败于泄。❶

（一）"信息时代"及其特点

任何决策都是在一定生产力条件下和具体历史环境当中的决策，在信息时代的今天，决策的首要特点就是如何理解信息以及如何针对不同信息社会的差异来进行个体或群体决策。由于计算机存储技术和传播速度的快速发展，使得我们当今社会所拥有的信息量要比人类文明以来任何一个时代的信息量都丰富。据美国研究机构的统计结果显示，自人类有文明记载以来，人类所拥有的信息量不低于 10×10 的 18 次方 bit（位）量的信息。另据数据显示，现在一日大概仍有数十亿信息单元的信息量不断输出，而且是以一年百分之二十的速度持续递增。❷ 按照科学技术发展的惯性和加速规律以及人工智能技术的介入等条件来看，下一步信息的发展速度和体量将是极其惊人的。与此同时，人们

---

❶ 陶新华，朱永新. 先秦兵家决策心理思想研究［J］. 心理学报，1999（2）：3-5.
❷ 张慧峰. 信息时代大学生价值取向研究［D］. 沈阳：辽宁大学，2013.

之间的信息交互日益频繁。如果说前信息时代人类的信息交互如同古代人类社会一样，处在一种相对封闭和交流匮乏的情境当中，那么在当今信息时代，人类信息的交流和开放程度是以往人们无法想象的。这种开放和自由既是互联网技术等信息产业发展的客观推动，也是信息时代内在动力的必然要求。例如一些高性能计算机和互联网平台能将各个科研机构连接起来，使得它们能够在科研成果上无缝共享，这大大缩短了知识传播的时间。同时，这种科研的结果与企业连接起来，也缩短了科学技术向现实应用转换的时间。这种开放，使得任何一个人都能够自由地获取全世界的知识和信息，这将大大改变人类受教育的环境和条件。同时，这种基于互联网所形成的高速、大量的信息流通不但使信息中心得以消解，也使得整个社会进入扁平化的结构当中。在虚拟空间当中，"人"不再是被限定在一定地域、国家范围内的"肉身"，也不再是披着"经济实力"站在"社会阶层"上的人，这里的"人"获得了一定的"自由"和"平等"，甚至获得了一种阶级和政治上的跃进。因为任何一个自然人都可以借助现代化的信息工具成为某一信息事件中的中心，它打破了以往相对稳定的信息资源结构，这中间有一定的积极意义，同时也具有一定的风险，它增加了各国政府对信息管控的难度，而且信息风险所带来的破坏力也将是巨大的。

另外一个值得注意的特点就是虚拟世界和人工智能将会颠覆传统哲学对"人"的理解。在信息技术发展的初级阶段，电脑成为人们主要的信息工具，在今天手机或移动设备已成为人们进入虚拟世界的主要端口。然而这仅仅是开始，VR 等虚拟技术的发展使得人越来越融入机器与"信息"当中，人成为"信息人"，"信息"成为人的居所，自然和物理世界将与"人"渐行渐远。而我们即将面临的"人工智能"大爆发，将会彻底地改变"自然人"在宇宙当中的地位。从某种意义上来说"人工智能人"就是"信息人""决策人"，是以"信息"与"决策"合二为一的"新人"。它将在任何一个方面都优于自然人，无论是从信息量的存储与计算上，还是决策能力的分析与执行上，都将是"自然人"最强劲的威胁。人类下一步的主要矛盾将是"自然人"与"人工智能人"之间的冲突与调和问题。这一问题构成了本研究具有前瞻性的理由之一，也将是本研究能够继续拓展和长久深入的现实条件之一。

（二）"大数据"环境下的决策困境

"大数据"概念的出现让人们深信生活在一个"信息世界"之中，信息在此刻显得比以往任何一个时代都重要，甚至有人提出"信息就是一切""信息即财富"等断言。然而，信息时代一方面让人们更加重视信息，同时，也在另外一个方面给人们的决策造成了一定的困扰。一个原因是信息量虽然增加，但决策时间并未延长；另一个原因是在"信息即财富"的经济环境下，信息成为一种特殊的商品被交易，而各国关于信息监控、信息安全和公民的信息权利等方面的法律法规和监控手段明显滞后于信息和信息市场的发展速度。面对如此情形，人们对待信息的态度从一开始的兴奋与欢迎慢慢变得忧虑起来。因为"过多的信息"非但没有给人带来更多的幸福感，反而加重了人们的决策困难，同时又给人们带来深重的信息安全危机。

首先，信息量过大对注意力的占有。当今时代被称为信息的时代，信息成了时代的代名词，人们从以往的"信息不足与匮乏"的状态，一下子到了"信息过剩"的状态。以前读书看报都困难，如今却每天都要面对铺天盖地的咨询，甚至有人统计现代人平均每人每天看到五千个广告，过多的消息严重占有了人们的注意力，造成了"低头族""手机党""麻木人"等社会景观。有些新闻和广告专家指出，注意力成为时代的稀缺资源，广告就是要占有人们的注意力，商业竞争就是对客户注意力占有的竞争。在这样的大环境下，人们不过是换下一个枷锁之后又套上了另一个枷锁。然而，以往对待信息枷锁的分析有一定的片面性，信息不是土豆，也不会像雨后春笋一般一下子泛滥成灾，我们真正的问题是把信息当成了土豆来对待。马克思在《关于费尔巴哈的提纲》中指出："从前的一切唯物主义（包括费尔巴哈的唯物主义）的主要缺点是：对对象、现实、感性，只是从客体的或者直观的形式去理解，而不是把它们当作感性的人的活动，当作实践去理解，不是从主体方面去理解。"❶可见，人们对待信息的态度如同马克思批评旧唯物主义一样，也只是从对象性、客体的角度来理解。对信息量大小的担忧是实体思维的必然结果。

其次，信息的异化还是比特的异化。就像马克思所说的，"工人生产的财富越多，他的生产的影响和规模越大，他就越贫穷"❷。他把这种现象称为异化，那么在本书中也可以表述为：人们越是处在比特丰富的社会中，人们占有的比特越多，他就越难决策，他的生活质量就越低，越被比特统治。这种现象

---

❶ 马克思，恩格斯. 马克思恩格斯选集：第1卷［M］. 北京：人民出版社，2012：133.

❷ 马克思，恩格斯. 马克思恩格斯选集：第1卷［M］. 北京：人民出版社，2012：51.

可以被理解为"比特的异化"。马克思对劳动异化理论是这样描述的:"劳动所生产的对象,即劳动的产品,作为一种异己的存在物,作为不依赖于生产者的力量,同劳动相对立。劳动的产品是固定在某个对象中的、物化的劳动,这就是劳动的对象化。……对象化表现为对象的丧失和被对象奴役,占有表现为异化、外化。"❶ 无论是黑格尔还是马克思大体上都将异化理解为"来自主体并对象化了的并统治着主体的客观存在"。❷ 如果从这个角度来说,那么的确存在比特的异化现象,它主要表现在主体因需要而选择的比特反而造成了主体的选择困难,亦或是大量对主体来说不重要的比特或流量分散和占有的主体注意力,生活中表现出的"犹豫不决"或是"选择恐惧症"一部分原因来自这里。信息崇拜所表现的"信息异化"现象,其实本质上是一种比特崇拜,大量获取比特,认为它可以转化为信息,对有些主体有利,并将这种力量放大,甚至认为"信息就是一切"。这种将信息神话或妖魔化的思维却真正地表现出了一种异化,它本质上是将流量等同于信息并将其实体化、对象化,进而统治主体,这是以往的将信息当作实体的思维对人的蒙昧。无论是夸大信息的价值还是否定信息的价值都是实体思维的必然结果,信息从来不会像粮食一样会因多了还是少了而对人产生供需上的影响。如果把信息理解为一个对象性的像馒头一样会影响人的生存、生活质量的东西的话,那么这种思维方式就会导致将信息异化。信息本来就是属主体的,现在却将它抛出主体之外,并且被赋予之呼风唤雨的伟大神力。将信息神化或者妖魔化都对信息本质是一种价值形式的不理解,说到底也反映了对价值是什么的不理解。"信息异化"表面上反映了主体无法分辨"虚假信息"和"冗余信息",本质上反映了主体对自己价值需要的判断的不清晰。简单来说,他以为这条流量对他来说是信息,其实不是,因为他可能根本就没有这个客观需要,不过是他的评价出了问题,认为自己有这份需要,从而使其对自己的决策产生了困扰。总之,从主体的价值需求角度辩证地看待信息异化现象是解决这一问题的有效途径。

最后,"信息抓取者"给民众带来的生活困扰。大数据背景下,人们有一种信息崇拜情节,认为掌握了信息就掌握了一切,于是各个商业主体通过各种方式获取大量的流量,无论是以贩卖流量为业,还是通过对流量的获取来提高

---

❶ 马克思,恩格斯. 马克思恩格斯选集:第1卷 [M]. 北京:人民出版社,2012:51.
❷ 韩立新. 对象化与异化是否同一:"对黑格尔的辩证法和整个哲学的批判"的重新解读 [J]. 吉林大学社会科学学报,2010,50(1):49–59,159.

商业竞争力，但归根结底掌握流量就意味着掌握信息资源，能够获得财富。然而这只是对信息的获取者来说的，相反对于被获取者来说却是一种困扰，我们总是有一种担忧，自己的信息资料被别人窃取贩卖，不仅要面临着被骚扰的烦恼，而且还有着人身安全的担忧。面对这样的现状，我们显然不能把信息当成是罪魁祸首，就像无产阶级不能把机器当作自己的敌人一样。这个困扰显然不是信息本身所造成的，而应该把这一现象放在市场经济环境下来考量。把信息获取行为纳入到法治规范内，若再有信息泄露那么应该有相应的主体承担法律责任。这一切是因为法治不到位所造成的，它本身是一个法治文明建设问题，因而不能完全寄希望于道德修养，需要从法律上、制度上有根本的保障。

（三）合理对待信息在决策中的地位和作用

本章对"信息"和"决策信息"的辨析的区分，有利于我们如何区分哪些信息是有用的决策信息，而哪些信息是一种物理信息与决策本身无关。人们在决策当中应采用不同的方式来对待所面临的信息。这里要指出的是，信息时代和大数据环境中人们幸福感降低的一个很大原因是，信息泛滥增加了人们搜寻决策信息的困难，集中表现为信息量的增加与决策时间未增加之间的矛盾。在快节奏的市场经济当中，人们的决策时间变得越来越短。如何合理对待信息在决策中的地位和作用是本章的一个落脚点。

面对如上情形，深谙信息力量的政府或企业无不加紧对信息的获取和控制，尤其是在商业活动中，获取信息并对信息的分析是决策行为中极其重要的活动。有时候竞争对手会故意制造假消息来迷惑对方，例如在《乔家大院》中，乔家故意制造出朝廷要攻打新疆的假象，使竞争对手认为高粱很快就会成为战略物资，结果对方上了乔家的当，损失惨重。这则故事从另一个维度启发人们，好像只要获得了有价值的情报和信息就能够获得财富，自己没有发财致富归根结底是自己没有获得可靠情报消息的意识和途径。当今时代信息更是被有些人妖魔化、巫术化，似乎拥有信息就拥有了不可战胜的力量。这在我们看来显然是不可取的，而且应该被制止。随着社会、经济的发展，人们获取有用信息的问题就越尖锐，对信息服务的需求也就愈迫切，因此，可以说信息提供和咨询服务是信息服务业的核心。当今美国已经形成了强大的信息服务业的基础结构。例如美国的邓白氏集团信息服务公司，该公司于 1841 年成立，是世界著名的商业信息服务机构。美国 2/3 以上的大型公司和更多的中小型公司都需要利用咨询服务。美国咨询业中有 55% 左右的业务来自企业界，45% 左右来自联邦、州、市、县各级政府和公众团体。强大的社会信息需求为信息服务业的发展提供了强大动力。而美国面向政府和市场解决实际问题的信息服务机构日益强大，美国有 20 多万家面向问题解决的信息服务机构，共同竞争，参与信息服务。美国发达的市场经济环境也为信息服务业的发展提供了先天条件。如保健服务信息、娱乐服务信息、旅游信息、家教信息、择业信息、购物、择偶信息、心理咨询、家政服务信息等，已成为信息服务业新的增长点。政府工作离不开信息资源，无论是决策、执行、监督都不例外，这也就是平时政府所说的有信息资源的决策和管理。因此，由于工作的需要，政府建立了庞大的信息收集系统并积累了大量数据。❶

有专家论证，信息是科学决策的基础，信息与决策的关系，好像江河的源和流的关系，源远才能流长。信息不充分，决策就会缺乏依据；信息不准确，往往导致决策失误。在现代竞争激烈的市场环境中，强调决策分析的信息基础，是决策分析的主要特征。然而，科学知识或者科学规律本身不能驱动决策或行动，只有人的价值需要才是获得科学知识的动力，也是诱发决策的前提。同样，决策并不是一锤定音的瞬间行为，而是一个连续的、逐步调整的过程性行为，所以，决策总是根据信息和情境的变化而随时做着调整。除此之外，我们要注意的一个现象就是在信息海量环境中，决策者依然因为有效信息的匮乏而苦恼，这一点并不奇怪，因为所谓海量的信息中绝大部分对于决策主体来说都是无用的。我们知道，信息分为自在信息、积存信息和自为信息，自在信息是人们最易获得的，它在人类社会出现之前就已经存在，比如日出日落、候鸟迁徙等，构成了最初、最基本的决策信息，也是复杂决策的前提性信息；积存信息是在人类社会出现之后，人类在长期的社会实践当中所留存下来的知识，需要人去学习和查阅而获得；而自为信息，需要决策者经过对决策主体和决策对象在关系当中进行详尽的考察和分析而得出，可以说这种信息形式是最为具体的，也是复杂决策当中起决定性作用的信息。同样，信息的社会性、时间性决定了信息具有损失周期，即决策信息会随着对信息分析、利用等产生时间损耗，每被利用一次价值就会减少一些，到一定程度就会老化，最终失去决策价值。人类知识的更迭本质上是一种信息老化的过程，决策就需要最新的、最有

---

❶ 王宪磊. 科学决策和信息管理 [M]. 北京：社会科学文献出版社，2007：340.

效的信息。当然，决策主体对信息的评价和赋值会不同，信息的价值体现出一定的主观评价偏好性，这种偏好解释了为何不同主体在相同情境下却做出不同的决策。例如"儿子眼中的好媳妇"可不一定就是"母亲眼中的好儿媳"，选择中的偏好，体现了决策的主体性特点，这也从客观上增加了人类决策现象的丰富性。

通过本章的分析，我们认为在以"大数据"为代名词的信息时代的决策环境下，信息量越大，不确定性就越强，如何在纷繁复杂的信息当中提取出"决策信息"，是决策者面对信息首先要做的工作。同时，在决策信息分离之后，有效信息的价值差别又是考验决策者对待信息能力的一个棘手问题，什么信息重要、什么信息不重要；什么信息价值大、什么信息价值小，这是决策者面对信息问题第二步工作的重点。当然，信息的价值也会随着时间而瞬息万变，在当今世界非线性、多元化、瞬息万变的情境下，如何做出科学决策是一个具有强烈矛盾冲突性的问题。另外，决策一定是基于一定的信息而做出的，包括目标的设定和方案的制订。在此，笔者认为决策中的信息应具有双重维度，即事实性维度和价值性维度。我们在做"信息分析"的时候，应该分为两个部分：其一，就信息与主体的关系进行价值分析，其实是对这条信息与主体的关系所表现出来的"可靠性、重要性、时效性、准确性、针对性和必要性"的判断，这个只能由主体的评价所反映，不同的主体对于同一条信息在这几个维度上的"打分"总是不一样的；其二，是对信息或者说比特进行知识论分析，主要包括"真实性、精确性、完整性、预见性"。那么，决策者在搜集信息的时候，要搜集到必要、重要信息，何为必要、重要信息本身就是对信息的一种价值评价，当然这其中也有认知成分。在决策方案制定之后，还会咨询外脑，让别人对备选方案进行评估，这中间也有认知和评价的成分。最后执行阶段所反馈的问题以及社会评价，本身也是一种信息，这是方案调整的重要依据。

我们坚持马克思主义的基本原则，认为决策是现实的人的决策，来分析现实的人在实践决策中的基本环节。在决策实践中，从"信息"这一关键词入手可以看出价值和评价的辩证关系，以及真理原则和价值原则这对矛盾关系是如何得到和解和统一的。本书要着重将二者在实践中的矛盾呈现出来，辨思明理，从而提高决策质量，实现决策的科学化、民主化。

第三章　决策的多种类型和一般过程

　　人类对决策的研究古已有之，然而真正意义上科学地研究决策行为是在近代才有的事。在中国古代，对决策的探讨分散在很多著作当中，而真正意义上的决策研究 20 世纪 80 年代初才从西方传入中国，其中罗伯特·西蒙对中美之间的决策研究交流做出了巨大贡献。决策科学经过长时间的发展，形成了较为完备的决策理论体系，从偏向于使用运筹学、概率论等手段的决策分析硬方法到偏向于在社会组织当中运用组织行为学、心理学等软方法来研究决策。对决策行为当中决策要素的分析以及各种决策类型特点的分析，有利于我们从哲学的高度来理解决策的一般过程，同时对决策基本要素和一般过程的梳理是我们探索和揭示评价在决策中作用的必由之路。当然，在这一分析过程中要注意区分人们实际上是如何决策的和人们应该怎么做决策的问题，即实然与应然之间的区分，描述性与规范性的区分。

　　我们知道，现代决策科学最为基础的学科是决策分析，它是进入决策领域所需要掌握的基本方法和分析路径。决策分析的前身是在 20 世纪 40 年代所兴起的统计科学，其中贝叶斯决策模型是最为典型的决策分析模型，它的特点是在不完全掌握决策对象的信息情况下，采用主观的概率估算来进行决策，其主要方法是通过对决策对象发生的概率进行计算和修正，继而通过比较来进行选择，而这种选择基于的是一种"期望法则"，也就是说要通过决策主体的主观期望来做出符合主体需要的最优决策。当然这一方法一经推广便占据了决策科学研究的主要阵地，并被长期有效地使用。自从 1951 年开始，著名的经济学家阿罗在关于社会选择理论问题上提出了多人决策的理论体系，他通过论证认为，"不存在群体一致的选择原则"，这一发现为群体决策的研究奠定了重要的理论基础。与此同时，也正是基于对"期望法则"的反思，西蒙等人开始怀疑决策中的"理性人假设"，认为人们进行决策的时候并不是在寻求一个最优解，而是寻求一个最满意选项。这一发现很大程度上解决了人们心中所困扰的决策实然问题。在 20 世纪 80 年代之后，随着科技的进步和信息技术的蓬勃发展，计算机辅助系统即决策支持系统 DSS 出现，传统的决策分析硬方法得到了长足的进步，然而人们此时已经不再完全迷信数学和概率的计算，而是认识到决策是人们认识能力和实践能力的反映，它要受到社会、历史等多种因素的制约。一方面，肯定数学和计算机在管理决策中的作用，同时放弃片面的过分迷信的做法；另一方面又开始重视 20 世纪 40 年代已经产生并逐步发展起来的软方法，即决策的心理方法。在《决策心理学》一书中作者提到，决策软方法可以充分地考虑人们的意愿、需要、情感等社会心理因素，从而使决策更能贴近人们的心理实际，也容易为人们所理解和拥护，它不仅促进了决策质量的提高，而且也为决策的实施奠定了良好的基础。❶ 从文献上看，大部分决策论研究者都接受西蒙的这一思想，例如苏曦凌在《行政技术主义批判》❷ 中反对夸大唯技术论在行政中的作用，从知识论、方法论和价值论立场上剖析行政技术论硬核并提出质疑和解决方案，从而为价值评价在行政决策中的作用留下了理论空间。其在博士论文《行政决策的非理性维度研究》❸ 中，从心理学和哲学认识论层面对全面理性行政决策模式进行了彻底的批判与反思，并试图找到全面理性行政决策模式的理论硬核，最终将科学决策和民主决策视为落脚点。

当然，决策分析是研究一切决策理论的基础，笔者也将通过对现有决策类型的分析入手来解读本书的主题，例如从单目标决策到多目标决策，从单阶段决策到贯序决策，从个体决策到群体决策，从确定型决策到风险型决策，等等。我们不得不承认的是，从 20 世纪 60 年代开始这些决策方法在社会的各个行业和部门得到了广泛应用，并取得了非常好的效果，它在一定程度上对人们的管理决策起到了很大的辅助性作用。但我们不能仅仅从狭义的角度理解决策，而应该从广义的角度即把决策看作是一个在时间当中的、连续的选择过程，它指的是一个决策主体（无论是个体还是群体）在一定的目标驱动下，通过对获得的信息进行分析，并基于各个约束条件做出行动方案的完整过程。

---

❶ 范翰章，杨树春，孙秀玉. 决策心理学［M］. 北京：中央党校出版社，1996.

❷ 苏曦凌. 行政技术主义批判［J］. 广西师范大学学报（哲学社会科学版），2014，50（2）：43－50.

❸ 苏曦凌. 行政决策的非理性维度研究［D］. 湘潭：湘潭大学，2011.

它不但需要对决策对象的每一要素深入分析，而且需要对决策主体进行现实剖析，并且这种选择行为是有时间、政治、法律、外部自然环境甚至敌对性约束条件限制的，选择并不是随心所欲的，这也是决策科学之所以成立的前提性因素。所以，本书需要对决策的要素、类型和特征等进行全方位的分析。

一、决策的理论前提以及对两种决策观的批判

决策是人的一种选择行为，通常人们会使用"趋利避害"来形容决策，然而在本书看来，这是对决策的现象性描述或者只是决策的一个原则，而决策的本质是什么并未有明确地说明。同样，在趋利避害的原则下，人们更多把精力放在决策的方法论研究上，即如何选择才能做到利益最大化等。所以，决策长期以来被等同于决策技术，似乎有更为科学的决策技术和决策方法就能做到利益最大化。从决策科学产生以来，这一思维一直占据决策研究的主要地位，比如我们所熟悉的期望效用理论便是这一原则的产物。但经过长时间的实践，人们发现期望效用理论与人们的选择是明显背离的。目前更多的人支持前景理论，并认为这是决策方法研究的前沿技术。要回答决策的本质是什么，就要对现有的决策技术论和决策主观论进行反思和批判，本书认为决策中的价值理性是根本前提，占据基础性地位，决策就是进行价值选择，这是本质性的界定也是决策的根本原则，这一概念有利于正确处理决策目的和手段之间的关系。本书认为工具理性是在价值理性的指导下采用的技术性手段，达到目的是不能不择手段的。

（一）传统决策理论的前提假设

决策在时间上指向未来，决策主体相信过去、现在以及未来有着必然的因果关系，并认为通过现在的努力会造成客观现实在未来的某一个时间点发生改变。这便是决策成立的哲学前提，即它承认事物之间有着时间性的因果关系，这种因果关系就是决定论思维。"决定论思想确认人的行为的必然性，摒弃所谓意志自由的荒唐的神话，但丝毫不消灭人的理性、人的良心以及对人的行动的评价。恰巧相反，只有根据决定论的观点，才能作出严格正确的评价，而不致把什么都推到自由意志上去。同样，历史必然性的思想也丝毫不损害个人在历史上的作用：全部历史正是由那些无疑是活动家的个人的行动构成的。在评价个人的社会活动时会发生的真正问题是：在什么条件下可以保证这种活动得

到成功？有什么保证能使这种活动不致成为孤立的行动而沉没在相反行动的汪洋大海里？"❶ 当然我们所说的决策要与法院的判决和裁判员的裁定相区分，判决和裁决是一种识别行为，而不是理性衡量做出预测性的价值取向。本书所说的决策是指有一定的目标方案，并为了达到这个目标而在实践中所做出相应决定的行为。决策理论或决策思维习惯是与它所处时代的生产力发展、知识结构有关的，并在此基础上最终形成了决策的原则和观念。相对于古典时代决策更关注对象而缺少对主体的反思来说，当代的决策理论建立在对人类理性本质的理解上，它更关注决策主体。

决策的决定论前提最大的一个假设就是"经济人"假设，它的本质是一种寻求最大利益的理性代表假设。就像贝尔指出的，经济学之所以成为一门科学，其原因不在于它的研究对象或种种定义，而在于它的研究方法。经济分析由经济人、市场均衡和偏好稳定三种假定有机构成。经济人追求最大效用。效用最大化的实现过程是人的基本偏好的满足。❷ 因此，在贝尔看来，政客也罢、知识分子也罢，经商也罢、从戎也罢，独身也好、结婚也好，利己主义也好、利他主义也好，各种人的各种活动的目的只有一个，那就是追求效用最大，而不管这些人的职业或这些人的活动是否具有商业性质。换句话说，人类的一切活动都蕴含着效用最大化动机，都可以运用经济分析加以研究和说明。❸

"经济人"是经济学理论的人性假设，但在不同的时期其内涵有所不同。"经济人"思想首先是古典经济学家亚当·斯密表述的："我们每天所需的食料和饮料，不是出自屠户、酿酒商或烙面师的恩惠，而是出于他们自利的打算，我们不说唤起他们利他心的话，而说唤起他们利己心的话。"亚当·斯密虽然没有明确提出"经济人"概念，但这是经济学史上关于"追求自身利益的个人行为会导致整个社会丰裕"命题的最初论述。亚当·斯密以利己为核心初步建立了"经济人"理念——追逐个人利益并使利益最大化是"经济人"的根本属性，并运用这一理念分析社会和政治问题。新古典经济学对亚当·斯

---

❶ 列宁. 列宁全集：第 1 卷［M］. 北京：人民出版社，2012：26－27.

❷ ［美］贝克尔. 人类行为的经济分析［M］. 王业宇，陈琪，译. 上海：上海人民出版社，2015：2.

❸ ［美］贝克尔. 人类行为的经济分析［M］. 王业宇，陈琪，译. 上海：上海人民出版社，2015：1.

密的"经济人"理念进行了完善,他们认为:(1)个体的行动决定(为达到目的而选择的手段)是合乎理性的;(2)个体可以获得足够充分的周围环境的信息(完全信息假定);(3)个体根据所获得的各方面信息进行计算和分析,按最有利于自身利益的目标选择行动方案,以获得最大利润或效用(利润或效用最大化假定)。新古典经济学在完全理性的假设前提下,借助边际分析方法为"经济人"怎样选择资源或手段以实现利益最大化提供了强有力的分析工具。❶ 这是一直以来经济学理论的基础,也是做经济模型的最大理论假设。这其中的弊端在前文中已经做过分析,因此在后来又有了"新经济人"假设,其基本观点是有限理性、追求利益最大化以及机会主义倾向。

1. 有限理性

(1)人的认识是有限的,因为行为主体进行决策所据有的信息是很有限的;(2)环境约束,即人的思维方式、决策目标和实现方式受制于不确定的制度环境和心理环境;(3)满意准则,即经济人由于受理性的限制,在现实生活中不是追求最优,而寻求满足,在搜索到令人满意的可行方案时就可能会停止搜索而付诸行动。

2. 追求利益最大化

新制度经济学认为,人类行为不是单向的,而是双重的,一方面追求财富的最大化,另一方面也追求非财富的最大化,非财富最大化往往表现为利他主义、社会福利、国家目标等。在这方面,新制度经济学关于人类行为的利益最大化追求与人性偏好的基本内涵并没有改变,只不过,新制度经济学把财富最大化表述为个人行为偏好,而非财富最大化则是集体行为的偏好。这两种偏好往往呈现为个人理性与集体理性的矛盾与冲突,为解决此矛盾与冲突,新制度经济学主张在二者之间进行某种选择和权衡,寻找均衡点。

3. 机会主义倾向

一是机会主义动机或行为往往与冒风险、寻找机遇、创新等现象有一定的联系;二是机会主义又会对他人或社会造成一定的危害,如机会主义者有时把自己的成本或费用转嫁给他人,由此,交易双方为保护自己的利益,防范彼此的机会主义行为而增加了市场交易的复杂性和成本,影响了市场经济的效率。值得注意的是,新制度经济学关于机会主义的人性假设可以使我们认识到人的

---

❶ 刘超良. 制度德育论 [D]. 上海:华中师范大学,2006.

机会主义行为倾向与人的道德问题是不同的，前者是经济学家们在分析经济问题时对人的一种基本假设，是一个中性范畴；而后者属于伦理学的范畴。这对于澄清伦理学界长期争论的人是性本善还是性本恶的问题有很大帮助。

个人在追逐利益最大化的过程中，其理性是有限的，不可能对经济过程的各个细节做完全的把握而超越一切外在条件行事，而需要利用现有的制度规范来达成目的。此外，由于信息的不完全或不对称，人们在经济活动中存在着机会主义倾向，由此增加经济成本，为提高人的行为的可预测性，需要用制度规范人际互动并为人们的经济活动提供相对确定的环境。

经济活动的个人在追求利益最大化的过程中，总面对着交易成本问题，交易环境越不确定，交易成本就越高，为促进市场运作与降低交易成本，制度对于约束个人的经济行为并减少交易环境的不确定性便为必要；经济个体人的有限理性决定了制度安排对于经济活动中成本—收益的"估算"性质，即不是追求最优化的制度安排，而是追求比较满意的制度安排；制度是基于人与人之间互动而符号化的产物，但这并不意味着制度是被动的，实际上，经济活动中人与人之间的互动也使人与制度之间处于互动之中，而人的机会主义行为倾向往往会使经济成本——收益关系带有一定的情境性，从而使制度变革过程充满了矛盾与反复。

人对利益的趋求、有限理性和机会主义倾向使社会经济生活复杂多变，这样，使规范人们经济生活的制度也应该随着一定社会条件下"经济人"属性的变化而相应地演进，在演进的过程中，既有一定的持续性，也会有较大的变革，即处于均衡与非均衡的状态之中。对制度变迁的把握，只有通过对一定社会条件下的现实人性分析才能得到合理的解释。❶

（二）对决策"技术论"和"主观论"的批判

长期以来，决策研究总是将决策等同于决策技术或决策方法，一方面在于决策是在统计学和运筹学这两门技术性很强的工具性学科基础上发展起来的；另一方面是相对于选择的随意性、经验性来说，通过理性计算所得到的决策效果要明显好于前者，而技术与科学正是理性的直接产物，所以决策技术论自然就成了决策的主阵地。然而，我们反对把决策完全看作一个认知的计算过程。

---

❶ 刘超良. 制度德育论［D］. 上海：华中师范大学，2006.

技术论的问题症结在于价值属性说,它认为通过计算即可得出决策对象的内在价值,在把价值等同为一种客观存在的思维指导下,认为一个科学的决策对任何人来说都是一样的,即所有人面对这种情况都会做出一模一样的决策,而且只有这个决策才是唯一正确的。这是一种典型的受价值属性说影响的结果,因为它本质上认为一种"好"对谁来说都是"好",而忽略了主体在决策当中的主导地位。

曾经的手机巨头诺基亚的高管在倒闭后的新闻发布会上痛哭流涕地说,我们做的每一项决定都是正确的,而且非常努力地完成每一个决策,但是不知道为什么,我们失败了。无独有偶,曾经的胶卷大王柯达也遇上了同样的命运。像这样辉煌一时的跨国公司,哪一个不是按照理性决策一步步走上巅峰,又按照同样的理性决策一步步走向了失败?这让我们知道决策技术论是行不通的,尤其是在博弈情境中,虽然博弈双方都达到科学决策,但最终还是有一方失败。自此,人们意识到不能再把价值当作是对象的属性,而要把它始终视为一种关系。有什么价值、价值大小如何都是一个具体的历史的概念,决策之时必须还原到当时的条件才能说得清楚。而决策技术论的问题就在于总想弄出一个超时空的决策模型来,看起来很漂亮、很科学,好像能解决一大片问题,但是实际上没法用,因为它是实验室的产物,它把决策中很多现实的因素都抽象掉了,当它进入到每一个具体的决策中的时候就不起作用了。我们来看一个双赢实验:玩家 A 获得 10 块钱,他同玩家 B 是通过互联网联系的,事前两实验主体之间完全不认识。A 首先有权决定是否将钱寄送给 B,数额在 10 元以内。实验规则是如果 B 接受 A 的馈赠,金额将变成原来数额的 3 倍。也就是说,如果 A 将 5 块钱寄送给 B,对方接受 A 的帮助,将得到 A 所资助款的 3 倍金额也就是 15 元。这个游戏的关键是接下来的部分,获得 15 元的 B 要做点什么?他会不会寄送 5 元钱甚至超过 5 元给 A,来表达对这个陌生人的赞许和感激?实验的结果是大部分受惠者都做出了回报,尽管他们不认识这个陌生人,尽管他们也可以不进行任何回报。按照标准的理论,受惠者不会把钱回报过去,因为在理性的假设下受惠者没有必要和动力去做回报的举动,但是 75% 的玩家的回报超过 5 元,他们想和这个陌生人一起分享共同的成果。❶ 神经经济学家通过实验发现,人们之间的合作程度远比传统博弈论预测的程度要高,传统的

---

❶ 徐晨. 神经经济学的兴起及其对经济学发展的贡献 [J]. 经济评论,2007,(2):64 – 67.

标准博弈论把人们看作是理性的计算工具，但信任合作往往会在人们中间产生。按照标准博弈论来说，A 寄给 B 一定数额的金钱，而 B 在接受 A 的馈赠并且金额翻倍时，按照自身利益最大化的原则也应该选择留住全部金额，然而极大部分的人们选择回报一定数额的金钱给 A，这正是信任与合作的产生。可见，决策要从现实的人出发，从现实的人的能力条件出发，我们在此反对学院派的决策模型论，这是一种数学游戏，离现实太远了。

决策"主观论"起始于对决策"技术论"的矫正，正是由于决策技术论的机械性，导致一些中看不中用的决策模型在实际决策中的不可行，才使决策研究专家们注重起一些非理性的人的情绪、偏好等因素来。决策主观论通常的做法是将决策的权力完全归于个人身上，人们怎么选完全是个人爱好，好像怎么选都对，变成了一种公说公有理、婆说婆有理的相对主义。这又导致了决策理性走向了另一个极端。但现实决策的客观有效性使得决策主观论并不能坚持到底，于是主观论做出了一定的妥协即将赋予信息不同价值的管理和合理性让渡给个体，同时也让渡出了方案的决定权，但这一般指的是个人决策。倘若遇到集体决策或公共决策，决策主观论显然是行不通的，因为主观的随意性会导致人们无法定出方案来。

我们承认决策主观论认识到主体的特殊性相对于决策技术论来说是一种进步，它注重人的情绪、民族文化、心理结构、个人的自由权力等方面，这是可取的，但我们并不认为决策主观论从根本上来说就是正确的。因为把价值等同于一种主观评价，我们在前文当中已经指出过，评价是主观的，它是决策的主观依据，但并不等于评价是随意的、评价本身是没有依据的。主体在对信息的价值或方案赋值加权的过程中，什么重要、什么不重要，是根据现实的价值关系做出的判断，并不像决策主观论者想象的那么随便。无独有偶，卡尼曼、特沃斯基和塞勒等人创立的行为经济学就是建立在有限理性基础上的。卡尼曼指出，他们的理论基础在于对完备理性的反对，因为完备理性的模型是建立在一切约束条件都满足的情境之中，而这一理想状态在现实实践中是不可能的。卡尼曼在 1975 年春，接近完成了前景理论模型，起初它被称为价值理论（value theory）。卡尼曼指出，决策一定是建立在现实世界中的，它有着众多的约束条件，因此行为经济学就显得更符合真实发生的现实，更能解释经验世界中的现象。紧接着他们立足于决策理论框架，并认为赌局间的选择是适用于所有决策问题的一个模型。对基于效用理论的信念和欲望所做选择的哲学分析，我们没有提出挑战，也不质疑冯·诺依曼和摩根斯坦以及后来萨维奇提出的理性选择的规范性模型。卡尼曼之所以使用"赌局"模型，是把它当成了"果蝇"，就是解剖麻雀的方法。这是最简单的特殊情景下的模拟分析。下面我们从几个行为经济学的案例，看是否有所启发。

1. 沉没成本：为心理成本建模

A. 一家人花 40 美元去看 60 英里外的一场篮球赛。比赛那天突降暴雪，他们决定无论如何都要去看比赛，但是如果球赛票是别人赠送的，那他们会宁愿待在家里。

B. 一位男士加入一家网球俱乐部，并缴纳了 300 美元会员年费。参加了两周活动之后，他患上了网球肘病。他继续坚持忍痛参加，说"我不想浪费掉那 300 美元"。

以上案例，从决策评价的角度看，正是因为自己付出了，所以会在评价上给予更高的估值，进而在行动中会更加珍惜。我们可以认为，人们对一个事情付出越少，就期望越少。可见之所以付出，本身就表明了主体对此事的期望。

2. 后悔案例

A 先生在一家电影院排队买票。当他排到售票窗口时，被告知作为第 100000 位顾客，他将获得奖金 100 美元。

B 先生在另一家电影院排队等候。排在他前面的一位男士作为第 1000000 位顾客，获得奖金 1000 美元，B 先生获得 150 美元。

你希望自己是 A 先生还是 B 先生？

答案是更多的人愿意成为 A 先生而不是 B 先生，即使 A 先生的奖金没有 B 先生多，但 A 先生感觉会更好。因为，对于 B 先生来说知悉他刚好错过了赢大奖的机会，会让自己产生后悔感！❶

其实，这一案例反映了"幸福感"来自强烈的主观评价。对于 A 先生来说，他是最大的赢家，他与之前所有的顾客获得的 0 美元作对比。而对于 B 先生来说，因为自己仅仅是后面的一位，而损失了 850 美元，他并不将 150 美元看作是"奖金"，而是基于对"850 美元的损失"进行评价，此时带来的不是幸福感而是"损失与懊悔"，距离前一个先生越近这种损失感就越强烈。另外，短期目标和长期目标之间的关系，我们可以从竞技游戏中得到启发，比如

---

❶ ［美］丹尼尔·卡尼曼. 选择、价值与决策［M］. 郑磊，译. 北京：机械工业出版社，2018：295.

一般情况下，台球选手中的新手比较关注他当前打的那个球能不能入袋，而高手则更多地关注于打完这一杆之后母球会停在哪个位置。也就是说高手与新手的差别是他更善于做长远规划，同样的情况在下围棋中也可以得到证明。可见选手之间的差别体现在谁能更多地计算步数，而这正说明了人们在如何处理长短期目标之间的战略差异。

接下来这部分讨论决策行为与后悔情绪的相互关系。在日常生活中，人们时常面临不确定情境下的决策，小到挑选生活用品，大到择业择偶等。若存在两个或两个以上选项，人们为了求得最优结果而选择其中一个选项的同时，也拒绝了其他可能的选项。当知晓未选选项的结果时，这种本可能得到而未得到的结果会促使人们对已有结果进行重新评估，进而对现有的情绪状态产生影响。举一个在经济学领域经常用的例子：一个人打算投资，经过筛选确定了 A 和 B 两个公司，到底对 A 和 B 哪个公司进行投资他很犹豫，考虑之后他对 A 公司进行投资并赚了 2000 美元，他很满意此次的投资结果。如果他得知选择 B 公司会损失 2000 美元，那么他对本次投资可能会更加满意；但是，如果他得知当时选择 B 公司能够赚 4000 美元时，他对本次投资有可能就没那么满意，甚至会有些懊悔。

既然我们要进行决策，必定是有不同的选择。决策后实际获得的结果与其他选项可能获得的结果是决策结果的两个部分，当这种客观结果不如没得到的结果时，决策主体就会产生后悔情绪。经过进一步研究，"后悔能够影响后续的行为：被试如果由于先前决策产生后悔，那么在后继决策中倾向于避免做出与先前类似的选择"。这就是后悔情绪与决策行为之间的双向影响。有学者曾经提出"后悔最小化原则"，即人们往往会做出使后悔程度最小化的决策，不管这个决策是否理性。而后来的研究者又进一步提出了后悔厌恶理论、后悔理论等，在未知风险下决策，后悔情绪有助于对自己的行为进行评估。而从后悔中获得教训与思考，也是自适应学习的形式，避免重复犯错。

后悔产生于上行反事实思维，是日常生活中最常体验的情绪之一，在行为决策和社会学习中扮演着重要的角色，但并非所有学习都要通过自己的错误决策、继而产生后悔情绪、得到教训与反思、重新纠正行为的模式来进行，否则会伴随较大的代价或是带来巨大的社会成本。因此，人们也会从他人的决策中分享后悔经验，改变自己的后继风险决策。后悔促使个体从经验中获得学习，矫正和优化后续的行为。

总结以上案例，我们始终不能忘记评价虽然是主观的，但对象性基础的价值是客观的。另外，决策主观论的主观，不但体现在对信息加权评估的主观上，而且还会体现在对什么是一个好价值或价值标准的判断上。人们通常会认为自己的判断标准和评判方法也是客观的，但实际上是主观的。我们在反对决策主观论的同时，也反对将好决策或坏决策的评价标准主观化。

二、决策的多种类型

虽然历史上的人们如同今天的人们一样，每天都在做着各种各样的决策，但却没有总结出一套科学决策的方法和规律来，他们更多的是将这种能力神话成不可捉摸的存在，比如诸葛亮、拿破仑等都被视为"神机妙算"的鬼才，具有超乎常人的洞察力和决策能力。然而，当人类进入新的历史环境之中，科学和历史唯物主义的观念在人民心中越来越突出，人们以更加理性的态度来看待决策行为，认识到不能以英雄史观和神话史观来看待人类的决策行为，而应该从历史的、现实的、科学的视角来研究这一特殊的人类行为。

西方的科学决策理论是在统计学基础上发展起来的。根据不同的划分标准，决策从不同维度有不同的分法，按决策活动中决策者的多少可以将决策分为个人决策与群体决策；根据目标的多少可以分为多目标决策和单目标决策；根据决策的方法可以分为定性决策和定量决策；根据可控程度可分为确定型、不确定型和风险型决策；根据决策过程的连续性可以分为单项决策和序贯决策，所谓贯序决策是说这一决策要由一系列决策组成；决策按照目标的影响力或者宏观程度来分可以分为战略决策、策略决策和执行决策，低一级决策目标要服务于高一级决策目标。按照博弈的结果可分为单赢决策与双赢决策等；按照决策创新性来看，决策又分为程序性或者常规性决策和非程序性或非常规决策。其实，每一个常规性决策在最初的时候都是一个非常规决策，有一些决策是一定的主体经常遇到的，在长期实践的积累下形成了一定的处理模式就成为常规性决策的对象。而面对一些之前没有遇到过的、一些突发的情况，这个时候就需要决策主体做出非常规决策，这种非常规决策也可能形成案例被保存下来成为常规决策，同样也可能就出现一次。另外，凡是决策都是动态决策，没有静态决策。在决策科学视角下认为单目标、单阶段、确定型决策情况比较简单，每一个行动方案仅有一个结果。可以用结果值的优劣作为判据，建立决策模型进行评价分析。多目标、多阶段、风险型决策情况复杂得多，每一个行动方案涉及的自然状态不确定，条件结果值有若干个，建立选择最佳行动方案的决策模型就困难得多。❶ 但问题是，现实中间的哪一个决策只会改变事物的一种状态呢？而且现实的改变必定通过多个维度影响不同的人和人的不同方面。

（一）决策科学视角下的决策类型

科学地研究决策问题是基于统计学发展起来的。一方面，根据不同的划分标准，决策可划分为以下几种类型：按人数可分为个人决策与群体决策；按目标多少可分为多目标和单目标；按方法可分为定性决策和定量决策；按可控程度可分为确定型、不确定型和风险型决策；按过程的连续性可分为单项决策和序贯决策；按决策目标的影响力或者宏观程度可分为战略决策、策略决策和执行决策；按博弈的结果可分为单赢决策与双赢决策等；按决策创新程度又可分为程序性或非程序性决策。另一方面，凡是决策在都是动态决策，没有静态决策。在决策科学视角下认为单目标、单阶段、确定型决策情况比较简单，每一个行动方案仅有一个结果，可以用结果值的优劣作为判据，建立决策模型进行评价分析。而多目标、多阶段、风险型决策情况复杂得多，每一个行动方案涉及的自然状态不确定，条件结果值有若干个，建立选择最佳行动方案的决策模型就困难得多。❷ 但问题是，现实中间的哪一个决策只会改变事物的一种状态呢？而且现实的改变必定通过多个维度影响不同的人和人的不同方面。因此，决策一旦进入分析就脱离了它的实践性。

1. 从决策的性质来看

按决策的性质分类，可以分为定性决策或定量决策，又根据决策是否是常规性的或是例外性的，可分为程序化决策和非程序化决策，所以从根本上来说，决策对象在性质上的区分主要看它在决策方法使用上用常规的手段还是用例外的手段，例如在选拔优秀人才的时候要组织面试，或采用一事一议等综合评定方法来判断候选人是否符合"优秀"的标准，这显然与菜市场上同样品质的物品只是在价格上稍微差异便很容易让人做出选择的简单经济决策有着本质性的区别。

定性决策是按照决策性质来划分子项当中的一个重点研究领域，对此类决

---

❶ 赵新泉，彭勇行. 管理决策分析：第 2 版 [M]. 北京：科学出版社，2008.

❷ 赵新泉，彭勇行. 管理决策分析：第 2 版 [M]. 北京：科学出版社，2008.

策一般采用决策软方法，它通常要借助决策主体或者相关辅助专家的意见，即决策者既要根据已掌握的信息和通过对客体规律的把握来判断和预测主客体之间在现实的力量介入之后可能会发生的变化，同时又要运用主体的直觉、非理性、主观的价值取向等非量化手段介入，最终形成决策方案。其中，经验判断、逻辑推理、实验模拟和借助外脑等方法都是定性决策分析方法当中常用的几种类型。我们日常生活当中大部分人对一般性的决策问题都是通过经验判断来制定，这一方法的基本前提是人们的生活和生产的范围具有一定的稳定性，例如在古代农业社会什么时候播种、什么时候收割，像这样的决策问题，农民们都是根据自己年复一年的经验来做出的，它的特点是比较直接、快捷，因为他们掌握的信息以及信息的变化相对稳定，当然缺点也很明显，就是容易造成经验主义错误。而后三种方法，则需要决策主体具有一定的知识和能力，比如逻辑推理就需要决策主体具有较强的分析能力；而实验与模拟的方法就需要主体有一定的观察和总结能力；借助外脑和专家来帮助自己决策需要具有一定的经济和人际关系能力，还要对他人的意见具有一定的分析和筛选的能力。决策软方法的复杂之处便在于它的动态性中，例如人才鉴定、干部提拔通常都要使用定性分析的软方法。在决策之初，对信息分析、决策客体的认识和决策主体的理解和对象的认定上很多时候采用德尔菲法、头脑风暴等方法，它需要对这个决策的"事"有一个全方位的总括，需要最大限度地发挥决策参与者的智慧和主观能动性，这样才能保证在决断之前能有一个准确、全面和有效的分析，从而逐渐形成决策主体对对象的价值评价，减小决策压力，尽快形成决策方案并付诸实践。

定量分析则相对容易一些，它通常指决策当中所使用的"硬方法"，一般针对的都是一些有既成案例的决策对象，采用从前人通过经验所总结出来的决策模型或借助数学公式就可解决。例如尼罗河定期涨水淹没农田又退去之后，如何将田地分配给人民，通过几何学和数学的计算就可以解决此类决策问题。从某种意义上来说，合理和大量使用定量分析的方法进行决策对决策科学快速发展具有重大意义，尤其是在计算机广泛使用之后，就使得借助自然科学的理论成果而普遍深入地建构数学化和模型化的定量分析案例得以获得长足的进步，大大提高了人们处理常规问题的能力，一方面是通过计算机对大数据的处理和模拟实验将一些非常规的决策现象，通过推理和分析来找到它们的共通之处，进而确立一种可常规解决的方案，它的目的是将一些普通的定性决策转化为定量决策，即便不能完全转化，也可以获得一定的规律和相对稳定的模式，也会减少定性决策的难度。但这里要强调的是，定量决策越发展，计算机能力越强，人们越是认识到计算机等量化决策只能辅助人们更加快捷地决策，但它并不能代替人们决策，于是今天的决策分析更多会采用"软硬结合"的决策方法，这也成为一种决策方法使用上的趋势。

2. 从决策的连续与否来看

按决策过程的连续性分类，可以将决策分为单项决策和序贯决策。按照决策目标的多少可以分为单目标决策与多目标决策。这种连续性既可以是时间上的，也可以是单一与多个目标上的连续性，因为目标间的关系可以形成一种目的和手段的关系。无论是贯序决策还是以一定时间和逻辑顺序发生的多目标决策，我们都将其视为连续性决策。通常大多数决策都是一种相对静止的、非延续性动作，而连续性决策则需要在决策前经过持续性论证、决策过程当中还要根据阶段性反馈不断修改初始决策方案，同时在阶段性目标达到之后又构成了下一步决策的起点，例如中国共产党从一大开始到目前的十九大，每一次大会都是在决定着一个时期内的发展目标，然后下一次又要根据前一次的发展状况做出调整，等等。像这样的决策，跨度时间很长，其体现出的逻辑性和动态性极其复杂。

在决策分析当中，关于阶段数都比较明确的决策类型通常采用决策树的方法。比如一个大学生毕业的择业问题，他需要在不同的城市、不同的行业用决策树的方法做出对比图，对不同选项的利弊做出分析对比，这种决策是连续性决策当中相对简单的阶段决策。然而很多时候的连续性决策，它的阶段并不是明显的，这种阶段和节点的划分要根据决策和执行过程当中出现的顺序和状况来决定，这便是我们常说的贯序决策。它的最大特点是整个决策系统具有动态性。

3. 从决策的状态与情境来看

从对决策对象的状态和情境的把握上可将决策分为确定性决策和不确定性决策。其中，根据决策概率的是否已知，不确定决策又可分为风险决策和含糊决策。含糊决策在于不能准确地评估每一个结果的可能性。❶

---

❶ 比如，在投掷硬币的过程中，我们可以准确地知道每一个结果发生的数字概率，这就是风险；还有一类事件，比如发生恐怖袭击，我们很难测出其发生的准确概率，也很难通过相关理论或历史记录评估其发生的可能性大小，这就是含糊。含糊决策与风险决策是不确定决策领域研究中两个重要的决策变量。

确定型决策相对比较容易，一般通过直观分析法、线性规划法和盈亏平衡分析法等数学计算方法即可得到决策参考意见。而不确定型决策相对复杂很多，二者的主要区别在于决策对象是否能够用期望值来进行估算，也就是说由于不确定性决策所涉及的决策对象发生的概率是无法估算的，因此不能使用期望法则，比如远洋出海打鱼，船长对于所前往的海域的天气状况事先是无法确定的，也不能通过经验或者概率来精确计算，所以在决策的时候，船长只能根据自己的一些主观愿望来做出决策，通常有乐观性决策、悲观性决策或折中式决策，当然也有后悔式决策。至于采用哪一种决策原则，跟决策主体的风格有很大的关系，比如有一个俗语叫"天上雁在飞，锅里烧滚水"，就比较生动形象地表现了乐观式决策原则在不确定性决策状态下的态度；而后悔决策方法，主要指的是假如决策之后，所产生的结果在最坏的条件下是否能够被决策主体所接受。我们在生活中间经常会听到"大不了就怎样怎样"的决策言论，这就是后悔式决策的一种心理特征，这突出表现了最坏决策后果是决策者事先能够认识到并能够接受的。

风险性决策是不确定性决策的一个类型。它的主要特征是：第一，会有一个比较明确的决策目标，比如上山打猎或出海捕鱼，决策者的目标是要打到更多的猎物或捕到更多的鱼。第二，要有备选方案，比如出海去哪个海域、打猎去哪个山头，这都是可以根据具体的情境做出调整的。第三，有某种因素是决策者无法预期或主观改变的，比如打猎时是否会下雨，等等。在此，下雨或不下雨是作为一种风险因素存在的，而且他会对决策方案之间的选择产生直接的影响。第四，由于受到下雨的影响，会将方案调整到备选项上，那么预期能够打到的猎物数量是不一样的，等等。当然，对古代猎人来说，这种风险性决策往往通过经验做出，而在当今经济和科学日益发达的社会中，风险性决策往往会采用现代决策分析方法，比如决策表法、损益表法、风险矩阵，等等。

模糊决策是不确定性决策中的另一种，它与风险性决策的本质区别在于风险型决策有一定的概率可以参考，而模糊决策是毫无精确数学依据的，并且模糊决策所指对象的外延是不确定的，比如"找到那个最适合的人结婚"，这就是模糊决策的案例，因为"最适合"这个概念没有清晰的界定，它既不可能用数学来计算，也不可能由现有的模板来参考，适合与否随着主体的变化而变化，它带有强烈的主体性又在时间上发生改变。但要注意的一点是，模糊决策的对象虽然是不清晰的，但它的对立面却是清晰的，虽然决策者无法判定

"哪一个人最合适"，让他一定能够清楚地知道"哪一个人不合适"。模糊决策之所以模糊，集中表现在它决策对象的可选范围的不确定性上，而且试图用最优解来制订决策方案，比如"最合适的那个人"这一概念往往使得决策主体将可选范围扩大到全人类，这无疑大大降低了决策的可执行性。在模糊决策当中有一种被称为"模糊意见集中决策"的方法，我们举例来说明它的操作方法和特点。假如有6个人参加运动会，并同时参加了5个运动项目，其中甲获得了4项运动的第1名，一项运动的最后一名；而乙获得了1项运动的第1名，其他运动的第2名，在这种情况下如何来选择整个运动会的总冠军？用通常的计算公式得到的结果是乙排在甲前面，而评委们觉得这不合理，此时模糊决策的要点就是提高各项运动第一名的权重，于是最后的排序就是甲是总冠军，这一步很关键，也是下一章要重点分析的，正是评委们的意见（评价）导致了名次的改变，评价因素在此处便发生了作用。但是评委们没有反思自己，为什么会做出这样的加权评价，那不正是因为他们认为现实中的价值关系不应该是原初的模样吗？

在不确定性决策中，还有一个简单的小分支即灰色决策，这主要是关于信息完整性的问题，"信息不完全"是"灰"所指的主要内容。这种决策类型研究对象的特点主要是"只能确定一部分信息"，处于"信息不完整"的状态下做出决策。如果说风险性决策的风险主要在概率上的话，那么灰色决策的不确定性主要在信息的不完整性上。目前，不确定决策和风险性决策是决策研究的一个难点和重点。

4. 从决策的影响力来看

按照决策的大小和影响力来说，可以分为战略决策和战术决策、宏观决策和微观决策、长期决策和短期决策。首先，决策的影响不单反映在决策的结果上，而且也表现在决策制定过程当中决策主体承担的风险和机会成本上。比如一个决策若需要花费大量的精力和财力，那么这个决策对决策者来说就是比较重要的，而且也是具有长远影响力的。再比如婚姻择偶上的选择，中国有句古话说"做坏一门亲，毁坏三辈人"，如此严重的决策后果，使得决策者在决策之时必然会花费大量的精力和财力来做选择。其次，从决策制定之后方案的灵活性上来说，一个决策在对方案的调整上灵活度越低，那么此决策就越重要；同样灵活度越大，那么这一决策的影响力就越小。比如在不同商品之间的选择上，若买亏了可以退货或更换，但如果在婚姻市场上决策错误，想要改变就需要很大的成本和代价。再次，要看决策是常规决策还是例外决策，常规决策一般可控风险已经被主体所掌握并能被主体所承受，而例外事件的决策需要主体投入更多的时间和精力方能做出决策。此类决策的后果和成功的概率在主体决策之初没有经验或概率可以依赖，这样的决策往往就是重要的决策。另外，在此类例外决策当中，往往体现着变量的不可量化性，它无法通过计算而获得一个概率来帮助决策者制定方案，往往需要决策者通过直觉、灵感并在短时间之内做判断，这种强烈的条件约束使得决策既艰难又重要，所以别的对象中的量变因素是否能够量化，也是决策重要性的一个重要指标。最后，笼统地说所有决策的影响力和重要性都体现在"对人的影响上"，无论是对决策主体还是对他人都同样适用，比如在是否要建设三峡大坝上就论证了很多年，不仅因为这一工程将耗费巨大的人力财力，也体现在它在当时和今后会改变千万人的生存状况上。

（二）决策领域和主体数量问题

首先，主体所面对的决策也可以根据领域进行划分，不同领域的决策有着各自的特征，在公共领域中的决策，主要是政治、军事和经济决策。除了常规的决策分类之外，还有两种决策类型是比较特殊的，但却是人们日常生活中经常遇到的，比如博弈性决策和竞争性决策。有学者指出，如果决策主体不是单一的，并且决策结果会对统一决策对象的其他决策主体产生影响，那么这种决策就属于博弈性决策，但它并不等同于竞争性决策。关于以上特殊的决策类型，这部分需要单列出来并给予简单介绍。经济决策环境与行政决策环境之间存在着明显的不同。人们在做出经济决策时往往由决策者自身来承担决策的后果，而在做出行政决策时其后果往往不是由决策者来承担的。

博弈性决策在生活中经常遇到，下棋是最为典型的，当然历史上三国时期的政治、军事和外交关系都体现了一种博弈关系。而博弈的结果主要有两种，即单赢或双赢，这种单赢或双赢的结果是各个决策主体在事前就能够做出预测的。假如我们用谈判来分析博弈性决策，我们会发现甲乙两人在带着各自的目的进行谈判的时候，往往不是各自拟好一份文件相互交换、讨论、修改最终达成一致性意见，而是双方在讨论中互相猜测，通过一些信息、信号把握对方的决策是什么，据此再修改和确定自己的决策。也就是说，甲的决策是要根据乙的决策来制定的，反之亦然。在现实生活中经常会遇到一些具有竞争性质的决策问题，例如在经济领域，各公司为了争夺市场份额要展开竞争；在政治领域各个政党为了取得政权而进行竞争；在军事领域敌对双方为了取得战争胜利不仅要拼实力，还要采取一些策略。竞争性决策的特点就是每一方的决策会成为另外一方进行决策的依据，而且每一方的决策对现实的改变都没有成为双方下一步决策共同面临的客观事实。在政治、经济和军事领域的决策既是人们经常遇到的，也是非常复杂的、需要公共理性来参与的决策领域。它要求决策者不能站在个人的角度来考虑问题，而是站在整个社会系统中考量决策方案所可能带来的客观效果，它需要决策者有很强的预测能力，并运用事物之间相互制约、相互作用的规律做出综合的决策方案。在这些领域内的决策从影响面上来说一般比较广泛，在时间上来说一般比较长远，而且会随着实践的变化不断对原方案做出矫正，也就是说它需要多次决策才能达到最终的目的。它是一个动态的、在时间当中完成的过程，而且是需要一群人甚至是几代人共同完成的，比如中华民族的伟大复兴，社会主义初级阶段向共产主义迈进等这样宏伟的目标，这都不是一个人决定和执行到底的。

其次，根据决策者的数量或利益分化与否的问题可以将决策划分为单主体和多主体两种类型。决策当中的多主体指的是一个决策事件当中有很多个成员组成，每个成员都是一个主体，而群体内的这些主体利益不完全一致，构成了多主体决策或群体决策的基本逻辑前提。在生活当中，一般的个人选择行为很少谈得上是决策，但一旦能被称得上是决策的，甚至是个人的选择都可能会涉及其他人的利益问题，比如说个人理想职业选择并不仅仅只影响个人，因为这也必然是整个家庭决策的一部分。可以说在社会当中，大多数决策属于群体或多主体决策。我们甚至可以将夫妻两人所组成的家庭视为最小的群体决策，因为它们通常被视为社会的最小组织单位。家庭当中的两个主体讨论家庭发展方向的时候，他们的决策都属于是多主体决策，有时候他们的利益是一致的，但有时候却并不一致，对于决策的结果有时候能够共担利益和风险，有时候却不能。从共担角度来看，两个结合的人应该做到群体决策效果大于单个主体，最起码不能低于单个主体决策。在实践中，决策权力会从甲方过渡到乙方，或者相反，决策权是在双方较量中获得的。家庭若长期处于决策权争夺上，那么夫妻关系就不会稳定。群体决策这种问题，并不代表着群体决策的效果一定优于个体决策，我们在实践当中要注意群体决策的弊端。

（三）中西决策特点及其"正当性"问题

中西之间关于什么决策是一个好决策，或者什么决策方式是一个适合本国国情的决策显然有不同的看法。这里需要对中西决策的特点做一个分析。在本书看来，中西民主决策的主体是不同的，中国自周朝以来是一种民本思想，统治者或管理阶层有一种替人民做决策的家长制作风，我们经常也会看到老百姓去衙门打官司，都是抱着希望青天大老爷能够替民做主的想法。无论是国家的发展方向，还是个人的正义或命运都仰仗官僚阶层，因为在老百姓的观念中，官儿是代表"天"或"天道"来做决定。从初衷或应然上来说，决策者拥有决策权具有一定的合理性和合法性，而且这种合法性，从根本上看来自于一种君权神授下的家天下思维模式，包括皇帝在内都会认为天下的土地和人民都是他的私有财产。这种观念在中国政治文化制度当中一直存在，精英决策的特点是以专家自居，多数情况下"不使民知之"，就替老百姓做了主。精英政治是中国的国情决定的，但它容易把精英的想法强加到全民族为主体的意志当中去。相对于中国古代的精英决策的合法性来自于家天下，那么现代中国精英决策的合法性基础则是绩效，比如政府能够领导中华民族继续前进的合理合法性依据，主要来自于它带领人民站起来、富起来和强起来等，这是它能够执政和决策的合法性基础。中国的决策总体上是以科学家为最终的判断标准，即无论采取什么样的民主决策方式或手段，最终目的是为了得到一个科学的决策。相对于中国来说，西方的民主决策强调每一个主体自己决定自己的权力，它的前提条件是，社会群体当中的每一个主体利益是分散的，那么面对这样分散的利益，国家重大决策当中只有通过票决以及保证票决的程序合法才是正义的决策，它的特点是以牺牲科学性来保证决策程序民主性，好处是保证每一个个体的权利和责任，假如国家的大政方针出现错误，那么它还会通过民主决策的程序将方案调整回来，整个国家和社会的走向是在不断的波动中调整前进的。

西方一些学者提出企业家政府理论，虽然这种理论强调公共参与是对政府上令下行的统治及其毋庸置疑的权力观念的推翻，但在公众参与方面还有很大不足。就从公众的知识局限来说，信息不足导致难以作出正确的判断；另外公众的政治影响力不够，实际上的决策过程还是被利益主体和实际精英所控制；公众之间还存在能力的差异，获取的资源也不尽相同，参与的平等性问题也应进一步探讨。从这几点上看，企业家政府理论所构建的以市场机制为基础的公众参与机制的公共性就很值得我们反思。

在谈到西方国家公共管理的特点时，刘学平指出，政府干预的对象范围广泛而复杂，政府决策所需的信息复杂且获取困难，因而决策所依赖的信息不对称，因而政府在对市场进行干预和规范的过程中识别干预对象非常困难。而且，在现代社会，政府为各种社会网络和各种社会利益集团所包围，各利益集团对政府和政府的决策过程的影响力并不相同，大的利益集团能够强有力地影响政府的政策，从而利用政府来达到他们的利益目的；而部分少数派利益集团则有可能难以让政府和社会听到他们的声音。政府的每一项决策，只能兼顾某些特定阶级或阶层的利益，很难兼顾所有的阶层和人群，难以做到对所有的人都公平，在这种情况下做出的公共决策，更多可能会使财富从弱势人群转移到强势人群，最终形成以维护公平的愿望开始、却制造新的不公平的结局。西方国家为纠正市场失灵而采取的干预政策，如各种福利措施，不仅加大政府的干预范围，带来政府规模扩张和财政赤字的增加，更重要的是引发新的社会不公正。❶

这里提到了几点，一是政府的干预对象广泛而复杂，这是由于在决策过程中政府获取信息存在着不少困难，片面的信息导致政府在干预市场过程中识别干预对象困难；二是政府被各种利益集团所包围，利益集团的影响力各不相同，因此势必只有大的利益团体能依靠政府实现利益目的；政府的决策只能顾及部分人的利益，很难实现真正的公平。而西方国家为了弥补这种不公，通过各种干预政策却引发了更大的不公。总之，虽然企业家政府这种治理模式有着尊重公民权利、重视公民参与、强调社会公平的诉求与积极意义，但在公共利益与公共价值追求上还存在不少缺陷。

回到最初的问题，到底是以中国为代表的"真理赢"优呢还是以西方牺牲科学性而保证民主的决策程序正义的"多数赢"优呢？在本书看来，中西之间是两种决策文化的区别，并没有什么优劣之分，这不过是符合自己国情的决策使然。

三、决策的基本要素

人们将决策要素主要分为：决策者、决策目标、决策方法、决策标准、决

---

❶　刘学平. 企业家政府理论的伦理批判［D］. 长沙：中南大学，2013.

策对象等，本研究将决策方法、决策标准以及影响因素都纳入到基本因素的分析行列，并指出决策对象与决策客体的区别及这一区别的重要性。决策要素之间是否存在结构性的矛盾问题？比如决策当中的主客体就是一对矛盾关系，有时候决策中的主客体会发生转换，如择偶决策就是这样的一个典型案例。在决策制定过程中，目标、标准和方法问题上也存在着一定的制约作用，这都需要加以分析。比如我为了达到这个目标，是不是可以采取不择手段的方法？应当遵循目标优先原则还是方法优先原则？例如"二战"中美国要攻打日本的时候，就存在采用常规部队登陆作战还是投掷原子弹结束战争的军事方法问题，当然这也是一个政治问题。

（一）决策中的主客体要素

笔者认为应当以"决策主体"这一概念来替代"决策者"这样通俗化的表述。"决策主体"这一概念有利于说清楚决策是一种关系性实践活动。同时，对"主体"概念的澄清，也有利于对"决策目标"这一概念的把握，因为主体总是抱有这样或那样的目的而进行决策，可以说主体的需要是决策得以发生的前提。决策主体既可以是单个人，也可以是一个群体，但无论是哪一种形式，它就是实践当中的现实的人。

决策活动首先要明确的就是决策主体，有最终决定权那个才是决策的主体，即便这其中有以决定为名义的意见出现，但也只是参考。决策主体当中涉及一个社会角色问题，通常情况下，每一社会角色都会采取其角色域内的决策。社会角色是人作为社会关系存在的价值关系定位，社会角色通常是预判一个人做一定范围内决策的参考依据，也是评判其决策是否合理的判断依据。决策主体还要注意一个问题就是判断力或者说决断力的问题，决策是一种耗费心智甚至是一种高风险的行为，决策者审时度势在关键时刻下定决心将方案付诸行动，是衡量决策者决策能力的重要指标。这个能力集中体现在个人身上，它既不是一种遗传的能力，也没有什么现成的方法可学习，它有很强的个体性，体现着个人的精神意志、性格和做事风格。总之，决策力作为一种能力完全依靠个人。

在强调对决策主体的社会性因素把握的前提下，还要注意决策主体是作为一个自然人存在的。所以对主体的研究一方面要注意其所处的社会，另一个方面要注意其自然属性，我们需要借助脑科学、神经生物学和心理学的一些理论成果。而且要注意，不同时期、不同生活质量下的人其身体素质和决策能力是不一样的。就单从脑科学的角度来看，我们都已经熟知大脑两侧具有不同的功能，一侧擅长情感和形象思维，而另一侧则擅长理性认识活动，所以也就会出现，有些人具有艺术家气质，而有些人则理性推算能力比较发达。虽然不同的人其决策风格会不同，但通常不存在完全科学型或完全艺术型的决策者。一个优秀的决策主体，会审时度势，尽可能做到在决策目的的理性基础上合理采用较艺术的方法来实现。

在对人们日常的决策行为研究中要注意"决策做什么"和"决策如何做"的不同，决策在西方管理科学中其实对应 decision 和 decision making 两个方面，通常的决策分析或者决策科学研究更多地讨论 decision making，即表明决策主体已经确定要做什么了的前提下，主要解决的是"如何做"的问题，或者说更侧重于决策过程中的实施方法，而不是"要不要"或者"该不该"做什么这样的问题。决策对象指的是"事"，而决策客体则是"事"中涉及的那个"物"，二者有着明显的不同。决策对象从来不是事物，而是事情。我们从来都是这样表述决策的："我要不要把这个苹果吃了？"或者说"我要不要先回家一趟？"它总是指向一个即将发生的行动。

对决策客体的把握需要遵守人类实践中当中的真理尺度，即需要用知识论的方法来把握事物的本质、特点和规律，在这一环节必须坚持客体尺度。例如中国古代著名的军事著作《吴子兵法》中所体现的根据客体的具体情况而采用不同对敌方案的军事决策智慧。文中分析齐国的政治社会特点时指出，"夫齐性刚，其国富，君臣骄奢而简于细民，其政宽而禄不均"。并认为应该兵分三路给予击破。而总结秦国的特点时指出，"秦性强，其地险，其政严，其赏罚信，其人不让，皆有斗心，故散而自战"。根据秦国地势特点和秦人的好斗之心，孙吴认为应该通过利益诱惑，使得秦国军队分散，然后再各个击破。又例如，"楚性弱，其地广，其政骚，其民疲，故整而不久"。孙吴认为在与楚国交战时候，首先应该扰乱其军营，削弱其士气，使其劳累困顿，而不直接与之交战，等等。❶ 这都体现了在先秦之时，我国的军事决策思想家们就已经认识到要根据决策客体的特点来制定军事方案。

---

❶ 陶新华，朱永新. 先秦兵家决策心理思想研究［J］. 心理学报，1999（2）：230－235.

（二）决策中的目标、标准和方法要素

决策主体怎么样确定自己的目标，是决策的首要问题，本书中所讲的决策只能是一个过程，它包括对决策目标本身的制定，而不是狭义上的那种已有决策目标，只是考虑制定什么方案达到目标的问题。决策制度目标之间的内部也会形成一种制约关系，即低一级的目标是否与高一级的目标相一致。决策目标的制定和判断标准，也会受到人们知识和观念的限制，会受到历史局限性的限制。比如在农耕时代，砍伐森林发展农业就是好的决策目标，但现在看来，它会破坏环境，就不会作为一个好的决策目标来制定。

我们知道自然是没有目的的，自然也不会选择，进化选择不过是一种拟人化的手法，从马克思主义唯物史观的角度来看，我们反对黑格尔所说的自然是一个有意志的实体。我们认为只有人才有选择的可能，才有真实的目的。因此，一切决策都是基于人的需要与人的目的而展开的。决策就是人带着目的对自然界和人类社会进行否定性批判的过程，决策本质上是否定的、革命的和体现着人的生命意志的实践行为。

决策目标是指决策行动所期望达到的成果和价值。换言之，就是问题的"边界条件"。一项有效的决策，边界条件说明得越清楚、越精细，则据此做的决策越有效。很多条件下，决策具有多目标，且目标间具有负相关性，这种多目标决策问题是决策中的难点。从目的的层级上来说，低一级目的总是高一级目的的手段，而高一级目的则是低一级目的的评价尺度。也就是说，低一级目的是否有价值，要看它在何种程度上促使高一级目的的实现。同样，在现实实践中，个别性的、短期的、低级的目标只有依赖和服务于更加高远、伟大的目标，才能更加顺利地达成，若没有高一级或者最终的那个目的来引导，微小的目标也是很难实现的，从某种意义上来说，它失去了获取成功的理由。这种目的的层级既体现在个人行为中，也体现在组织行为中。

主体要清晰地知道自己的价值诉求是决策目标能够明确的主要依据，而且目标的明确与否直接影响决策的质量。对决策目标进行正确的评价和选择是应首先考虑的，好的目标对主体来说应该是明确、恰当和具有可实现性的。同时还要根据决策内容的复杂性来判断是否应该将目标分为总目标和分目标，以及各层执行部门对总目标的贡献等。马俊峰认为目的就已经包含了价值意识，或者说正是由于主体的价值需要才引导出具体的目的，才有进一步的决策目标问

题。决策实践本质上是否定性活动，它是一种对外在客观存在的否定，一种对现有实存状态的不满，主体认为需要通过实践性的改造活动使得客观存在的对象性世界变成自己想要的那个状态。马俊峰指出："任何一个目的，至少都含有三个要素：（1）对客观对象的一定的了解；（2）对自身需要的一定的意识或觉悟；（3）对对象和自身需要之间关系的一定的认识。三者的综合，才产生出作为行为结果之超前反映的目的，亦即按照自己的需要和要求在观念上改造过的对象或状态。"❶

　　什么是好的决策，对好决策的评价标准是什么？在笔者看来，好的决策包括正确和效率两个方面，即在信息和约束条件下又快又好地达到决策目标。在具体的决策中，标准是非常复杂的，也是多种多样的，然而总结起来，决策的根本标准就是"趋利避害"，即我们通常所说的"两害相权取其轻，两利相权取其重"。"趋最大利或避最大害"是决策尤其是风险决策中所表现出来的一个价值标准下的两种倾向。然而，我们要认识到这不过是决策者的主观愿望，而实际上的决策和执行总是在达到最满意的结果时候就已结束，因为决策目标不是无限制的利益最大化，所以无论决策者如何希望自己做到最大程度的趋利避害，而实践的结果却要遵循"最满意方案"。每一个决策对与主体自己的评价标准来说都是"真"的，它真实地反映了主体的评价标准；但是对于主体的价值需求来说可能是"假"的，因为主体的这一决策对自己来说可能并不是"好"的，甚至是"坏"的。比如，玩物丧志、因小失大等都是主体在决策时候对自己的价值需求没有一个客观现实的把握所导致的。另外，决策的对象是"事情"，而不是客观事物，这也是为什么区分决策对象和决策客体的原因所在。而决策的事情也有"轻重缓急"之分，决策主体要根据不同的特点采取不同的决策策略，它总体上要求决策者做好长远与眼前之间的权衡问题。当然，决策的原则也是评价优劣的标准，决策目标制定的原则是有针对性❷、可实现性、可执行性、与社会风俗的匹配性，即决策目标应当符合法律、政策、道德等规范。

　　在具体的决策执行中，决策者的价值观和对风险的态度构成了实际决策准则的一部分。比如在1930年发生的"五次反围剿"斗争，前四次反围剿的决

---

❶　马俊峰. 价值论的视野［M］. 武汉：武汉大学出版社，2010：4.
❷　目标的针对性，即它需要解决矛盾的哪一方面，比如解决问题的主要矛盾或是次要矛盾，也可能从时机和时间上考虑矛盾处于什么状态下将其解决等。

策都是基于对风险的有效评估，采取了稳中取胜的积极决策，最终获得了胜利。然而，在第五次反围剿斗争中，由于王明等人的"左"倾冒险主义错误，红军失败。1934 年 10 月，红一方面军主力部队被迫撤出根据地，开始长征。历史告诉我们，同样一个决策对象，显然激进派的做法总是采取大胆冒进的态度，这种不科学的决策标准只能增加决策失败的概率。所以，在决策前要运用系统理论助力决策，要注意，时机和条件是决策的基本前提，而准确可靠的信息是决策的物质基础，采取积极稳健的决策标准，选定一个最佳的决策方案，最终获得一个"最满意结果"。决策标准对决策成败的影响使我们认识到，一个组织想要获得长期、稳定的发展，就一定要积极思考如何形成一个完善的决策制度，无论是个人、企业还是政府，对自己组织的决策风格和特点一定要有清醒的认识，只有这样才能够在每一个具体决策中做出有效决策。

有些研究将决策理论与方法划归到决策过程这一决策基本要素中，而本书则将决策理论与方法单列出来，作为决策的基本要素。决策一定是依据一定的理论并采用相关方法的，例如人们所熟悉的多属性决策方法和模糊决策方法等。从某种意义上来说，决策问题的核心就是关于决策方法的问题。决策方法的使用要按照马克思主义哲学的基本原则即实事求是来进行，根据具体的问题进行具体分析。若给予更为抽象性的概括，决策方法应分为三种大的类别，即经验性方法、科学性方法和直觉性方法，方法的使用要根据决策类型而变化。

随着现代科技的发展以及人们生产生活的日益复杂和丰富，决策变得越来越重要，正确的决策关系到个人以及企业的生存与发展。在 20 世纪 40 年代以来的系统论、信息论、控制论，以及近年来的三论归一说与大学科方法论的发展，为现代的决策分析提供了坚实可靠的理论基础。由于决策的影响如此重大，以至于各国政府纷纷注入大量的人力物力和财力到这门学科的研究当中，甚至有一些国家还成立了专门的决策研究组织或机构，比如美国的兰德公司、斯坦福研究所等。如今决策分析已经成为一个体系完备的学科，它包括三个层次：决策方法学、决策行为学和决策组织学。其中决策方法学是决策学科当中最为基础的一个部分，着重研究决策的基本概念、标准、原理、原则、步骤、条件等。在决策分析这门学科当中，决策方法学的研究占据了主要的研究分量和篇幅，这也使得人们在看待决策分析的时候将其误认为是决策方法学。其实决策分析还有另外两个层面，一个是决策行为学，一个是决策组织学。决策行为学属于决策分析比较中间的一个层次，它的研究对象是决策者的全部行为，其目的是让决策者的行为达到总体上合理，也就是总体科学化。因为决策者本身的时间、精力、知识，以及条件和信息都是有限的，所以它不可能在一种理想的模式下做出完备的分析，从而进行决策。另外决策者本身作为一个现实的历史的人，他总是有一定的生活背景、主观因素以及心理特征，这都是决策行为学需要关注的内容。决策组织学是决策分析当中关于决策研究的最高视野，它不再关注具体的个人以及决策的孤立选项，而是将决策当作一个组织的行为来研究，这是决策分析的最高研究层次。

在此需要指出的是，决策分析通常要做风险选择和无风险选择，它涉及很多个学科和领域，比如说数学、统计学、经济学、政治学、社会学和心理学等。决策分析分为两个方向，一是规范性分析，二是实证性分析。规范性分析比较关注理性的本质和决策的逻辑，它更多是从应然的角度来考虑问题，而不是关注人们的信念和偏好。相反实证性分析更多考虑人们现实情况是什么样的。因此，人们应该如何做决定和人们实际上是如何做决定的并不是一回事，前者属于规范性问题，而后者则属于描述性问题。所以，科学研究既要有规范性取向，在现实之上树立一个理想的方向，在必要性与可行性之间保持一种张力；同时又要现实地认识人和同情地理解人，要知道人既是认识的主体又是践行价值的主体，人在认识与改造对象的时候，其决策的方法中体现了人如何看待、判断和诠释自己对对象的理解。只有将二者统一起来，才能找到具体有效的决策方法。比如，我们只有基于对人同情地理解，才能明白为什么人们在面对风险性决策的时候更多地采用了最少损失原则，而不是最大成功原则，也会对一些辅助性方法在真正决策中的地位和功能给予正确的评价，比如"纳甲筮法"和"龟甲占卜"等，它是中国古人尤其是商周以来在生活实践中广泛使用的决策辅助方法，在军事和政治决策当中尤当突出。然而，人们总是误认为这便是决策的全部，在此需要指出它只是决策的辅助工具，而不是决策本身，占卜最大的作用是减少在不确定情况下的决策压力，统一族群对未来的认识，获得一致的力量，克服当下的困难。

（三）影响决策质量的主要因素

决策总是指向未来的，是人们对未来的期许，但人们对未来事物的发展变化并没有完全的决定能力。决策是一种预测论或决定论前提下的人类实践行为，它总是要在各种不确定的因素当中，把握到一种确定性，才能够下决心作出行动。所以，在不确定性当中把握确定性，是决策首先面临的一个风险控制问题。心理学研究发现，人一次只能自觉地处理一件或者有限的几件事，我们的注意力会随着压力的增大、环境的苛刻而集中起来，若有一系列问题需要处理和决策的时候，我们一般是采用串联的模式。而要想让自己的决策行为在一定的理性当中运行，就需要将自己设定在一定的情感和信息环境当中。

西蒙在《管理决策新科学》中提出"以行政人假设取代理性人假设"❶。相对于理性人假设将决策者置于一种全知全能以及时间无限充足的理想状态下而选择一个最优解来说，行政人假设则承认决策主体的现实条件和困难，认为人们的决策其实并不需要一个最优解，而是获得最满意解即可。理性人假设要求最优解，然而现实生活中那是不可能的，就像我们切肉不需要找到那把最锋利的刀，而是找到那把能切开肉的刀即可，即使还有更好的刀，但是对于决策者来说也无意义。满意要求极大地减少了搜寻成本、计算成本，简化了决策程序，这本质上体现了西蒙对决策影响因素的充分考虑，他对决策主体的这一同情式理解从根本上解决了现实的决策困境，并大力推进了组织行为学和管理科学的进步，也带动了决策研究向其他学科的跨越与渗透。

决策的影响因素集中体现在决策的过程当中，是决策过程当中的重要部分。如果用三个同心圆来表示决策主体的价值需要、决策过程中面临的约束条件以及实现决策目的的决策手段的话，那么最核心的就是价值需要，而最外层的则是决策手段，中间层则是决策所要面临的决策约束条件，决策是在一定的约束条件下进行的。决策过程不像决策主客体那样是一个结构性的关系，而是以一个动态的形式展现，因此影响因素总是随着决策过程中矛盾的发展与转化而不断进入到决策过程当中。比如在新民主主义革命时期，影响党的决策的主要因素是帝国主义和封建势力对中华民族发展的制约，而新中国成立之后，影响党和国家决策的主要因素则是"人们日益增长的物质文化需求和落后的社会生产之间的矛盾"，所以加快生产、发展经济成为决策的重点。如果对决策的主要影响因素判断错误，则会酿成"将阶级斗争进行到底"的错误实践方案。那么决策的影响因素都主要有哪些呢？笔者认为，主要表现为时间条件、经济条件、备选方案、知识水平和决策主体本身的组织结构、文化风格和成员之间的制衡等。

------

❶ ［美］赫伯特·A. 西蒙. 管理决策新科学［M］. 北京：中国社会科学出版社，1982.

第一个因素是时间条件。如上所述，决策并不是在真空中进行的，而是在现实条件约束下进行的，就像每一个实践者都要在具体客观的生产力和生产关系约束下进行改造自然和自身的活动一样，决策作为一种实践行为也不例外。决策的条件总是客观的，比如出海打鱼总要在具体的天气环境下决策，推广一项新产品总要考虑受众的经济能力和对新事物的接受程度，等等。在以上的约束条件当中，时间条件是表现最为明显的，因为任何决策都要在一定的时间范围内做出。时间是影响决策偏好一致性的重要因素，时间框架与行为决策之间的相互关系是决策科学领域关注的重要问题。"过于忙碌的人和穷人有一个共同思维特质，即注意力被稀缺资源过分占据，引起认知和判断力的全面下降。一个过度忙碌的人，为了赶截止日期，不得不被看上去最紧急的任务拖累，而没有'带宽'去安排更长远的重要事情，因此不能做出科学合理的决策。"❶这里需要指出的是，一方面，对什么是稀缺资源显然是受到主体的评价决定的，也就是说稀缺与否主要是来自于主体的评价，主体对某一个他认为是关键的信息或资源赋予极高的权重，导致其把所有的精力都放在这上面。这里要指出的是，若主体预判错误，那么后果是严重的，因为他会忽略真正有用或者有价值的信息，从而导致后面的决策环节出现根基性的错误。另一方面，无论经济学家将时间视为一种资源还是管理学家将时间中的事情划分为轻重缓急来决策，时间都是被当作约束条件来使用的，所以，从本质上来说，一切在时间内的决策都使得时间成为第一约束条件，而问题是有什么决策不是在时间内的呢？当然，关于时间约束条件的弊端也有专家提出了一些意见，比如在此种决策情境中，个体决策者会更多自动采取启发式决策，而减少认知分析的作用，这样实际上会阻碍更为综合的分析决策程序的运行，进而损害决策效果。

第二个因素是经济条件。对整个人类都有决策主体来说，人类总是在一定的生产力水平下做出决策，比如我们国家强调一切政策和发展建设都要遵循的基本前提是"我们处在并且长期处在社会主义初级阶段"，而社会主义初级阶段，主要指的就是经济发展水平和生产力水平，这是我们制定上至"百年计划"下至"五年目标"最为根本的约束条件。而对于个人、家庭或一般性的组织来说，大部分决策也都是经济决策，比如一个家庭在选择购房、购车的时

---

❶ 李爱梅，孙海龙，熊冠星，王笑天，李斌."时间贫穷"对跨期决策和前瞻行为的影响及其认知机制 [J]. 心理科学进展，2016，24（6）：874-884.

候，主要影响因素就是经济水平。

第三个因素是备选方案。可以说没有备选方案就没有决策，决策一定是在不同的方案之间做出选择。如果一个决策有且只有一个方案就会陷入"霍布森选择"❶ 的困境之中。如何对方案进行评价可以从如下几个方面进行：目标是否合理；依据的价值目标是否正确；是否具有可执行性（包括成本能否接受、资源能力的匹配以及社会影响等）；方案制定时所依据的理论和方法是否科学。同时评价的方法主要依据评价主体的经验、数学测算甚至小规模的实验等。最后决策准则要求把握决策的时机、正确对待信息，尽量达到最满意方案，最终形成一个完善的决策制度。

第四个因素是主体的知识水平。主体的知识水平可以分为两个部分，即对信息的占有和对信息的分析能力，其中信息的占有可以分为通过以往的学习和在生活经验当中所积累起来的知识量的沉淀信息，以及具体决策情境下获取的有用信息；然而这并不构成决策主体面对决策所调动的知识水平的全部，最为重要的是，他要能够分析自己的处境和真实的需要，进而对有效信息进行科学的分析，并最终制定符合现实的方案。可以说决策水平的高低集中体现在决策主体所拥有的知识以及对问题的分析和方案的制订能力上。

当然除上述因素之外，还要注意决策的政治环境、自然环境和人际关系等因素。在决策之初，我们既要了解决策所面临的自然状态既不以决策者主观意志为转移，又要预判一旦行动起来会打破现有状态，因此需要在变动当中不断调整决策方案。西蒙的贡献之所以重要，集中体现在他对决策主体的真实情境的把握上，他将决策的主体定位成一个活生生的现实的人，决策主体越精确，那么他受到的约束条件就越现实，无论是其个人的能力、时间、精力等条件还是他所处的政治社会环境等，都使得这样的主体在制订和选择决策方案的时候非常地现实，决策的方案也具有强烈的可执行性。

当然，我们在决策时候也应该遵循一定的原则，这些原则也是充分考虑到各种决策影响因素之后所总结出来的基本原则，例如要遵从开放性、系统性、实践性、可行性、经济性、合理性、社会性、满意性、环境约束和动态性原则等。

---

❶ "霍布森选择"指的是在决策中只有一个选择方案而没有其他选择余地。

四、决策的基本特征和一般过程

基于上文的分析，我们需要总结出决策的基本特征。对于"决策一般"即所有决策类型当中都必不可少的"一般过程"，它需要从时间、逻辑和基本要素三个角度中总结和抽象出来。当今的决策研究是在信息时代和知识经济时代背景下进行的，决策环境的愈加复杂和不稳定以及信息变化速度之快，增加了决策的难度。人们的决策水平与掌握知识程度密切相关，在有机社会共同体的背景下，人们决策所考虑的维度不再单一，而是更需要从整体或者人类命运共同体的角度来做出当下的每一个决策，这要求决策者具备更加宏观的全球视野和知识背景。从主体、时间和逻辑的角度来看，决策是一个集客观实在与人道主义为一体的严密科学。科学合理的决策既取决于决策主体个人的知识储备、人生经验，又要借助科学决策严密的步骤，即要采取科学的决策过程。总之，人类决策的经验和智慧是实践的结果。

(一) 决策的主体性和动态性

决策的特征之一是主体性。决策，总是人（主体）在决策，人们在对信息的加工利用上来制订生产生活的方案，进而达到主体的目的，这也就是马克思说的主体客体化的过程，也是对外部自然世界的一个否定过程。决策无时无刻不体现着主体性的特征，只有在主体要过上他想要的"好生活"的指引下，才有所谓的决策发生。从微观到宏观、从局部性决策到战略性决策，都是从以个人为主体一直到以全人类为主体的一个选择性实践过程，人民对美好生活的向往是决策的总动力。决策的主体性或属人性特征是价值哲学在人类决策实践中活的体现，是在"主客体的关系"范畴下的具体应用。从概念的严苛上来说，"属人的"并不一定是"属主体的"，但是"属主体的"一定是"属人的"。对决策本质的把握，首先应从价值关系上考量，而不应仅是纳入知识论的技术性小圈子里去，只有这样才能把握到决策的本质性特征。决策主体的主体性主要表现为理性与不完全理性以及非理性、自觉与不自觉性、逻辑与非逻辑性等特征，大多数情况下决策靠的是主体的理性分析，然而也不排除在很多情境下靠的是灵感和直觉，甚至被情绪所左右。

另外要注意，决策的主体是活生生的现实的人，我们需要对人（主体）在不同的条件下做出不同决策的合理性予以阐释。首先，人在面临时间压力进行决策的时候会出现情绪性权衡困难，而且根据不同人的性格，有些人会表现出一种规避风险的现状偏好，这通常被认为是一种安于受制于沉默成本的影响，本书认为主体的性格会影响决策的风格和质量。其次，有一种情形是选择盲，即主体并不一定知道自己在选什么，我们通常都认为决策总是假定主体知道自己的价值取向和偏好，然而会出现很多人在自己要做出决策的时候并不清楚自己的价值取向和偏好，简单说他们并不清楚自己要什么，这种情形是普遍而大量存在的。对于这样的情景本书认为这属于主体意识不强的表现。最后，大多数人的决策都是基于经验，当然间接经验也属于经验范畴，基于经验的决策其潜台词是，决策者是一个依靠直觉的朴素的统计学家。经验决策有一定的好处，那就是它会大量减少大脑面对决策所需要调动和消耗的精力，我们很多时候会借助外脑以及向他人咨询或者阅读书籍来获得经验支持。当然主体性当中还有其他一些现象，比如孕妇更从长计议，这可能是因为她的角色会有一个指向未来的新生命问题，这中间既有神经生物学的成分在，又有进化的角色成分在。老年人风险性决策能力并未下降，所以银行家往往多是白发苍苍的老专家，这可能与银行就是以风险控制体现其专业性的金融机构有关，等等。以上这些只是一些特殊人群表现出来的一些有趣特征，并不能作为抽象的共性被讨论。

决策的另一个特征是动态性。从事物的运动变化发展角度看，所有的决策行为都具有动态性的特征，没有什么决策是在静止状态下完成的，将决策对象放在静止状态下决策得到的只能是抽象的、孤立的、形而上学般的、无用的公式，它对每一个活生生的决策都不具有实际意义。动态性一方面体现在决策主体需要动态的信息搜索过程，在这个过程当中决策方案随时有可能被调整，面对海量的决策信息，决策主体所需要做的是何时停止搜集信息，而不是在一堆选项中间确定选哪一个，这是因为在现实生活中，决策信息不是一次性全部出现，而是在时间当中慢慢呈现出来，决策者需要在一定时间范围内做出决策，那么对信息的选择只要达到他心中期许，能保证他完成决策的量和获取到他认为关键的信息即可。另外，主体的决策不是在封闭的实验室之内做出的，而是在动态的社会当中，决策环境或决策事情本身都有可能瞬息万变，在整个背景的动态变动之下，决策者有的时候甚至会想自己的决策是否还有必要和意义，世界的普遍联系和物质的运动本质是决策动态性的根本依据。

（二）决策的理性与不完全理性

决策到底是"深谋远虑"还是"冲冠一怒"？从决策科学角度看，决策通常是人类根据自己的理性和智慧所做出的具有决定论意义的预测性判断，所以决策是展现人类理性的重要领域。恩格斯也曾说过："……他的行动的一切动力，都一定要经过他的头脑，一定要转变为他的愿望与动机，才能使他行动起来。"❶ 理性好似成了决策的首要特征，然而经过长时间的发展，人们认识到决策是要依赖理性却并不是一种完全理性的实践活动，因为人们经常会做出一些"非理性的"或"感情用事"的决定，这让决策论的专家们试图用"理性"二字就完全概括决策显得困难。当前及今后相当长一段时间内，决策当中的非理性行为和非理性因素越来越成为决策论研究的重点和难点，这种研究需要借助神经生物学、心理学和组织行为学等其他学科的一些研究方法和成果。尤其是要深入地了解决策主体的动机、价值取向、成长环境和所处的文化氛围等，只有全面地了解决策的主体，才能真正地把握到决策的理性和不完全理性特征。当前的一些心理实验发现，人们会受到一些并不影响结论的因素干扰，做出不同的决策。直觉决策相比分析决策的神经机制更为复杂，而且这两种决策可能存在不同的神经机制。

相对于完全理性支持者来说，反对完全理性者通常借用情绪和情感来否认决策是一种完全理性的行为，然而在本书看来他们是在用"情感""情绪"或"非理性"等词汇总结或替代"价值"一词。也就是说他们承认这些现象都属于价值范围，他们注重价值因素但却归结得不够彻底，因为情绪也反映价值，情绪并不是完全非理性的，这在评价部分已经做出过说明。情绪是价值评价的一种表达方式，欲望、动机、兴趣、趣味、意志这些都是价值评价的反应，都在决策中起作用，不是与价值评价无关的。他们这种通过偏好、兴趣等价值的代名词来诉说价值的特点，反映了他们在本质上是一种价值主观主义。我们要对这种观点进行辩证思考，既承认它是有价值的思考，又反对把价值理解为主观的。价值需要通过主观评价这个环节来把握，至于把握得对不对，在决策中就起到非常重要的作用。另外，作为价值形式的理想信念是最为根本的价值观念，是任何层级决策的基础，任何一种小的选择和决策都不可能违背这种根本

---

❶ 马克思，恩格斯：马克思恩格斯全集：第21卷［M］．北京：人民出版社，1965：345．

的价值意识，而理想信念的形成却是有其客观现实和文化基础的，我们始终要坚持用历史唯物主义看待人们为何会形成一定的理想信念。

另外，不完全理性者看到了决策当中的赋值和赋予权重问题，但他们错误地将其归结为主观主义。而就像本书之前所说的那样赋值本身是要有根据的，赋值、权重，就是一种评价，评价就是评定价值、评估价值，而这个价值就是赋值的对象性根据。我们反对决策学上的价值主观主义，包括高估情绪的作用，都是价值主观主义的表现。当然也反对完全理性主义将决策完全认识化、计算化。完全理性主义者的另外一种表现就是把决策完全还原成大脑的神经生物学的内容，这也是不合理的。因为决策者不是一个生物人，而是一个社会的人。完全理性者将决策看作大脑器官的功能的实验基础都是个体，他们最多只能研究个体决策，面对公司决策、公共决策就束手无策，因为作为社会性的人更多的时候是在群体当中表现出一种理性的。本书所讨论的也是这种公共环境下的理性决策，而不将这种非理性成分极大的决策纳入到主要的讨论范围。比如在公共的决策中，人们总是在陈述自己的理由，为自己的观点进行辩护，在这种决策当中，理性的成分是占主要的。

决策的不完全理性或非理性表现为决策的时候使用直觉、依靠灵感并被情绪所左右。直觉，从某种意义上来说它是经验的高度抽象与提炼，并在某一种情境下以非自觉意识凸显。直觉的优势在于能够绕开复杂的理性计算，直达问题的本质，并快速做出决策，在复杂的情境中解决困境，最为突出的实例就是军事突围行为。非理性并不意味着否定理性、丧失理性，而是指具有非条理性、非逻辑性、非秩序性的精神现象。非理性因素在决策思维中发挥作用，其实体现了理性的水平以及在高层次上理性的引导。它并不是反理性、逆理性而运行的，是基于人们日常社会生活及在此中形成的认识而产生，受到条理性、逻辑性的理性思维引导的，可见在科学决策中，理性因素和非理性因素是相互协调、互相促进的，最终形成最优决策。❶ 这一观点在于并未全盘否认决策中非理性因素的作用。在决策中，理性毫无疑问起着主导作用，但还有一些如欲望、动机、情感、直觉、意志等非理性因素。譬如就欲望来说，它本身的超越性和无限性，导致决策主体必须从代价、效益、风险等方面进行考虑和评估，

---

❶ 尹建明. 决策活动中的理性因素与非理性因素 [J]. 安顺师范高等专科学校学报（综合版），2004（3）：69 – 71.

基于此，欲望才能推动科学决策的不断进步。因此利用人本身的理性能力，结合非理性因素，因势利导，才会做出最满意的决策。

需要补充的是，有一个观念应该受到质疑，那就是人们存在着一种稳定的选择偏好。我们往往会认为一个决策者，他会按照一个预先设定好的偏好进行选择，但是现实情景告诉我们，一个人很有可能在不同的情境当中，根据不同的选择逻辑做出完全不同的选择。也就是说一个人的偏好固然具有一定的稳定性，但他在具体的情境当中并不一定完全按照自己的偏好进行选择。同时，选择也并不是完全随机的。还有，通常我们认为一个人的选择行为反映他的价值观，但是经过研究发现，这种反映具有模糊性。换句话说人们的价值观念和选择有一定的逻辑一致性，但现实当中的每一个具体的选择和行为并不时时准确地反映这个一致性。即便我们可以通过综合和长期的观察来大概描述一个行动者的价值理念，却无法在他下一次行动当中准确地预测他会做出什么决定。那就更不能期许在一次选择当中就可以判断他拥有什么样的价值观念了。

还需要注意的一个问题是情绪或心理因素对决策的影响，这是决策研究借助神经生物学和医学所确立的最新研究方向，它包括对人的情绪、成瘾问题和脑神经机制等现象的研究。尤其是神经生物学告诉我们，不同决策阶段人们会使用不同的神经基础，研究表明风险决策和含糊决策在神经机制上就有很大的区别，而且在决策的选择阶段和结果呈现阶段也分别对应不同的脑区域，这说明对于不同的决策类型，主体会根据具体的情境不自觉地调动不同的脑区来运算，对于这样的决策现象，若不借助其他学科的研究成果是无法理解的。不同脑神经的功能本质上反映了主体的认识和评价在决策过程当中起到的不同作用，认知需要主体把握对象的本质和规律，而评价则是一种综合性的提炼，尤其是在评价的表达方式（比如情绪、态度等）表现为一种情感过程时，它反映的是决策主体与决策客体之间的一种价值关系，比如"陈圆圆美不美"与"陈圆圆在吴三桂心中美不美"是两回事，吴三桂对陈圆圆的主观评价通过情绪的形式表达出来，会直接影响到他的决策。另外还要注意意志在决策中的作用，"决策与人的意志自由联系在一起，意志在决策过程中形成，体现了决策中主客体因素的统一"❶。尤其是在决策的执行阶段，当遇到重重困难之时，只有坚强的意志才能保证主体发挥主观能动性并自觉克服困难，达到目的。决

---

❶　陈新汉. 权威评价论［M］. 上海：上海人民出版社，2006：185.

策当中所体现出来的情绪现象、心理机制和意志表现是相互联系、相互制约的，它们统一被调配起来投入到主体客体化的过程中，正是这些非理性的因素为决策的顺利制定和实施保驾护航，让整个人类的决策实践变得丰富多彩起来。

总之，人类始终要认识到自己是有限理性存在者。历史学家们总是想找出最根本的、决定性的那种让主体不得不做出如此这般行动的逻辑，但结果往往成为一种主观的猜测，让我们知道经济社会、政治历史在今后的发展上，总是多种利益主体决策的合力，这不是用任何数学的方式"计算"能够获得的。那么对于这种非计算可得的决策问题应如何看待？它不过让我们认识到了，以最高理性典范著称的数学并不是决策的金钥匙，它也不能通过抽象化、公式化将所有决策都纳入到运算体系当中。决策研究总是想从不确定性捕捉确定性的规律，在非模式活动中发现某种相对稳定的模式。不断将非常规决策转化为常规决策，这个研究方向本身是没有问题的，然而这条道路却是无止境的，人类新的实践总是提出新的课题，这既拓展了人类的实践空间，也拓展了人类的认识和决策的边界。

（三）决策的一般过程

休谟提出的"是与应该"的问题，可以看作理性讨论价值问题的开端，当代中国价值哲学研究的一个学理基础就是逻辑实证主义与实用主义者的争执反驳，它的基本共识是要区分"实然"与"应然"，简单来说就是"是推不出应该"，本书对实践逻辑的讨论也遵从这一观点，然而本书所要指出的是，现实的实践逻辑是先有"应然"再有对"实然"的评价，也就是说从"应该到是"是决策的真实时间顺序也是逻辑顺序。决策行为总是先有了目标，即应该如何，然后再甄别主体所面对的实然比特，在评价的作用下"从比特中生成信息"。决策的逻辑不是先有是不是的信息，再自然而然地做出决策，而是主体根据自己的价值需要和目的，来带着评价的眼光看待这条流量是不是对实现目的有用的信息。这便合理地解释了教条唯物论的逻辑悖论：即人们总是面对着同样的客观现实，并掌握了同样的规律与方法，却做出不同的决策来。本书认为要从主体的现实决策本身来分析决策的发生逻辑才符合马克思主义哲学的基本精神。

首先，从主体的角度，决策分为单主体和多主体。以个人为单位的单主体其决策具有简洁、迅速、责任明确的特点。而多主体决策的一般过程表明，一项决策需要满足全体成员即所有主体的意志和愿望，因此需要通过讨论或者其他方式来达成群体的一致意见以及决策伦理的道德审核。相对于群体决策来说，单主体决策容易受到个人经验、知识和能力的限制，但不如群体决策的质量高，群体决策通过发挥群体成员的力量来弥补个人决策的不足。当然，多主体决策往往运用于情况比较复杂、影响比较深远、范围波及比较广的重大决策。对群体决策的研究，需要通过各个学科共同来完成，它是一个比较复杂的集社会学、心理学、生物学、哲学等多学科为一体的研究对象。那么从主体角度看，决策的一般过程可以表述为：识别决策问题、收集所需的资料、确定决策目标、拟定可行方案、对每个方案进行评估、选定决策方案、组织决策方案的实施、检查决策方案实施效果、修正原定决策方案。

其次，决策的时间过程可以概括为五个部分：设定目标——搜集信息——制定方案——执行方案——反馈反思。决策方案是基于一定信息做出的，决策包括目标的设定和方案的制定，在条件允许下，主体需要尽可能多地搜集分析信息，这是决策主体最基本的工作。信息是决策的主要依据，但并不是根本依据，主体做出决策的根本依据是主体对自己价值需要的评价。在此基础上，才对获得的信息进行分析、评价最后做出规划来。就像人类并不是知道了"日心说"才有"飞天梦"，而是人类从自古以来就有探索"我从那里来"的价值诉求，才在了解这一信息之后做出了"登月""飞往火星""飞出太阳系"的决策，并且实现了这一目的。于是，我们可以发现，在决策行为中，人们真实的逻辑并不是从"是"就自动到了"应该"，以达到自己的价值目的；相反，人们总是怀着梦想或是目的来不断发现和审视着获得的信息，当发现这些信息是确实有用的时候，才做出相应的规划并付诸行动达到目的。

最后，决策的逻辑过程（从价值选择的角度）可以理解为：（1）决策主体以价值最大化原则设定目的；（2）以此目的为指导筛选信息即：甄别某些流量是否是信息，它的真伪、可靠性以及多条信息间的权重；（3）根据已有信息制订最大范围内的最佳方案，对方案间进行评价和比较；（4）付诸行动，改变对象世界，满足自身需要；（5）根据对象世界的反馈来反思和评价自己的决策。在实践的五个逻辑部分中，评价在任何一个环节都发挥着重要作用。又因为实践总是具体的主体在实践，所以不难证明它圆满完成了对"形而上学般的虚假困境"之突破，在实践上证明了"时间在先"与"逻辑在先"和解的可能。无论从时间维度还是逻辑维度，决策活动都是由"应该"即目的价值来引导主体对信息进行"是"的分析。再结合上例，若我们把这种"梦想和需要"理解为"应该"，把"信息"理解为"是"的话，那么不难看出决策的真实逻辑应该是"从应该到是"。最后，在实践当中，信息总是以一个价值词出现，而合理和明智的决策其实就是主体在进行趋利避害的价值选择，它既表现出主体对信息的理解和把握，也更根本地表现出主体对真理原则与价值原则、实然与应然以及三主体（信息、评价和决策）的把握和统一。

在一般决策模型下，分析如何计算信息、成本收益等，包括现实成本，时间成本、机会成本等，决策第一位的是功利价值的盘算。同时，要考虑到伦理价值的问题。知识论基础—价值论立场—方法论依据，这就是决策一般，一个决策主体，他对世界的基本看法和观点，采用什么样的知识论基础，比如他是否相信历史唯物主义，他站在什么价值立场上，在确定前两者之后采用什么样的决策方法，以及什么样的决策态度和决策风格，最终做出什么样的决策。"从应该到是"是决策的实践逻辑：信息系统创始人戴维斯指出："信息是那些实际可察觉的、有价值的并经过处理的数据，它对接收者当前的或潜在的行动或决策有意义。"❶ 可见，信息本身对主体的意义主要是辅助主体进行决策。决策是指向实践的一系列评价的结果和结论。其中包括自我（需要、能力、目标等）评价，客体及环境条件评价，过程及前景（手段、效益、代价等）评价等。对决策的执行实践过程也是一个落实（检验和修正）评价的过程。通过以上分析，我们可知，在主体的决策活动中，信息只是辅助主体完成决策；主体的价值需要是决策的根本前提，也占据着基础性地位；而评价则在方案的具体制定中起着决定性和贯穿始终的作用，这一结论构成了分析评价的决策过程当中具体作用的理论基础。

---

❶ DAVIS G. , OLSON M. . Management Information Systems：Conceptual Foundations，Structure and Development ［M］. New York：McGraw - Hill 1985, pp. 200 - 204.

第四章 评价在决策过程中的作用

信息和评价是决策必不可少的两个要素，决策当中所表现出来的评价行为对决策的作用是本文分析的重点。基于价值以及评价在哲学层面的分析，我们需要从主体的视角来论证评价行为在决策的各个环节中是如何影响决策主体搜集和分析信息，以及如何基于自己的价值需要和取向而设定目标并确定方案的。同时，评价不仅在决策方案的制定过程中起着重要的作用，而且在方案的实施及实施中问题的矫正上也起着重要的主体性作用，这也是要分析的重点。面对同样的情境，不同的决策主体显然会拿出不同的方案，而方案之间的高下之分，既体现了主体的智慧，也表现了人类决策实践的丰富多彩。根据决策发生、发展和结束的时间顺序，评价所表现出来的作用力度和影响效果并不相同。

评价的作用和认识的作用是互相制约、互相补充的关系，在决策的不同阶段，评价和认识各自的功能和作用不同。比如在确立目标中，评价作用比较大，带有强烈的个人价值取向，个人价值取向多于对事实的考察和分析，评价的作用力度大于认识的作用力度；但当决策进入到对信息的考察的时候，认识的作用力度大于评价的作用力度，评价的主观性要服从于对信息认识的客观性。在方案确定中，需要考虑到多元主体以及各种价值的综合，于是评价与认知会根据决策者的风格而不同；当进入到时机选择的时候，对时机的把握表现为一种极强的个人风格色彩，卡里斯马型人格通常就是在决断时机选择中表现出来的。比如冒顿单于只有在敌人侵犯土地的时候才决定发动反击，通俗说这就是对决策时机或火候的把握；评价在矫正决策目标和计划的时候表现为一种主体的反思，它既需要用认知的方式重新评估信息所反映出的客观事实，又需要用价值机制来考察自己的评价，这个时候，评价与认知互相交织起来。总体来说，评价更占主导性因素。所以说，决策的过程就是处理评价和认识之间关系的一个过程，它本质上反映的是价值原则与真理原则之间的矛盾关系，从层次上来说，真理原则为其浅，价值原则为其深。价值原则是不太容易被意识到的，人们更多考虑的是真理原则的问题，即从认识的角度，着重从对象性、科学性等方面把主要的精力用在对信息的分析上，但这一切的前提是价值问题。

恩格斯曾指出，"相互作用是我们从现今自然科学的观点出发在整体上考察运动着的物质时首先遇到的东西"。又补充说，"相互作用是事物的真正的终极原因。我们不能比对这种相互作用的认识追溯得更远了，因为在这之后没有什么要认识的东西了"❶。从作用的结果上来说，作用通常分为积极作用和消极作用，它指的是 A 事物对 B 事物所造成的客观性结果。而从作用的另外一个维度，即作用在整个事物变化发展的过程当中可以表现为一种积极性参与因素或消极被动性的参与过程，积极或消极主要在结构性和过程性的关系中表现出来。评价在决策过程当中以双刃剑的姿态出现，它既可以推动决策的顺利进行，也会对决策产生误导或抑制。而对评价作用机制的论证同时也是对评价在决策中地位的说明，因为地位总是由它的影响和作用而体现出来，故而本文着重论证评价的作用问题。

相对于哲学上的评价，决策实践中的评价则是一个具体、现实且负责的过程，它不是简单的好坏与否的主观表达，而是一个相对复杂的关于确定对象的判断，它不但要关于目标价值、信息的有效、想法或方案的可行等做出价值判断，而且要对自己做出的评价进行再评价，甚至有时候需要借助他人的评价或专家的意见，这中间充分体现了决策主体的一种自我反思与批判的精神。主体的评价既要符合评价标准，同时也要使所用的评价标准符合价值标准，即符合一种与主体相一致的价值事实，那么在这一复杂的、系统性的认知和评价过程中，评价主体首要的任务就是让评价建立在一个全面、系统和科学的评价指标上，这既要对评价对象的准确性负责，又要达到一种可执行性，同时又要在这一过程当中兼顾多主体之间的伦理关系，注意决策当中定性与定量的辩证分析，达到科学决策和民主决策的目的。最后要注意，评价体系和评价标准要与对象所属的具体领域相符合，既要借助相关领域评价的经验，又要与时俱进做出符合时代进步标准的评价。

---

❶ 马克思，恩格斯. 马克思恩格斯全集：第 20 卷［M］. 北京：人民出版社，1971：574.

一、评价在确立目标中的作用

"目的"是一个存在于以人为主体的理性存在者当中的概念。因此，关于"目的"本身，我们认为宇宙自然的自身运动并无"人的意义上"的"目的"。无论是亚里士多德还是黑格尔，他们都是从唯心主义本体论的角度来理解"目的"。例如，亚里士多德把事物的内在目的看作是高于必然性的原则和根据，而黑格尔则认为亚里士多德的内在目的论要比外在目的论更加优越。他们的共同之处是将目的视为宇宙本体的一种意志特征。从唯物史观的角度来看，自然这种看似具有目的和选择的能力，既不是宇宙的意志也不是神灵的操控，它不过是人在思考自然对象的时候，采用拟人化手法的结果。从价值哲学的角度看，目的是主体基于需要而设定的，是主体价值需要的表现，"目的是需要的具体化和现实化，是主体对客体作用的定向机制"❶。目的不等于全部需要，它往往是主体在一定主客体关系中某些需要的特殊表现。人的某一个目的可能只是反映了主体客体之间价值关系的某一部分，目的只是被他所意识到了的那部分价值，而且是具体的、可实现的。目的比起需要来，更接近于主体的主观性，所以当目的在决策方案当中显现的时候也是一种被意识到了的评价的体现。目的有一定的客观性，无论是否被主体所意识到。当然目的也有一定的主观性，那是因为它是评价的直接产物。马克思说，人们在劳动的时候，"他不仅使自然物发生形式变化，同时他还在自然物中实现自己的目的，这个目的是他所知道的，是作为规律决定着他的活动的方式和方法的，他必须使他的意志服从这个目的"❷。这清楚地表明，作为实践的内容之一，目的是主体活动的内部规定性，是起着决定活动方向作用的客观因素。

可见，决策者怎么样确定他的目标，这首先就是一个决策问题。制定目标是整个决策的开始，也是评价机制的开端。决策主体制定的决策目标，是其价值观理想信念的一种体现和外化，人们并不是根据有什么样的信息就自然而然地定出决策目标的，相反在一定程度上是因为有什么样的目的才提供了动力去搜集有价值的信息以支持自己形成决策方案。所以说，制定决策目标是整个决策活动的开始，而人的价值观或理想信念在任何一个具体的决策之前就已经在

❶　李德顺. 价值论［M］. 北京：中国人民大学出版社，2007：64.

❷　马克思，恩格斯. 马克思恩格斯文集：第5卷［M］. 北京：人民出版社，2009：208.

那里了。因此，决策者总是会在自己的决策目标和决策手段之间做出权衡，在一般理性前提条件下，功利价值和伦理价值的关系是决策者首要考虑的问题。尤其是涉及某些公共决策（例如战争）的时候，个人或单个集体的利益能否突破以人类为主体的利益底线，是衡量一个决策者目标是否正义的伦理前提。

在目标选择中，决策主体往往会根据经验、理念、灵感、预感、直觉、艺术思维、创造性思维、洞察力进行定性判断，主体的到位会让评价作用明显体现出来。相对于建立目标模型采用多目标决策理论和技术性方法，主体更多会在潜意识中采用确立目标树、目标排序和加权、目标间的折中、协调近期目标和长期目标、局部目标和整体目标等方面花心思。目标设定中的决策主体是生活在一定社会文化氛围中的主体，他的认知和价值偏好都会受到所在的社会文化氛围的影响，我们始终不要忘记即便是群体决策，也是群体中的人在决策，所以决策主体一定会用人的尺度即认知的尺度和价值的尺度来评价目标对象，在对决策目标的研究中，人们越来越重视规范性分析，开始注重价值评价在目标设定中的作用。生活中在决策目标制定时，主体总是要处理目标"是什么"与"应该是什么"，即大多数情况下这样设定目标与主体的理想目标之间的矛盾。例如从大的方面来说，在人生目标设定上即我要过一个怎样的人生上，社会上大多数人的人生追求总是这样或那样地影响着自己的选择，但自己却总有一个"我想过一个我想要的生活"这样的理想目标。这种人生目标上的差距往往在代际间出现，从深层次上来说，它往往反映了代际间的价值观差异。关于"好生活"的理解和评价反映了主体对人生的实然与应然之间所表现出来的张力的一种反思。

目前在目标评价的理论思考上有两种决策理论，相对于长期所秉持的期望效用理论来说，前景理论是最新的理论假设与学科前沿学说，它的优点在于能更加真实地反映决策的特点。它有效地描述了决策主体在"实然"上如何设定目标和做出决策，更多地体现了对决策主体的人道主义理解，对现实的指导意义也在于它是真实可行的。它将"现实的人"作为理解的对象，试图理解决策主体的心理特征、文化背景和现实约束条件等。例如，我们从卡尼曼所做的经典实验来看，假如美国正面对一种不寻常的疾病冲击，600人可能死亡，现在有 A 和 B 两种治疗方法。方案 A：200 人会获救；方案 B：600 人全部获救的可能性为 1/3，全部死亡的可能性为 2/3。结果 72% 的人选择方案 A。如果换了另一种表述方法：方案 A：400 人会死亡；方案 B：无人死亡的概率为

1/3，600 人全部死亡的概率为 2/3。这一次，78% 的人选择了方案 B。由于提问的方式不同，导致主体转移了评价所关注的要点，第一组受访者评价的侧重点在于获救人数，而第二组受访者评价的侧重点在于死亡的人数。二者针对不同的评价要素赋予了不同的权重，因此，第一种情况下人们不愿冒会死更多人的风险，第二种情况则倾向于冒风险救活更多的人，然而从决策的本质——"趋最大利和避最大害"的原则上看，两种情况分别表现出对损失的回避和对利益的偏好，从而导致了决策目标上的偏移。卡尼曼所提供的前景理论决策试验，使人们认识到目标选择中的结构性问题——对于一个目标的选择是在一定的结构框架之内的选择，由于情景和评价角度的不同会导致决策主体将决策中的要素赋予不同的权重，从而影响了决策目标的设立，这便是评价在决策目标中的作用之集中体现。

另外我们需要注意的是，现代心理学认为，过多的选择虽有可能在客观上带来更好的决策结果，但是在主观上却未必会带来更好的心理体验，甚至会造成幸福感的下降和抑郁感的增加。过量的信息会增加人们处理信息的困难，人们会倾向使用简单启发式的方法来做出决策，而不是周全地计算所有信息。决策者更容易在较少的选项域里做出决策、付诸行动，而在面对过多选项时，决策主体可能会出现决策困难，更少地完成决策过程甚至会出现回避决策行为，以至于决策方案搁浅。例如，当面对旅游选项只有长城和故宫时，决策主体很容易在比较之后做出选择，进而在第二天将决策方案付诸行动。但是，当决策选项有长达几十项时，决策者会出现决策困难，极有可能不会做出选择，要么采取启发式的方法随便选一个，要么第二天哪里都不去。这种现象出现，一方面可能是由于客观上决策本身的困难增加，另一方面可能是主体预估会产生决策预期性后悔，为了避免这种现象，决策主体做出了"不选择"的决定。在此之外，每个决策主体进行选择的时候不仅是单一主客体之间的价值选择问题，而且是主体间决策的横向社会比较问题。比如女士买包，她不仅仅从包与自身的价值关系考虑，还会考虑别的女士的选择，她会在自己买的包与别人买的包之间进行横向对比，而往往这种比较会造成焦虑感、幸福感波动。这些社会因素都是决策主体在决策中有意或无意的决策负担。还有就是理查德·塞勒提出的心理核算案例，比如：我的一位朋友曾到商店买床单，在一家百货商场，她惊喜地发现她喜欢的那一款正在打折销售。这款床单有三种尺寸——双人床、大床和超大床，平时的价格分别是 200 美元、250 美元和 300 美元，但是这次打折价格都只要 150 美元。我朋友买了最大尺寸的床单，她非常开心，尽管那个床单铺在她的双人床上有点大。

心理核算的三个要素最值得关注。第一个要素是如何认知和体验结果，以及决策是如何制定的和如何对决策的效果做出评估。会计系统为事前和事后的成本—收益分析提供了输入信息。前面讲的买床单的故事形象地展示了这个要素。消费者做出的选择可以理解为将"交易"的价值（我们称为交易效用）纳入购买决策的考虑。第二个要素是将各种活动分配到特定的账户中去。心理核算系统的资金的来源和用途都和实际会计核算一样做出标注，各种开支按照类别分组（住房、食品等），有时还会为支出设置明确或模糊的预算加以约束和限制。第三个要素涉及对心理核算评估的频次，账户可以按日、周、年等结算余额，可以定义得窄一些，也可以宽一些。有一首著名歌的歌词是说打牌的人"永远不要在牌桌上清点钱数"。一个动态心理核算的分析解释了为什么这是一个很棒的建议，它不仅适用于打牌，也适用于在不确定情形下做决策等场合（比如投资）。❶

通过这个分析使得我们明白了生活中的那句话"该花的钱一定要花到位，不该花的钱多花一分都是浪费"，这是典型的心理核算，它的关键就是人们将自己的资金做了分类，并设定了它们之间的不可替代性，就像有人会花 100 万买一辆汽车，同样在买菜的时候会为几毛钱讨价还价。因为决策者从一开始就将买车和买菜分设为两个不能互相替代的决策目标。

决策的文化属性研究发现，在主体对决策目标的设定中，偏向于独立型个体的社会中，个体决策水平要高于相互依赖型的自我个体。例如中美决策文化对比中，中国人更倾向于让他人为自己做决定，这便是集体主义文化氛围下的决策现象。❷ 但这并不是全无好处的，这种决策文化会让决策个体更少地承担责任和后果，决策前期的焦虑感和决策后果的后悔感也会随之减少，在决策责任的分散中达到决策个体的自我安全感。

---

❶ ［美］丹尼尔·卡尼曼. 选择、价值与决策［M］. 郑磊，译. 北京：机械工业出版社，2018：251.

❷ 王彦，苏彦捷. 面对过多选项的心理后果及其可能的机制［J］. 心理科学，2009（5）：1153–1154.

二、评价在搜集、审查和加权信息中的作用

在决策目标确立之后，决策主体所要面临的问题就是关于信息本身的搜集、审查和如何赋值、加权的问题，即哪些信息是有效信息，在有效信息当中哪些是重要的，哪些是次要的，在决策方案制定中所使用到的不同信息之间的权重问题如何处理，等等。这本身就是一个评价问题，也正是此部分需要解决的问题。当然这不得不要求决策主体有一定的知识，这样他才能够识别出哪些是有效信息。同样，搜集信息也会受到约束条件和边界条件的限制。而在当前，人们缺少的不再是信息而是时间。在决策过程中，如何高效率地利用时间并能够在有效的时间找到最相关的信息成为了解决信息问题的关键。而在所有的评价形式当中，活动和实践的评价是最为彻底和完整的评价，它让事物肯定的价值得以实现，否定的价值能够被现实否定。所以决策中的评价是将一切理论性的评价直接转化为改变客观世界的一种重要中介。以决策为契机来研究评价的作用机制，既能更为深刻地理解决策，又能彻底地认识评价。

值得注意的一个现象是，人们在搜集信息的时候会对负面信息比较敏感，若负面信息过多则人们会降低对某一确定方案的信心，甚至会放弃行动。比方说有一家家具店在清仓，你想买一套餐具。你看到一套餐具，有 24 件，每件都是完好的。那么你愿意支付多少钱买这套餐具呢？另外如果你看到的餐具有40 件，这 40 件中的 24 件和我们刚刚提到的完全相同，而且也是完好的，此外这套餐具还有 8 个杯子和 8 个茶托，其中 2 个杯子和 7 个茶托都已经破损了。你又愿意为这套餐具支付多少钱呢？调查结果是，分别判断的时候（人们只知道其中一套餐具的情况），人们愿意为第一套餐具支付 33 美元，却只愿意为第二套餐具支付 24 美元。❶ 这一现象从行为经济学的角度来看，人们表现出对损失的敏感超过了对获得的敏感，不愿意为不完美买单。

还有研究者通过实验来探索数学能力和个体决策之间的关系，经研究发现，数学专业的学生在决策中的正确率要明显高于一般群体的学生。究其原因，研究者认为数学能力较高的个体在推理时能更好地避免无关信息的干扰。这从侧面证明了在信息加工评价过程中，决策主体对信息权重的评价能力能够直接影响到决策的下一环节。在信息搜集和审查阶段，并不是信息越多越好、

---

❶ 徐晨. 神经经济学的兴起及其对经济学发展的贡献 [J]. 经济评论, 2007, (2): 64 – 67.

越充分越好。信息量的多少要以能够正向辅助主体进行决策为依据，过多的信息反而会让决策主体陷入一种"信息过量"的困境，它加重了主体对信息进行审查和计算的困难，这并不利于决策。当然，在信息搜集的初始阶段自然会受到信息过量的影响，这个时候就需要主体应用审查机制来将过量的信息进行筛选和简化。这个过程既要保证信息的真实性，又要保证信息的充分性，同时还要求注意所获信息的前沿时效性等问题。总之，一个原则就是要获取"有价值信息"。而关于怎么样的信息是有价值的、价值量的大小问题都是要依赖于主体的评价，此时主体的评价机制便介入了进来。从信息的两个维度上来看，信息的价值尺度与真理尺度总是在不同的情景当中相互影响、相互统一。在某些情况下要防止主体主观性的价值尺度过度影响对信息的认知，主体的希望、情感以及文化因素的影响会干扰到对信息客观内容的把握上。例如，昏君之昏就在于对臣下之言论中所反映的信息不能进行客观的审查和辨别。如若主体主动屏蔽那些不符合自己欲望的一些"忠言"，而只专注于那些满足自己欲望的"好辞"，这将会带来重大的认知偏差，尤其对于君主专制的古代政治体制来说。

"邹忌讽齐王纳谏"的故事出自《战国策·齐策一》，是讲邹忌与徐公比美，不因妻、妾、客的赞美而自喜，妻、妾、客对于邹忌与徐公孰美的评价及邹忌自身的评价是不同的，从中悟出直言不易的道理。邹忌以切身经历设喻，讽谏齐王除弊纳谏。齐王接受了邹忌的劝告，立即发布政令，悬赏求谏，广开言路，对于关心国事、积极进谏者，分不同情况给予奖赏。齐王纳谏之后，齐国果然发生了可喜的变化，政治清明。齐威王纳谏去弊，从而使齐国国势强盛，威震诸侯。也正是由于获取信息渠道的扩展，齐威王在决策时参考的信息更加全面，治理国家进行决策时更加科学。"兼听则明，偏听则暗"说的也是这个道理，决策信息获取的不全面不充分，那么做出的决策结果就不可能是向好的。

同样，我们更应该思考的是在决策过程中如何看待他人的评价和建议。在决策制定的过程中，他人的评价对于决策主体来说只是决策信息的获取，决策主体仍需进行自我评价，他人的评价建议是否是有效信息，对于自身决策的重要性仍需进一步权衡。在"邹忌讽齐王纳谏"的故事中，妻、妾、客给予了邹忌比徐公美的评价信息，而邹忌见到徐公后进行自我评价时得出徐公比我美的结论。这说明获取决策信息时，在咨询他人评价意见时要考虑他人意见的真实性合理性，正确处理决策信息。齐威王接受了邹忌的建议，广开言路，从而使得齐国政清国盛。齐威王正是在接收邹忌的建议时，进行了全面的思量与评价，最终采取了邹忌的建议，成为齐威王实现开言纳谏决策的理由，最终也得到了好的结果。

信息是被意识到了的价值关系，当我说"这是一条信息"的时候就已经暗含着这样或那样的评价在里面。当决策者在搜集信息时候，他总是要以必要的、重要的等级来判断所把握到的比特，然而何为必要、重要？这本身就是对信息的一种价值评价。在决策方案制定之后，还会咨询"外脑"——让别人对备选方案进行评估，"外脑"的评价对决策主体来说也是以信息的形式呈现的。决策执行中的反馈和社会评价同样也是以"信息"的形式回到主体面前，从而辅助决策者评价决策方案。在对信息的评价中，我们始终认为决策是现实的人的决策、主体的决策，本质上是主体为实现自己的价值需要而做出的行动。对于决策者来说，他的选择活动必然是基于价值需要的实践活动。可以说，"决策就是价值决策"。

三、评价在确定方案中的作用

在决策当中有一个基本前提即没有备选方案就无所谓决策，决策的要义在方案的选择中体现出来。方案的选择是基于各种约束条件的前提下，经过对信息认知层面的加工分析，再通过科学逻辑的决策方法建立决策模型，并根据理性规则做出方案之间的优劣排序，最终确定的。关于方案之间的评价问题通常会出现这样的情况，可能从某个目标或评价标准来看，第一方案优于第二方案，但从另一个目标或评价标准去看却正好相反，那么人们会觉得哪一个方案也不占绝对优势。之所以出现这种情况，就是因为人们不同的评价标准衡量的结果不同。方案选择中的方法大概可以分为三种：第一种是经验判断法，生活当中大多数人的决策都是采用这种方法。按照休谟的说法，经验或习惯是人生的伟大指南。它的优点是可以帮助人们快速做出日常判断和决策，大大节省了人的精力和能量的消耗，但它也容易造成经验主义。当新的社会情况发生变化、人们却依然按照习惯或原来的思维模式来看待新事物的时候，此事过去的经验已经不能够有效帮助人们进行正确决策了。第二种方法是数学分析法，这种方法的优点在于它具有很高的理性，但问题是此方法往往需要很高的文化知识，因此很少有人采用这种方法做选择，它往往在一些专业或特殊的领域内起作用。最后一种就是实验法，这种方法是对实验科学的模拟，它一般适用一些对决策后果无法预知的决策类型当中。实验法通常会采取一个小范围的试验，看它的效果，然后据此再调整下一步的方案。小到临床医学中的药物试验，大到以深圳为改革开放的试点，这些都可以被视为在实验法的思维指导下所做出的决策。

在方案选择的时候，首先需要考虑到方案本身的质量问题，比如对实现目标有多大的贡献、为实现目标付出的代价是否能够接受、达到目标的同时及其带来的客观性的改变能否被主体接受。其次要考虑备选方案的时效性问题，它在何时能够替代主方案（这是备选方案切入的时机或者直接替代主方案的机会问题）。最后是方案的可接受性问题，即方案的实施已经通过了方案的目标讨论环节，问题在于它在何种程度、方法和路径上能够达到目标，此时正确与效率问题是方案可接受性的主要探讨内容。在方案选择的过程当中，人们的思维惯性总是会带有一些共同的特征。比如在制定方案的难易程度上来说，人们往往是从自己熟悉的经验和领域当中去寻找尺度。换句话说，就是先从简单方案做起，如果简单方案不能够达到目标时才会考虑制作复杂方案来解决问题。在控制结果的思维指导下，一般会选择把握比较大的方案。比如去火车站，通常人们都会选择坐地铁而不是打出租车，因为坐地铁是风险最小的，因为时间易把握。在时间为高约束性条件下，坐地铁就成为一种决策结果最有把握的方案。

在人们的决策行为中有一种现象萨缪尔森和泽克豪泽称其为"维持现状偏向"。维持现状是很多决策问题的一个选项。萨缪尔森和泽克豪泽认为损失规避诱发了保持现状而不是其他选项的选择偏向，尼奇和辛登提供了维持现状偏向的有说服力的实验证据。两个本科生班级的学生被要求回答一个简单问卷，其中一个班的学生马上得到了一只有花纹的杯子作为奖品，另一个班的学生每人得到了一大条瑞士巧克力棒。最后，给两个班的学生分别展示另外一个班的奖品，并允许他们相互交换手中的奖品，愿意交换的学生举起一张卡片，上面写着"交换"。尽管学生交换奖品的交易成本非常小，但大约90%的参与者还是保留了自己收到的奖品。萨缪尔森和泽克豪泽在一项哈佛员工医疗计划选择的现场研究中，也获得了维持现状偏向的证据。他们发现，新员工通常更有可能选择新医疗计划，而在新医疗计划出台之前，已经入职的员工则不常这样做——尽管员工每年都有机会重新做出选择，而且更换医疗计划的成本也并不高。另外，偏离现状的较小变动要比较大变动更容易被接受。正如萨缪尔森和泽克豪泽（1988）所说，损失规避意味着维持现状偏差，然而他们认为其中有一些因素，如思考成本、交易成本以及对优先选择的心理承诺，可以在不出现风险规避的情况下引发维持现状偏差。❶

我认为萨缪尔森等人的贡献在于发现了这一决策现象，而不足之处在于将损失规避作为对这一现象的唯一解释，而在"心理层面"也仅仅用"思考成本"这一经济测量方式来解释。他们没有从主客体的关系层面来理解人们的选择，也就是没有从客体的自然属性对人的有用性角度来思考，没有从对象的使用价值之不同来看待这一差别，而仅仅将其换算为货币等值，而不同的对象在这一等值的换算中，自身的客体特征也消失了。他们甚至忘记了童话故事里最简单的道理，纵然世界上有千万朵一模一样的玫瑰花，也只有那一朵才是小王子的，对于小王子来说，他也是不愿意换的。

还有在囚徒困境中，共同犯罪的两个犯人被分开审讯，两个犯人同时面临着是否招供的决策思考。无论对方是否招供，自己招供无疑是实现自身利益最大化的选择，但是双方都招供却可能会导致双方共同利益减小的后果。按照标准化模型，囚徒困境的最优解在于双方都招供，也就是实现自身利益的最大化，但可能导致社会总利益的最小化。然而在现实事件中，行为实验观察到的结果往往与标准化模型的理论预测相反。囚徒困境中，也并不是每一次双方都会同时招供。由此，可得出结论，在进行社会决策时，人们往往并不仅仅考虑自身利益的最大化，对他人利益的考虑可能同样影响人们的决策行为。

另外，同样的目的，在实施的时候不同的方法采用不同的方案得到的效果是截然不同的。因此对于行动者来说，应当采取阻力最小的方案来达到目的。比如我们以新冠肺炎疫情为例。为有效防控这场疫情，许多行业不得不暂停营业。国家统计局的数据显示，2020年前两个月，全国社会消费品零售总额同比下降20.5%，本是春节假期的消费旺季，不少商家却遭受了不小的损失，线下商业零售、餐饮、文化、旅游、住宿等服务业无不如此。在如何恢复经济增长这个问题上，部分城市发放消费券，如济南面向景区、旅行社、影院、书店等推出2000万元消费券；南京发放餐饮、体育、图书、乡村旅游等七大类

---

❶ ZECKHAUSER Samuelson. Status Quo Bias In Decision Making［J］. Journal of Risk and Uncertainty, 1988（1）.

消费券总额达 3.18 亿元；广州给予购买新能源汽车个人消费者每车 1 万元综合性补贴……这对于缓解居民的生活困难，补贴民众促进消费，刺激经济增长，帮助中小企业走出困境具有非常重要的现实意义。

中国人民大学国际货币研究所研究员孙超指出，政府做出发放消费券而非现金的决策，经过了对我国国情的充分考量，若是普遍派发现金，将有可能造成相当比例的民众将收到的现金储蓄起来，应对未来的不时之需，尽管最终这笔钱的去向依旧可能是消费领域，但与当前最"火烧眉毛"的"促消费"仍有差距。在决策的公平性上看，要考虑针对贫困群体的公平，如发放超市类消费券，尽管并不是促进可选消费的最优选择，但却是最贫困、最弱势群体基本生活保障所需。其次是针对技术弱势群体的公平，虽然消费券电子化是大势所趋，但还有一部分民众并不熟悉电子支付技术，甚至未必具备电子支付的基本工具。更有针对性、更易于使用的纸质消费券对于这类民众而言，将是"更好的券"。最后还要鼓励按需分配而不是按概率分配的公平。在一些地区，消费券是随机分配的，类似于彩票；甚至靠"手快"，先到先得。事实上，边际消费倾向最高的，往往是抢不到券的家庭；有大量时间在智能移动终端上刷消费券的民众，有时反而将消费券白白浪费，甚至折价转让、套利套现。❶

还有，在真正决策的时候，决策主体的主观评价因素会在每一个环节中影响到客观理性的评价标准，而且还会通过与他人的沟通、谈判或者得到外部条件的支持等来不断修正自己对决策环境的评价和决策结果的预期。尤其是在最后决定使用哪一个方案的时候，只有决策主体有权利做出选择，他们大多数并不是懂得决策科学的专家，也并不通过数学模型计算，而是通过自己的经验知识和一些主观上、整体上的直觉、感觉等拍板决定。决策主体中的核心人物（无论是个体还是群体）往往会通过专家论证、开会讨论等方式获得咨询意见，这个过程就是他不断调整方案中的某些影响因素的权重，并进行评价和打分的过程。而最终的某一个决定性约束条件或某一个决定性的影响因素则成为他做出最后方案选择的关键。比如最为经典的案例是《触龙说赵太后》。赵太后刚执政就面临秦国攻击赵国，大臣们的意见是将长安君送去齐国作人质，获得齐国的援兵。这一方案在当时的环境下是可行的，因为这已经成为国与国之间不成文的约定。但决策者赵太后却不同意，因为她将长安君的生命赋予更高

---

❶ 孙超. 以更好的券促更好的消费 ［N］. 21 世纪经济报道，2020－05－12（004）.

的权重。在各个大臣游说不成的情况下，触龙则从"父母之爱子，则为之计深远"的角度游说，因为它从根本上是符合赵太后的决策原则与决策利益诉求的。触龙从短期利益与长期利益的比较权衡上说服了赵太后放弃短期利益而保长期利益，即长安君去齐国为人质会增加其在赵国的政治地位。正是这一条影响因素打动了赵太后改变了原有的决策方案并决定将长安君送往齐国。然而此史实也从另外一个方面说明了，真正有权力决策的人最多是会采用决策专家的建议，建议者并不能够代替决策主体行使决策的权力，当然他也不会承担决策的后果和责任。"建议"在决策中的作用是用以影响决策主体对决策因素的评价，而积极征求"意见"的决策者心中也很清楚，他也是希望通过他人的评价来审查和鉴定自己对方案评价的客观性。他人的建议对决策者来说如同"信息"一样是辅助他真正决策的手段和工具。在决策实践当中，评价性因素的作用从根本上影响决策方案的选择和确立。而在此过程当中，决策主体要做的就是让自己的评价更加客观，从而让自己的评价标准符合价值标准和价值事实，防止过于主观性的评价从负面的角度来影响决策的质量。

　　证据表明人们为不确定事件打赌的意愿，不仅取决于不确定性程度，也与事件来源有关。我们下面要讨论这种现象和它与基于信念的解释之间的关系。来源偏好首先是在埃尔斯伯格做以下实验时提出的：考虑一个罐里装着 50 只黑球和 50 只红球，另一只罐里装着 100 只红球和黑球，但是它们的比例是未知的。假如你猜对了随机从其中一个罐中拿出的球的颜色，你就可以获得一笔现金奖金。埃尔斯伯格认为，大部分人将宁愿赌从第一个罐里抽出的球为红色，也不愿意赌从第二个罐里抽出的球是红色，而且对于赌黑球，他们也会这样做。偏好在清晰和已知概率事件上打赌，而不是下注于模糊或未知概率的事件，这被称为模糊规避（ambiguity arersion）。❶

　　也就是说，如果一个事件能够将不可能变成可能，或者将可能变成确定的时候，它要比增加这种可能性的大小更加有影响力。我们通常的决策都是在不知道结果的情况下做出的，比如说买股票。所以我们一定要考虑这个结果是否是我们能够接受的，以及这种结果发生的概率有多大。人们投资股票接受治疗，或者说是庭外和解，都取决于人们相信股票市场会涨或者是法院的判决对

　　❶ ELLSBERG D. Risk, ambiguity, and the savage axioms ［J］. The Quarterly Journal of Economics, 1961, 75 (4): 643 – 669.

自己有利，等等。但是有人就会得出这样一个结论即"取决于人们对这一决策对象的相信程度，所以，决策的结果很大程度上取决于人们的主观信念"。又举例说，比如人们会选择球队 a，而不是球队 b，是因为他们相信球队 a 有机会赢得比赛，而并不是根据观察得出球队 a 比球队 b 更具有吸引力的信念。这看似有道理，人们的主观愿望成为立决策的依据，但事实上，难道对球队 a 的支持是无中生有吗？对股票 a 的购买是首先基于主观的愿望吗？难道在这之前没有对购买的股票或球队进行事实上的考证吗？可见，这里看似是对决策主观论的支持，实际上揭露了决策主观论的问题。

四、评价在（方案实施）时机选择中的作用

时机可以看作是决策的约束条件，它可以细分为"时间"和"机会"两种情况，然而机会总是在实践当中体现出来的。在决策的约束条件中，有些条件是硬性的，有些则是软性的。比如政策和法律约束就是硬性的，而决策者的能力和一些人际环境则是软性的。要注意的一个问题是，像"思想观念""民约风俗"等传统观念看似是软的，实则有很大的硬特质。一些决策者可能根本就意识不到这些条件对自己的束缚，尤其是价值观念上的约束是一个决策者难以突破的硬坎。反过来说，人们进行决策也正是在一定的且相对固定的价值取向上做出的。

对时机的把握是决策从规划到实践的一个临界口，它需要主体在动态的环境当中去寻找或者是在自身以及对象的分析当中把握到突破口。当然，这也包括需要主体在一定条件下发挥主观能动性改变事物之间的价值关系或状态，从而创造实施决策的机会，比如在三国时期司徒王允和貂蝉用美人计离间董卓和吕布，便是一个主动创造时机的典型案例。又如古语中"决断如流"的意思是说做决策的时候要迅速，流畅的如同流水一样没有阻滞。它最早是用来评价东晋末年大臣刘穆之的赞美之词，《宋书》记载，"穆之内总朝政，外供军旅，决断如流，事无拥滞"。刘穆之深受刘裕的信任，对内总掌朝廷事务，对外总理军队事宜，决策断事恰如流水，事情从没有积压堵塞。可见古人已经指出，决策是具有时间约束性的实践活动，如果决策主体犹豫不决，那么往往会错失决策的最佳时机。

战争是一种典型的时间约束型决策情境，战争的动态性、复杂性和不确定性使得战争中任何一方的决策者都必须在极其有限的时间内做出决策，而且要

根据瞬息万变的情境快速更改决策。它充分证明了，决策不是在模拟的真空中进行的，而是有着严格的约束条件，甚至"决"比"策"更要命。正如在面临包围的时候，被动方的统帅必须当机立断确定朝一个方向突围，没有信息收集、科学分析的时间可能，这时候选择朝哪个方向突破，很大程度是基于决策者的直觉或者赌博性决策。这也说明，有时候并不是信息不充分而是时间不允许。面对海量信息没有时间分析时，快速做出决定的能力比分析能力更重要。

关于评价在方案实施中根据时机做出的调整性选择所表现出来的作用和意义可在《曹刿论战》中体现。当时的战争情境是，"公与之乘，战于长勺。公将鼓之。刿曰：'未可。'齐人三鼓。刿曰：'可矣！'齐师败绩。公将驰之。刿曰：'未可。'下视其辙，登轼而望之，曰：'可矣。'遂逐齐师"。在第一阶段，"公将鼓之。刿曰：'未可'"，说明按照既定的攻击方案，鲁庄公准备直接进攻，而曹刿却认为时机不合适；在第二阶段，"齐人三鼓。刿曰：'可矣！'齐师败绩"。这反映了曹刿在等待攻击的时间和机会，他在战争结束之后对于自己当时的战场决策作出了说明，"夫战，勇气也。一鼓作气，再而衰，三而竭。彼竭我盈，故克之"。通过他的评价性言论可以知道他既明了战斗的关键是靠勇气，最后也是利用对方勇气的衰弱而我方勇气的盈足之间的差别找到"三而竭"的时机准时发动进攻，最后获胜。在第三阶段，"公将驰之。刿曰：'未可'"，是因为曹刿认为"大国难测，惧有伏焉"，然而通过"视其辙乱，望其旗靡"的信息分析和判断才做出了"遂逐齐师"的进一步追击决定。通常我们对此战争案例的评价是，曹刿使用了"一鼓作气，再而衰，三而竭"的原理，但从决策科学的角度来说这总结并未彻底。我们认为这原理从根本上反映了曹刿在方案实施中对决策时机上的准确把握，而且贯穿其中的核心便是他对战斗本质的评价性把握以及对敌我客观信息的谨慎审查和快速判断，并能够根据具体的战争情势的变化所反映出来的信息实事求是地接受、判断。毛泽东关于此则军事决策也做出了点评："春秋时候，鲁与齐战，鲁庄公起初不待齐军疲惫就要出战，后来被曹刿阻止了，采取了'敌疲我打'的方针，打胜了齐军，造成了中国战史中弱军战胜强军的有名的战例。"❶

决策的时间性约束条件要求我们必须学会把握时机。郑观应在《盛世危言·练兵》中曾言："所以当水陆军提督者……犹备有参佐数员，常与运筹决

---

❶ 毛泽东. 毛泽东选集：第 1 卷 ［M］. 北京：人民出版社，1991：203.

策，以资历练而审机宜。"意思就是，海陆军提督也常备有数名参佐，与之运筹决策，把握时机事宜。只有把握好时机，决策的最大效用才能发挥出来。如何把握时机？这就需要决策过程中主体评价的参与，天时地利人和的时机往往稍纵即逝，决策主体需在对决策条件和决策环境的评价中把握时机。同样，时机也可以被创造出来，决策主体发挥主观能动性，创造决策所需的时间机会条件，实施决策，产生最大决策效应。

五、评价在矫正决策目标或计划中的作用

决策科学一般将信息视为决策的原始材料，认为决策就是要根据信息而进行判断和行动。信息的价值不仅体现在决策之初，而且在决策执行的反馈阶段，信息也是评判和检验方案是否合理的主要依据，在对原有方案矫正的过程当中也主要基于对信息的评价。对决策本身的评价，要依据给定的目标。只要目标确定，就对决策的内容有了一定的规定性。而目标的变化则意味着对决策正确与否的评价的变化。而决策的方案一旦实施，并非像计算机一样直接进入到自动运行阶段，而是需要决策者根据反馈情况对原有目标和计划进行不断调整。它需要决策者根据反馈信息再度反思对原有信息的审查，进行新信息的鉴别。同时，原有目标能否根据现有方案得以实现的判断，在决策者心中会有所变动。此时，决策者要么改变现有方案来继续对原有目标的实现，要么改变原有目标。比如中共二大上就提出了更为切合当时中国国情的最低纲领即最低目标，也正是对目标的这一矫正，才正确地引导了中国新民主主义革命的胜利。根据现实实践的反馈来改变原有目标或调整方案，是决策者在执行过程中时时需要考量的问题。每一次信息的反馈都是一次再评价的过程，这个评价的过程一直持续到目标最终的实现或是整个计划的终止。有的时候一个目标或方案的终结并不是评价的终结，因为决策主体需要在此次决策中获得经验以继续投入到新的实践中去，决策的结果是要首先进行反思和评价的，"前事不忘，后事之师"说的便是这个道理。

矫正目标或原有计划是决策过程中必有的环节。没有哪个目标或方案在制定之初就能预估到所有变化，因为现实本身也在变动之中，主观性的计划要与时俱进，就要矫正原有目标或方案。要知道作为一种评价行为它本身就要反映主体的价值诉求，它直接地反映了主体对客观世界的理解以及对主客体关系的一种主观性评价，而一切的实践行为都是一种选择性的价值改造过程。当然，

评价本身并不一定是符合事实的。比如在"淞沪会战"之时，日本高层认为可以三个月灭亡中国，结果单单淞沪之战就打了三个月，于是就不得不对中国进行再研究、再评价，并调整了一系列对中作战方案，当然它消灭中国的目标并未改变。在作战之初日本高估自己而低估中国，这正是反映了日本高层对中日客观现实的认知偏差和对中日战争性质的错误性评价。也是基于此理，毛泽东在后来的《论持久战》中做了客观的分析，道出了为何日本一定不会灭亡中国、为何中国一定能够取得抗战胜利的原因。

在决策学中关于矫正性评价可以用当下最为前沿的前景理论来予以说明，要知道生活中的选择和决策不同于考试中的单项选择，相对于这种确定情境下的风险选择来说，生活中的决策大多数是要做不确定情境下的风险决策，人们在决策的时候总会有一个参照点，没有参照点人们也无法进行预估和决策。它是决策主体用来判断分析决策信息的基本立足点，能够让决策主体形成关于收益或损失的一种认知框架，一般情况下，决策主体是把自己的现状作为参照点。问题是这个现状是什么却在于决策主体的自我评价。

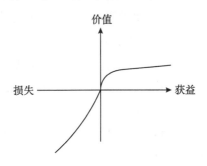

图 4 – 1　前景理论的价值函数

在前景理论的价值函数图中，坐标的原点便是决策主体的参照点。决策主体会根据自己的现实情况做出评价，然后在面对收益和风险两种情境下做出自己的决策。人们通常会认为在相同的情境中，不同的主体会做出不同的具体评价，但经过卡尼曼等人的思想实验发现，人们表现出一种决策的惯性，就是人们会高估小概率事件而低估中高概率事件。比如北京市小汽车摇号，按照目前的比例来说，摇中的概率非常小，但大多数人觉得自己会幸运地摇中，这当然中间有乐观性的决策风格在，但本质上反映出一种期望性决策的不现实性。在盈利区间图形表现为下凹，反映了人们在所有问题上表现为一种风险规避性特征；而在亏损区域图形表现为一种下凸，低风险寻求特征。比如卡尼曼在

1979 年的实验，下面两种情况任选其一：A. 你一定能赚 5000 元。B. 你有 80% 可能赚 7000 元，20% 可能性什么也得不到。面对这种情况，大多数人处于收益状态时，往往小心翼翼、厌恶风险，害怕失去已有的利润。同样比如拿 100 元去赌场赌博，赚了 100 元后，很多人就很开心地走了。若将问题翻转过来：A. 你一定会赔 5000 元。B. 你有 80% 可能赔 7000 元，20% 可能不赔钱。在此情境下，函数上处于损失预期，大多数人变得甘冒风险，这在股市市场上表现为人们不愿意放弃已经处于亏损状态的股票，而愿意继续持有，以期赌一把。在赌场上也一样，若输了 100 元，很多人都想捞本而不愿走开，赌徒心理便是这样子的，于是越陷越深。若将这种心理推向极端，会发现人们对待极小收益事件时持风险追求的态度，而在对待几乎不会损失的情景中则持风险厌恶的态度，这从根本上证明了决策者的评价权重是福利彩票事业和保险投资为何能大量吸金的主要原因。

我们再通过芝加哥大学奚恺元教授所做的一个决策心理学案例来看评价问题在决策中的作用。现在有两杯哈根达斯冰淇淋，一杯冰淇淋 A 有 7 盎司，装在 5 盎司的杯子里面，看上去快要溢出来了；另一杯冰淇淋 B 是 8 盎司，但是装在了 10 盎司的杯子里，所以看上去还没装满。你愿意为哪一份冰淇淋付更多的钱呢？通常人们都会选择 A 方案，它说明了在普通生活中多数人在进行 A、B 两个事物之间价值评估的时候，并不是靠理性计算，而是一种感觉。它通常用"看起来好像 A 要划算"或"听上去 A 更加靠谱"等词汇形容自己的评价，虽然这种评价经不起测量和验证，但人们更愿意为自己的评价买单。

塞勒用禀赋效应说明了人们不愿意放弃属于他们自己的物品，尤其是失去这些物品的痛苦要比获得该物品的快乐更大的时候。塞勒举例说有人去看电影，他在路上丢了一张电影票，当他到了之后，他可能不会去买一张新的电影票。但是如果说他在路上丢了 10 块钱，他还会继续选择买一张电影票看电影。这个例子并不能够清晰地说明评价在人们选择行为中的作用，假如说一个人去吃饭，由于饭是必须吃的，那么他就不会顾及是否丢了一张饭票或者丢了 10 块钱。所以，问题的关键不是钱和票的对比，而是电影和饭的对比，通过对比发现人们对于不同的事情评价是不一样的。

大多数情况下的决策都属于是多目标决策。当然可能在决策之初，决策主体并未意识到他所做的决策是要实现多个目标或者说并未如此预测。但是由于决策的结果必定会在现实当中对事物的各个状态进行改变。也正是由于客观的结果是在一定的决定论和预测论的思维预期中产生，所以就倒逼决策主体在决策之初会将决策按照多目标的决策效果进行衡量，当然决策者会选择其中的一个目标作为主要目标，其他目标只是主要目标的附属产物。

因此，明确自己的价值需要，对自己在做决策时所采用的评价标准来说是极其重要的。好的说客往往都是让被说服对象更加清晰地认识到自己真正的价值需求，让他主动调整自己的评价标准并改变选择。触龙让赵太后自己选择了方案 B 而不是方案 A，因为方案 B 更加符合赵太后的价值需要。所以，在价值评价上对方案 A 和 B 做了颠覆性的调整。

六、评价不当造成的决策困境

评价在决策中所显现的作用本身也是一种价值关系，若起到积极作用那么对整个决策是有正价值的，相反则会显现出一种负价值，当然也有一些评价是无关紧要的，这种评价在决策的整个过程当中表现出一种微弱的价值。由于评价不当所造成的一切决策失误或决策困境，大多都是个体评价，因为在主体决策的时候个人的主观评价对事物客观理性判断的影响最大，比如说延迟决策当断不断等问题。单主体在筛选信息的过程当中也容易掺杂更多的主观偏见因素，即容易看到一些自己想要的信息而不一定是自己客观需要的等等。当然决策并不是一锤定音的瞬间行为，而是一个连续的、逐步调整的过程性行为，所以，评价的作用也总是像价值关系一样根据情境和主体的动态变化而变化。同时，人的评价行为既有一定的主观性因素也有一定的客观性因素，客观性因素既反映在决策主体作为自然人的一种物质客观性上，比如衣食住行等客观需要或是收到大脑认知机制或病理性肌体导致的评价偏差等，也反映在人所处在一定的社会文化氛围当中，主体的评价总是会带有一定的共性或能为其找到客观大背景的出处，比如《史记·匈奴列传》中指出，"壮者食肥美，老者食其馀。贵壮健，贱老弱"。所以有些评价现象看似是主体主观表达的，但却总能找到一定的生产力、生产关系和社会文化氛围以及所处的文明阶段之根据。当然，评价在决策当中也有一定的主观影响因素，比如受到主体性格和决策风格特质影响而出现的具有强烈个人色彩的评价现象，过度自信、过度行为或是由于性格懦弱或不敢冒险所造成的自卑性、过度受到沉默成本影响下的评价，等等。最后，要注意到理性人的评价总是主客观因素共同作用的结果，只是在不同的情境当中哪一些因素成为主导性因素。比如一些成瘾问题，既有病理性造成的生理反应，即改变了大脑认知上的偏差从而造成评价过程中对某些因素赋予过高权重，但也并不能否认主体对自己所做出的评价和行为没有清醒的认识。甚至像情绪这样的非理性表现当中也是有一定理性因素的（当然排除故意发怒或情绪表演，其实这样的情绪是一种受理性支配下的情绪），它的特点是在大脑的认知机制下直觉性判断压倒了认知性计算，迫使主体在极端情况下所表现出来的一种强烈评价和表达，当然我们也并不认为认知完全是纯理性的，这要借助脑科学和现代医学的研究才能做出科学的评判，目前对此问题学界并未有一致性的意见，我们通常将其视为一种理性和直觉的混合物。

由评价所表现出来的一些例如过度自信或信心不足、后见之明、过度行为以及归因性偏差、损失厌恶和成瘾问题等都是需要另加分析的。我们知道客观的评价是做出正确的价值分析之关键，然而能做出客观评价便不会存在决策失误，那么决策问题便不会构成研究的对象，显然由评价所引起的生活中间的错误决策是一种常态。首先我们知道自信心来自于自知以及对对象的客观信息把握上，在军事上就表现为"知己知彼百战不殆"的信心，同样过度自信则是一种在不了解主客体实际情况下而做出的一种盲目自信，这既与主体的自身素质有关，也与主体在信息选择中间的偏好有关。例如我们看到一则关于一名美国海军陆战队的退役士兵因女友被动物园的狮子咬死而决意要徒手与狮子搏斗将其杀死为女友报仇的新闻。撇开他对狮子的咬合力、攻击时所形成的肌肉攻击重量、跳跃能力等方面的信息是否了解不说，这名战士之所以有这样的过度自信主要来自于他自身的身体素质（一个年老体衰的老人无论如何也不可能有这样的想法）。另一方面有些人在决策的时候会有意摒弃自己做不喜欢的信息，只愿意听对自己的决策有利的信息。这种用主观的愿望代替实际的情况之做法本质上是裁剪信息和事实来符合自己的主观评价和愿望，比如掩耳盗铃便是一个案例。过度自信是过高地评价自己的能力和成功的概率，这种现象一般出现在风险决策当中，本质上是一种主观性评价与实际的脱离。它不但会造成设立一些不切实际的目标，也会进一步造成对目标的追求中的"跃进"行为，我党历史上多次的"左"倾错误便是过度行为的一种表现。

后见之明就是我们通常所说的"事后诸葛亮"，后见之明所表现出来的一种错误评价不但会影响对现有决策进行客观的评价，而且还会将决策的结果和经验带入到下一次决策当中造成过度自信的现象。它的主要问题是"现实的结果"来评判决策的正确与否，要知道结果是多种因素共同造成的，假如一个好的决策分析和方案在执行过程当中受到诸如"天灾人祸"等非人力可控因素的影响而导致目标失败，在后见之明的思维逻辑下就会做出错误的评价。反之一个根本不科学的决策由于种种外因和运气而"歪打正着"，人们却对这样的决策赋予极高的评价，在本质上反映了一种结果导向性评价，同时也反映了在事前两种认知上的偏差，即通过结果让认知重组了事前的信息，做了有利于得出如此结果的评价性筛选和判断，好像结果是必然的而且在预料之中的一样。这在科学研究和历史事件中也同样表现得淋漓尽致，比如一个经过科学家辛辛苦苦探索和论证得出的结论，却会被后人当作"本来这就很明显的"等判断，如牛顿力学等在当代人看来如此简单的问题，牛顿当时竟然花费如此多的论证，或是诸葛亮当时就应该听从马谡的建议直取长安，是诸葛亮的优柔寡断耽误了战机，等等。可见后见之明这种评价方法既没有理解到决策者当时所面临的复杂决策现实和约束条件，也从根本上放弃了历史唯物主义的评价方法。也有人认为，后见之明是认知机制造成的，它不利于我们公平客观地来评价和看待事件。这一理论，提示我们在对"决策"和"决策评价"进行评价的时候要防止后见之明的心理机制和认知歪曲的误导，还原决策情境做出客观评价。

过度行为可以分为反应过度和反应不足，指的是一种当前情境和所得信息在主观评价和判断上所做出的权重过高或权重过低的表现，尤其是在方案的执行过程当中对新出现的信息所表现出的剧烈波动，决策主体放大或缩小信息的价值，进而对原有方案进行过度"矫正"或墨守成规，本质上反映了主体对信息的评价不客观和对目标、方案设立之初的不清醒认识。反应过度是决策主体一种不自信的表现，反应不足则体现了决策主体固执己见、坚持自己原有观点不能审时度势的决策素质。

在对决策的结果反思上尤其是在失败决策的反思上，决策主体往往会出现归因性偏差，决策与执行是一个在时间当中动态性的实践过程，结果是一切因素的综合体现，无论是决策的成功和失败主体总是会从中找出一些关键性的影响因素，并赋予这些影响因素较高的权重。人的自我防御倾向总是会让主体在面对成功与失败两种情况的时候采用不同的归因标准，即导致成功的因素归结在自身都将导致失败的因素归结为他人或社会，年轻人当中常有"怀才不遇""社会不公""没有机会"这样的感慨，这就是典型的将自己的不成功推向社会，过高估计自己的能力，当遇到挫折又没有自强不息的精神，反去埋怨社会，这种归因性偏差就是当前"佛系青年"的主要问题。另外，评价问题当中还存在损失厌恶，例如捡到一百元钱并不能抵消失去一百元钱所带来的痛苦等，这种评价特征是被作为一种描述性现象写入决策心理中的，至于人如何会产生这种评价机制，目前并未有彻底性的理由和结论。

最后要注意的一个问题是成瘾问题，此问题之所以重要是因为它反映了人类评价系统背后的复杂生理、心理和社会文化机制。一些专家试图从神经生物学等角度对此问题进行探索。● 其中在对成瘾人群与决策障碍的研究中，采用生物观测手段得出以下三点重要结论：首先，人类的决策系统是一个复杂的多重交互系统，由计划系统、习惯系统和情境识别系统组成。这意味着人在不同情况下会使用不同的决策系统。其次，人们在衡量选择的时候，是有时间维度的，长远利益和短期利益之间并不是放在天平两端来衡量的。显然，眼前利益要重于长远利益。最后，大脑中不同区位在决策过程当中的作用不同。有学者指出人类的大脑有两个互相制约的决策系统，其中沉思系统的作用是促使人们根据长期的结果来做出决策，正常情况下它控制着冲动系统，但这种控制不是绝对的，冲动系统的过度活跃可以压制沉思系统。这一发现从生物学上证明了古希腊一直以来所说的"理性与激情的制约关系"的生物论基础，它从决策的大脑神经回路上证明决策不是纯粹的理性计算问题，而是一个生物性的反应。有些研究者提出了"决策与判断的双系统模型"●，该理论认为，人类的决策过程涉及两个系统：基于直觉的启发式系统和基于理性的分析系统。启发式系统加工速度较快，不占用或占用很少的心理资源；分析系统加工速度慢，占用较多的心理资源，遵从逻辑规则。双系统模型认为，当两个系统的作用方向不一致时，两个系统则存在竞争关系，占优势的就可以控制行为结果。研究者认为，在两者的竞争中往往启发式系统会获胜，这正是很多非理性偏差的根源。与此同时，研究者开始注重考察意识与无意识对人类决策的影响，这些研究表明，在无意识层面也存在着决策过程的重要阶段，且无意识思维可能是一种目标依赖的加工过程。

综上，我们会发现评价在决策的每一个环节当中，都以其复杂的运行机制

● 严万森，李纾，隋南. 成瘾人群的决策障碍：研究范式与神经机制 [J]. 心理科学进展，2011，19（5）：652 – 663.

● 李纾，梁竹苑，孙彦. 人类决策：基础科学研究中富有前景的学科 [J]. 中国科学院院刊，2012（S1）：52 – 65.

发挥着极其重要的作用。"选择的实质就是价值选择，创造也是为了创造价值。所以，离开价值，主体的能动性就会失去基准和根据，并失去其现实的动力。这样的认识论，不是唯心主义的，就是机械唯物主义。"❶ 若放在决策的话语体系当中，就不难清晰地看出评价活动在决策过程中的作用，让我们再次从决策的整个程序上梳理就会更加坚定这一观点："决策主体以价值最大化原则设定目的，并以此目的为指导筛选信息，并根据已有信息制定多个方案，经过方案间的评价和比较，最终确定一个方案并付诸行动。"不同的决策类型，有不同的决策心理和机制，什么样的决策方式因事而异，但普遍性的都会受到价值评价的影响。决策是认识论和价值论共同的研究对象，因此需要实践中通过真理和价值双重尺度对决策现象进行辩证探究。在详尽考察了评价因素在确立目标、确定方案、时机选择、矫正决策目标等几个方面的具体表现之后，我们发现"信息"和"评价"在决策中居于重要地位的变量深刻地影响着决策的每一个环节。而这一影响又从主体性特征、结构功能和时间序列三个方面表现出来。结果表明信息在决策中并不占决定性地位，信息通过主体的加工以价值的形式进入决策实践。相反，评价自始至终占据着主导性地位和发挥着不可替代的作用。因此我们认为决策的本质是一种价值选择。

---

❶ 马俊峰. 价值论的视野 [M]. 武汉：武汉大学出版社，2010：9.

第五章　决策科学化和民主化
要处理的几个问题

　　决策的科学化和民主化既是决策研究的出发点也是落脚点。决策的科学化要求决策主体基于现有的基本科学理论常识，按照以人为本的决策目标，通过科学的决策程序和方法来制定方案，并根据决策执行过程当中的反馈，及时做出对目标和方案调整的系统性过程。而决策的民主化则要求决策主体在决策的制定过程中既要尊重主体内部成员的意见，广泛听取相关领域专家的建议，同时在涉及多主体、影响深远的决策的时候又要求决策主体兼顾到主体间关系等。例如"抗疫"行动中的"封城"决策，就要考虑其科学化和民主化问题，因为从决策是对价值关系的改变的角度来说，在保证"封城"可行性的前提下还要充分尊重不同主体的利益表达。从现实实践中可以看到，中国的"封城"决策无疑是正确且有效的，然而现在疫情在全球肆虐，像美国、新加坡等国家却做出了不"封城"的决策，之所以如此，与其国家的医疗水平、政治治理能力、经济发展权重等一系列问题都相关。

　　所以，从某种意义上来说，决策的科学化是真理尺度的表达，而决策的民主化则更多地体现了价值多元的主体诉求，它在现代政治文明的行政决策当中显得尤为重要和突出。然而要注意的是，决策的科学化和民主化并不是两套互不相干的独立系统，二者也不会在决策当中以两张皮的姿态出现，因为决策的科学化和民主化之间存在着一定的需要调和的矛盾，即决策的对象和决策过程的专业化、复杂化要求科学化，而科学化则会导致专家的评价对决策方案起主导性作用，也就是说专家意见强烈的引导性作用，会导致决策民主成为形式。民众在权威评价面前由于知识、信息的不对等，会出现顺从专家意见的现象，导致决策民主的不彻底性。如何将专家意见置于功能性、手段性价值中是决策科学化与民主化得以调和的关键点，也就是如何摆正"权威评价"在决策中的地位问题。❶ 这要求我们政府在制定决策尤其是影响深远的社会性决策的时候，要注意一个与以往社会不同的背景性问题，那就是随着现代科学知识和自由民主的政治文明的普及，社会中理性决策个体在不断增多，所以决策的科学化和民主化成为当今行政决策中首要面临的问题。

一、决策科学化和民主化的内在张力

科学化与民主化是决策共同追求的价值目标，然而它们之间并不平行，相反会在一定情况下产生冲突。有时为了保证科学就会牺牲民主，而有时为了保证民主权利和程序的正义，也会牺牲决策的正确性与科学性。科学与民主在决策的问题上是存在一定张力的，而这个张力需要在实践当中得到调和。

（一）科学与民主何以成为决策的价值追求

从近代以来，科学和民主便成为一个社会所追求的最大价值原则。虽然这二者是一百多年前才被资产阶级提上政治舞台的，但它却得到了世界上大多数民族或国家的认同与接受，而且成为一种政治文明形态构建所应该普遍遵守的共同价值。科学是理性的最大产物，人类的一切实践只有在科学的指导下才能够增加成功的概率，科学成为一切行动的第一原则。而决策作为一种复杂的人类实践行为，其干扰因素非常之多，如何能在纷繁复杂的决策环境当中做出正确的判断并达到目的是决策面临的首要问题，这也是为何一直以来决策科学家们始终使用决策分析、计量与统计的方法来增加决策正确性的原因。在具体的决策管理当中，在保证正确方向的前提下，效率是管理决策中的主导原则，又快又好地完成目标成为评判具体决策方案优劣的标准。

相对于科学来说，人们通过长期的斗争和实践认为只有民主的程序和制度才是保证真善美的唯一渠道。在现代文明社会中，任何组织或者集体的内部成员之间都要以各种民主的形式结成一定的关系。民主的内涵和实现途径成为近代以来政治哲学讨论的重点，卢梭、伏尔泰包括当代的罗尔斯，他们都试图找到一个更加适合人类的新型民主政治制度，以保证人类的物质文明和精神文明成果能够合理地延续和发展下去。经过两次世界大战，人们更加坚定了民主是

---

❶ 孙秋芬. 论决策科学化与民主化的两难困境及化解：基于专家与公民的知识分工理念的分析 [J]. 中南大学学报（社会科学版），2016，22（6）：149-155.

避免战争、灾祸最为可靠的政治理念。民主也成了一个文明政党所应该具备的基本执政前提，中西实践虽然关于具体的民主形式有不同的意见，但关于是否实行民主的政治制度并没有任何歧义。上至国家政治制度，下至以社会最小细胞为代表的家庭及其内部成员的关系，都遵从着民主的契约关系，并将民主视为自己的重大权利。可以说，科学与民主成了任何人类实践行为都应该追求的价值原则，所以这也构成了决策将科学与民主作为自己实践落脚点的理论合法性来源。

（二）科学化与民主化的内在矛盾与统一关系

科学化与民主化何者为第一原则的问题成为区分中西决策特征的主要标志。以科学化服从民主化，即认同决策的民主程序就是决策本身的最大原则，那么便是西方政治制度文明下形成的决策理念的主要标志和第一价值取向。相反，民主化服从科学化，即决策者采用民主的形式，其最终目的是为了说明决策的科学性，决策者的一切民主行为其最终目的是为了证明这个决策是科学的，那么就是典型的中国政治智慧下的决策特征。当然这里并没有优劣之分，它不过是在不同的历史文化、民族性格下形成的与其政治制度文明相适应的决策特征。在中国的政治智慧看来，民主化要服从科学化，因为科学化是目的，做决策就是为了做出一个正确的决定，而在科学化前提下的民主是一种手段价值，这种民主指的是一种民主征求各方意见，通过集思广益、兼听则明的方式来为科学化服务。这一决策观念便是中国人在决策实践当中的目的价值，它要求决策者更多地用认知来统摄评价，认为只有在科学知识的基础上才能做出合理的方案使我们利益最大化。比如"疫情"当前，何时能复工，党和国家拥有最终的决策权，因为从精英和专家的角度来看，他们要比普通老百姓掌握更多的信息，也更了解病毒的特性，虽然没有通过全民公决的投票方式来决定是否复工，但决策者认为这一决策是代表着国家和民族做出的决定，只要它是科学合理的，至于是否采用全民投票或者其他决策形式已经不再重要；而西方则恰恰相反，西方的票决是建立在主体利益不一致、主体分化的基础上，整个西方的政治制度就是一种"票决"形式的民主，程序正义为其目的价值的民主形式，而公共利益则是无数个体共同的长远的那部分利益，并不在个人利益之外，所以认为个人有权利决定自己的利益。这一不同我们已经在其他国家对待"疫情"的措施中就可以看到。这便是以中西为代表所体现出来的决策科学化与民主化之间内在矛盾的现实表现。

可见，决策方案的科学性可以通过科学认知本身解答，而它带来的效用对于集体中的具体个人却是不同的，这是一个价值问题。有时候关于一个决策，群体内的成员利益有共同一致的地方，也有个别不一致的地方，这就形成了不同的意见分歧。决策需要论辩和论证，论辩和论证的内容，首先是关于事实符合不符合，其次是方案所展示的价值到底有多大。因此在具体的决策中，"科学"与"民主"，虽有内在矛盾却又需统一起来方能使得决策方案付诸实践。比如，我们认为在此次疫情中，将武汉"封城"是为了整个中国乃至世界，这无疑是科学的决策，但是我们又说"武汉是英雄的城市"，乃是它为中国乃至世界作出了牺牲。这一牺牲并未让全武汉人民主表决，看似牺牲了民主的权利，却保证了长远利益。

二、决策科学化的内在要求

一段时间以来，科学成了评判一切的标准。好像只有符合科学的才是正确的、可执行的、符合实际的。进而，科学化成了决策乃至一切行为合理性的最后根据。事实上，科学化的依据来自于真理尺度，真理成为判断事物的标准。我们遵从科学和真理是理性本身的要求和反映，它让人类在纷繁复杂的世界当中找到了一条可测量、可标准化、数据化、证伪化的道路。因此，决策科学化的内在要求需要从以下两个方面来确保。

（一）确立严格的信息真实性审查机制

要做到决策的科学化，首要条件就是要对决策过程当中所涉及信息的真实性有一个严格的审查机制，这同样也是保证决策能够民主进行的基本前提，不真实的信息将使后续的一切科学决策（无论多么正确的程序和方法）都化为泡影。从哲学上来说，对信息真实性的审查就是要求把"现象看清楚"，这是发表评论或看法的最基本前提。而不把现象看清楚就急于发表评价或观点的情况不但是决策上的禁忌而且也是学术研究上的忌讳，"论据不多，观点多"同样是需要避免的。在决策上就是要在形成观点之前对论据有准确的把握，这种准确一是要对论据的真实性进行严格的审查，二是判断"什么是论据"即什么样的信息才是有价值的信息，这种表现在对信息真实和有效的双重要求便是信息的两个维度在决策实践中的应用。

对于突发的"公共卫生"问题要看到信息的获取者与决策的制定者的分离问题，即最先发现"病毒"的是一线的医务人员，他们需要以最通畅的渠道和最快的速度将信息传达给决策部门，从而使得决策者能够根据其他信息以及条件制定相应的应对方案。本次疫情早期被耽误的重要原因乃是一线人员在获得信息后向上级部门、中央传递的渠道被打断，我们知道最早第一批调查小组得出的结论是"未发现明确的人传人的证据"，这对最高决策层来说是一个重大的错误结论，严重影响了决策层对疫情的判断。直到钟南山院士再去武汉调查得出"人传人"的判断后，疫情才被以"一级响应"的重视程度开展决策部署。另外，此次"新冠病毒"传播速度快、潜伏期长，极大缩短了"发现"与"救治"之间的决策时间，它暴露的"突发公共卫生事件"有着信息价值寿命短和信息内容变化快等特点。这使得疫情防控决策成为一种高约束性决策，它需要决策者在短时间之内快速、准确设定目标，做出方案并做好随时调整的准备，这一切的基础就是在对"信息真实性"的把握，只有在对信息真实性的把握上才能达到价值最大化。

若我们承认决策是一种科学行为，那么就要符合科学的标准，用真实的材料加以理性分析，实事求是地得出科学结论和科学判断，这也体现了我们一直以来强调的"只有调查研究才有发言权"的严谨科学精神和踏实的实践态度。然而问题的关键就在于"什么是真相"，"真相"具有全面性和动态的历史性特征，它既要求对考察对象进行多角度、多层面的分析，又要求将对象放在历史当中考察，即要看到对象及其各个维度的变化规律和发展脉络，这样才能做到对"真相"的把握，有效地防止观察的片面性和凝固化。年初的防疫工作，需要全国上下一盘棋，要求监控到每一个人的行动。面对这样既宏大又细致的工作，任何旧式的决策方式和信息传递系统都难以应对。它要求决策系统既要全面掌握信息，又能快速做出决策。可见人类走到当下的社会历史情境中，要求一种社会化的科学决策方式。因此，我们看到了更多的是群体决策模式，甚至一些决策机构作为智囊参与进来，比如兰德公司等专业的决策分析机构。而决策的民主化要求本质上是人类社会走到新的历史阶段的发展必然。也只有通过民主的各种方式，才能解决人类现在所面临的重大问题，从某种意义上来说，人类正在从"世界史"中生成"命运共同体"的意识，没有哪个时期像现在一样，让人们深切地体会到，全人类成为一个共同的主体，人类命运共同体已然生成。决策需要一定的科学研究做支撑，比如防治传染病工作，必须有生物学、材料学、信息科学等相关学科的支撑，不以这些方面的学科为基础，是做不好防疫工作的。

习近平总书记在《谈谈调查研究》一文中指出，"调查研究方法也要与时俱进。在运用我们党在长期实践中积累的有效方法的同时，要适应新形势新情况特别是当今社会信息网络化的特点，进一步拓展调研渠道、丰富调研手段、创新调研方式，学习、掌握和运用现代科学技术的调研方法，如问卷调查、统计调查、抽样调查、专家调查、网络调查等，并逐步把现代信息技术引入调研领域，提高调研的效率和科学性"❶。除此之外，我们还要注意任何观察都是"处在一定价值关系当中的人"在观察，总会有意无意地戴上有色眼镜，这是难以避免的，所以要注意观察者自身的局限性，防止先入为主的思维惯性，要注意信息当中"真理内容"和"价值内容"的区分，避免将主观的因果联系强加在事物之间，要注意用价值关系的结构来分析考察对象所表现出来的"现象"。

（二）研发和运用先进的决策技术

在当今计算机、大数据和人工智能高速发展的背景下，先进的科学技术是任何一个学科和行业都必须承认和有意识地参与并运用的资源。计算机可以在一些新的领域当中做出决策，比如信用风险评估、基金投资或公司财务问题诊断等。在决策理论与现实应用方面，尤其是在决策的系统性和连续性原则要求下，DSS 计算机辅助决策系统的潜力越来越被人们所认可，然而它的认识论和方法论基础却没有在哲学上得到应有的说明，这个将是今后决策理论研究的重点。当然也不能过分依赖一些过于偏计算化的理论模型。比如 SDS 理论就提出过"真理赢"和"多数赢"的对抗性决策模型，它认为决策方案分属于这两种类型，"真理赢"是最容易被大家接受和认可的，因为只要证明它是真理就很容易被所有成员所接受；但对于一些"非真理"选择，则主要靠群体中的大多数人的意见，如果支持的人多，那么此方案就会被选。我们生活中间经常会遇到向他人咨询的情景，这就反映了一种受多数人意见的"多数赢"模型。而问题的关键在于，人们在说服别人支持自己的决策方案的时候，总是把自己的方案说成是真理；同样，不赞同者往往会提出对方忽略了某些信息或者

---

❶ 习近平. 谈谈调查研究 [J]. 党建研究, 2011 (12)：4–8.

计算错误，进而把一些"非真理型决策"拉向真理模型，好像谁是真理谁就是合法的一样。若问题仅仅靠计算就能得到解决的话，决策也不能成为困扰人们实践的一个难题。这表明生活当中大多数决策是一种价值选择，若想通过计算来完全证成自己的理论或者证伪别人的理论是不可行的。再例如军事突围，最高军事统帅要做的是通过一定的情绪引导来凝聚人心朝着一个直觉的方向突围，而不是通过理性分析来论证突围方向的科学性，"突不突围"要比"朝哪个方向突围"更重要，若犹豫不决就是选择束手待毙。

另外一个需要注意的方面就是要把个体或群体看作是一个在决策规则、规律作用下的有机体，它要受到一定的自然环境和心理环境的影响。比如有研究指出光照、时间、噪声等物理环境会直接影响群体的决策质量，噪声可能会分散群体在决策时候的注意力；在一定的时间压力下，群体会提高注意力和决策效率。❶ 但是时间压力过大则会起到反作用。它会让群体过度集中在已获得的被主体所认同的"有价值"的信息上，而忽略一些被评价过低的信息，同时也会造成对新信息的排斥，这都不利于正确决策方案的制定。这充分说明了决策是在一定的环境下进行，对决策环境的科学分析有利于科学的决策技术得到重视和开发应用。

然而我们在此要指出的是，仅仅以科学与否作为决策的优劣的评判标准是有失偏颇的，因为决策本身是一种实践性行为，"好、坏"显然不能仅靠科学一个尺度来检验。正基于此，我们应当视科学化为决策的过程和手段而不是目的，决策的科学化有助于决策主体对决策信息以及决策情境作出客观的把握。但这种认知只是起到基础性材料作用，它并不能代替主体本身进行决策，就像人工智能可以认知和判断情景，但却不知"如何是好"。

三、决策民主化的价值追求

无论是东方还是西方，虽然民主实质和形式不同，但决策民主化都是他们共同追求的目标，这一目标主要在两个维度上实现，一是营造良好的组织氛围，二是促进决策伦理的内化。因为只有良好的组织氛围才有利于民主决策的顺利实施，同样，只有通过将决策伦理内化才能让民主的决策思维像道德约束一样在群体内自动运行并制定出在根本上符合群体利益的价值目标。所以，在

---

❶ 季浩. 团队如何进行伦理决策 [D]. 江西财经大学, 2014.

任何一个社会或政治群体内，这二者都是决策制度建设所必需的，而这正是决策民主化的价值追求。

（一）营造良好的组织氛围

好的决策从产生和运行的角度看，其要求在于目标须是主体内所有成员的共同意志；在方案制定上是所有参与者建言献策经过充分论证的结果；在实施上需要得到内部成员最大的支持并共同努力克服外部阻力；决策的结果要得到绝大多数成员的认可。比如十一届三中全会制定的关于以经济建设为中心的决定就符合以上要求，当国家决定走市场经济的道路时得到了绝大多数中国人的支持，它是全民族意志的体现，所以我们的经济在近 40 年内发展迅速。中国的改革开放和经济发展能获得成功从内部因素上来说它所面对的阻力最小；同样在面对外部阻力上中国人表现出了一种众志成城的决心。以上说明了良好的组织氛围是决策得以顺利制定并良好运行的基本保障，此部分重点阐述集体内的组织氛围对决策的重要性。

我们知道整体是由多个个体组成的，整体的特征是个体特征之综合，那么个体的特征如性别、年龄、民族、决策能力、偏好和文化背景等都会影响群体的综合性质，进而影响群体的决策特征。具体来说，首先在性别问题上，人们往往基于经验以及对决策行为理性因素的推崇，认为男性在决策方面优于女性。然而事实并非如此，纯粹由男性构成的团体在决策中的成绩是最差的，但是在伦理决策上，就成绩来说单个男性＜群体男性；单个女性＞群体女性；[1]其次，在年龄问题上则表现出一种随着年龄的增长、个人经验和知识的丰富，群体的决策能力与之成正相关的关系；再次，在群体的决策质量与群体成员的数量之间的相关性问题上则表现出一种抛物线结构，即超过群体所必要的数量后，群体的决策质量会随着成员的增加而下降；最后，对于有学者认为的群体中最强那个个体的能力和偏好是群体决策所能达到的天花板这一观点，我们持相反观点。[2] 我们不能否认权威人物对群体在决策方面的影响，但是在民主决策中"一人不抵二智"是最基本的道理，因此在民主和科学决策的前提下，群体决策质量的整体水平要高于任何一个个人的决策质量。而上述的个体特

---

❶　季浩. 团队如何进行伦理决策 ［D］. 南昌：江西财经大学，2014.

❷　季浩. 团队如何进行伦理决策 ［D］. 南昌：江西财经大学，2014.

征，都会影响到最后的群体决策。例如在解放战争中，中国共产党所带领的解放军和以国民党为首的官僚资产阶级集团所指挥的国军在政治、军事决策上的对抗所表现出来的不同决策风格，乃是两党的组织文化氛围对每一个成员施加影响又据此反哺而成的整体决策风格。无论是个人还是群体，解放军相对于国民党集团的优柔寡断来说则表现出来一种鲜明的果敢决绝、高效的决策与执行的行动风格。

另外要注意，群体要形成自己的决策风格容易，但是要保持优良的决策基因却不易，如何将决策伦理内化是一个政党或集团能够保持繁荣稳定、长治久安的内在重要课题。对于中国共产党来说，"民主集中制"就是最为核心的决策伦理制度，它还要求决策的时候"没有调查研究就没有发言权""实事求是，一切从实际出发"等相应的决策、调研方法作为保障。恩格斯也说过，"人对一定问题的判断越是自由，这个判断的内容所具有的必然性就越大；而犹豫不决是以不知为基础的，它看来好像是在许多不同的和相互矛盾的可能的决定中任意进行选择，但恰好由此证明它的不自由，证明它被正好应该由它支配的对象所支配"❶。有些人总是把决策看成是"拍脑袋"，这对于个体评价活动中的决策来说是错误的，对于权威评价活动中的决策来说更是错误的。决策本质上是一个评价活动，权威机构中决策的自觉性特征是相当艰苦和复杂的，决策，尤其是权威评价活动中的决策是一个程序化的过程，只有认识到上述问题，才有利于推进决策尤其是权威评价活动中决策的科学化。因此只有充分地了解客观对象的性质和规律，才能做到自由的判断，做出正确的决定。

（二）促进决策伦理的内化

我们在研究个体特征对群体影响的同时，也要考察群体对个体的影响，比如在一定的组织环境当中，个体是否愿意表达自己的意见，以及表达自己的意见所产生的结果是否能为个体所接受，等等。比如在中国古代朝堂上，处于开明君主专制时期，君主广开言路、积极纳谏等针对决策意见的态度和风气会让大臣们积极建言献策；相反在政治斗争黑暗的朝代，敢给皇帝提意见所得到的后果是很严重的。在长期的政治文化氛围熏陶下，中国人表现出来一种集体主义文化倾向，为了明哲保身，大多数情况下不愿意提出与团体内其他成员有冲

---

❶ 马克思，恩格斯. 马克思恩格斯选集：第3卷［M］. 北京：人民出版社，2012：492.

突性的意见。"随大流""合群""不搞特殊化"等群体伦理制约着有大胆想法的人。这种看似"中庸"的做法有一定的合理性，它会让群体中的个体做出更多倾向于迎合大多数人观点的方案，从而保持一个和谐的人际关系。同时在思考问题时会促使个体进行全局性的思考，努力感知多视角和不同利益群体的看法和观点，之后在实际行动中会极力避免采取极端的容易产生冲突的处理方式，这一决策的伦理不但在中国表现突出，而且也属于整个东亚文化圈的共性。❶

相反地，比较强调个人主义的欧美文化中，个体为了表现自己的能力和独立精神总是愿意提出一些大胆的想法，但群体最终是否能够采纳却要经过理性的讨论才行。在上述中西文化的差异影响下，还有另外一个特殊的现象，集体主义背景下的群体决策有更强的风险偏好，而个体主义背景下的群体决策与个体在风险决策上没有明显差异。这种现象被认为是集体主义背景下群体个体间的亲密关系造成的对风险感知的弱化。❷ 这就是常听到的"群胆"，一个人的时候很怂，而一群人的时候就好像被壮胆了一样，这时候的自己要比单独行动的时候更有胆量和勇气，更容易做出极端的举动来。这从文化背景上看，在宗族或宗法制民族中，当一个群体在决策的时候，若其他人同意自己的意见，则会有增加了力量的感觉，此时就更容易提出超越个人能力的冒险方案。同样，在群体中的领袖提出意见方案时，为了表现合群或不被他人认为是"不合群"的，一般都会持赞成态度，这会对方案提出者本人对自己方案的可行性造成过高的评价。另外，乐观性决策偏好容易将希望和幻想当成现实，又因为决策的风险的承担是由族群共同承担的，这种决策后果的非个体完全承担的分散特点会让人产生个体不会受到重大损失或"天塌下来有个高个撑着"等侥幸心态。在个体意识比较自觉的契约型社会中（英、美等国），个体因契约而结合成一个决策团体，当决策的时候，虽在一个团体之中，个体也会考虑到自己的权利和责任在决策制定和执行中的现实问题，一种权力与责任统一于一体的负责精神会大大降低决策时候的风险偏好。这很容易让人联想到煽动在群氓中容易起作用，而在理性个体结合的群体中则不那么容易得逞。无独有偶，人们的自尊心或脸面观念是非常容易左右决策的。人们在做出选择的时候，并不是完全计

---

❶ 季浩. 团队如何进行伦理决策［D］. 南昌：江西财经大学，2014.
❷ 季浩. 团队如何进行伦理决策［D］. 南昌：江西财经大学，2014.

较物质利益，脸面也是一种利益，而且被视为重大利益。❶ 从"文化的制度观点"来看，某些集体主义行为不是因为成员们具有本质趋向而是因为团体内部存在正式或非正式的相互监视和制裁系统。❷ 综上所述，良好的决策组织气氛和决策的伦理及水平反映着一个民族的文明程度。所以，构建和谐的群体组织氛围和加强促进合理的决策伦理内化，在有利于个体和群体在决策的同时也有利于科学原则和法治精神。

在当今世界文明形态下，民主已经成为一个文化基因，有了一种自动运行的可能性。中西决策思维模式都是决策伦理文化的结果，而且决策制度的程序性过程也是促进决策伦理内化的必要手段。决策的制度伦理化和自觉化既是各个社会与民族文化建设的内在要求，也是保证其社会与族群稳定和与其他族群进行区分的标志。决策的伦理就像道德伦理在每一个具体领域内的表现一样，它具有一种内在的约束力。共同的道德认同和道德心理结构有利于在群体里形成一种道德共识，它会在无形当中保证决策的顺利进行。相对于决策的制度化建设的硬制度方面（决策规章、决策程序和决策法律基础等）来说，决策伦理的内化也是精神文明建设的重要组成部分。群体内成员所拥有的一种大家都认同的决策文化观念和决策伦理观念既是与其他群体在文明制度上的一个区分，也是文明社会所应当拥有的决策伦理文明。

四、统筹兼顾实现多种价值的合理综合

在民主化与科学化的共同要求之下，我们既需要审慎对待不同主体的意见和利益诉求，又需要在保证决策主要目的达到的前提下最大限度地实现多种价值的合理综合。多元主体的意见表达，既是一个民主的要求也有利于保证决策方向的正确性和决策方案制定的科学性以及决策实施起来的顺畅性。决策者在制定决策之时如果考虑了如何统筹各种力量以实现决策之目的，如在决策之初征求不同主体的意见，那么在决策的实施过程以及根据一些反馈信息矫正决策方案就会面临最小的阻力。归根结底，多主体之间的利益不一致和决策目标的分散性是审慎对待多元化主体的意见表达并统筹兼顾实现多种价值的合理综合的现实前提。

---

❶ 季浩. 团队如何进行伦理决策 [D]. 南昌：江西财经大学，2014.

❷ 李纾. 发展中的行为决策研究 [J]. 心理科学进展，2006 (4)：490-496.

（一）审慎对待多元主体意见表达

多元主体的意见表达必定代表着不同的利益，是一种利益分散现实状况下的合理诉求。然而我们从何种意义上来看"审慎对待"这一问题，它是否意味着有一个高于多元主体的更高裁决者，还是制定多元主体利益和争论的机制，这又回到了中西决策文化制度之间的相异之处。另外以专家为主要决策方案制定的精英决策文化社会中，会出现一种主体利益假设，即他会认为自己的决策对全体成员都是有利的，而且制定决策方案的理论前提是基于价值属性说，认为只要是一个科学的决策方案对任何人来说都是一样的。但我们知道，现实的很多政策在落实的过程当中给不同的人造成了不同的客观影响。这就使得任何一个政府或社会组织都必须审慎地对待不同的主体所反映出来的意见和诉求，因为决策者不可能穷尽每一个主体自己的价值诉求，也不能做到百分之百地为群体内成员实现合理的价值综合。这从另外一个方面也构成了要让多元主体表达自己意见的必要性。

在一个组织内部，不同的主体有着不同的利益诉求，一项公共的决策给不同的主体带来的客观效果是明显不同的，所以参与决策的主体不但应处于集体的角度来考虑决策方案，而且应考虑到决策实施之后对个人的影响，多元主体在决策活动当中的复杂性就是决策研究必须考虑的一个现实问题。群体决策，尤其是在较高层级的群体决策实践当中，决策的主体最终的决策方案是所有成员的利益和所代表的价值诉求的一种公约和概括。它说明了，每一个成员总会代表着一种维度的价值关系，最终的决策方案则是各个成员利益诉求和意见的博弈结果，它既涉及决策主体内部成员间关系也涉及决策主体间的关系。例如在中国近现代化的进程当中我们以中华民族作为最高的决策主体来说，从1840 年开始不同的政治派别分别代表了不同阶级、团体和成员间的价值诉求，他们的声音反映了不同成员的利益表达。最终以代表最广大人民的根本价值诉求的中国共产党所提出的"反帝、反封建"的方案获得了最广大中华民族成员的支持。实践证明方案是成功的，也取得了良好的效果。它从本质上说明了历史前进的方向是社会各个群体合力的结果，在决策科学看来，这是一种博弈和斗争的结果。当然，在较低的群体决策当中，例如公司的某一方案的策划，群体内成员的意见表达和相关咨询机构的建议，将对公司高层领导的决策起到信息完整性的作用。决策者不会不注重民众的声音，这种声音是方案在执行时阻力大小的主要考量值。若得到了大多数成员的支持，那么在方案执行的时候就会有很小的阻力，有利于目标的实现，反之则不利。尊重多元主体的意见表达在此不单是一个民主的问题，而且是一个有利于方案实现的科学问题。高校"非升即走"的人事制度体现了一种博弈论的思维，它强调教员实行聘任制和分级管理制，助教、讲师和副教授为固定期聘任"非升即走"；教授获得长期教职。假设在一个经济体中，博弈的参与者是某一个高校以及某一个教员，在高校与教员形成的博弈中，我们假设该高校和教员都是理性人，他们在经济行为中都追求自身利益的最大化。作为博弈一方教员的行动是：努力或不努力，而博弈另一方高校的博弈行动是：提升或不提升。在博弈中，教员和高校都按效用最大化的原则选择自己的行动。最终实现的纳什均衡是教员不努力，高校不提升；然而"非升即走"制度打破了这一均衡，教员为了实现自身利益最大化必须要努力，高校同样为了实现自身利益最大化也必须要提升教员，这样就实现了一个新的纳什均衡状态：教员努力，学校提升。

需要指出的是，任何一个文明社会当中，当下的决策制度并不一定就是最完美最合理的，那么就需要讨论理想的决策方式是什么，要在具体的新的情形下重新理解民主的决策与科学的决策内涵。涉及经济和社会公共决策要搜集多方面的意见、信息，因为这些问题的起因就是各方面的利益不均衡、不满意引起的。解决问题就是经过大家讨论找到一个平衡点，这个方案自然就是合理的了。不同类型的决策有不同的特点，尤其是在群体决策当中，集体的决定与个人的判断很多时候并不是完全一致的，甚至集体的决定是建立在群体成员之间的博弈妥协之上。根据阿罗的"不可能性理论"，群体的共同判断不可能完全反映所有成员的个人判断，这就构成了需要审慎地对待多元主体的意见的合理性依据。从某种意义上来说，决策就是解决矛盾，用矛盾分析的方法来解决现实的矛盾冲突。决策者要学会在平衡理想与现实、部分与整体以及各成员之间的价值诉求和利益的矛盾中解决现实问题。❶

（二）统筹实现多种价值的可能性与现实性

决策的初始目的与客观结果不一致的可能性构成了多种价值合理综合的可能。价值的多维性与主体诉求的丰富性，使得统筹兼顾多种价值共同实现成为

---

❶ 王秀青. 对高校"非升即走"制度的分析［J］. 内蒙古科技与经济，2016（16）：34.

可能。同一决策会有不同的客观效果，对客观现实的改变会在不同的主体当中显现出不同的价值和影响。"桑基鱼塘"便是协调多种价值冲突的合理综合之成功典范。因此，将各成员视作命运共同体是各个政府和各层级主体的共同价值追求，目的就是在共同体内实行共赢。

实现多种价值的合理综合有两种情况，一种是在相互冲突的价值中如何权衡的问题，比如饮酒对精神的缓解和对身体的伤害，需要饮酒者根据情境综合考虑并做出取舍；另一种是如何最大限度地让多种合理的价值一起实现，即如何让可能实现的好结果（双赢、共赢等）出现。对于这一问题我们可以参考"丁谓修复火灾后皇宫"的案例。北宋真宗年间，皇城失火，皇宫被火焚毁，皇帝让丁谓负责重修此宫殿，由于工程规模很大，工程面临几个难题。首先，修建皇宫需要很多泥土，京城中没有取泥土之地，那么就需要到郊外去挖土。其次，修建皇宫需要大量的木材等建筑材料，那些也需要从外地运来，尤其需要从南方运来，那么就需要通过汴河，而汴河又距离皇宫很远。最后，当建筑工事完成之后，工地上的大量建筑废料需要再运出京城，如何将这些东西运出去又是一个非常耗费劳力的事情。这个时候就需要丁谓制定一个统筹兼顾的决策方案，能解决以上几个矛盾，这种统筹兼顾的决策在当今的决策科学当中通常被视为多目标决策，从价值的角度来看我们将其视为如何实现多种价值的合理综合问题。丁谓给出的方案是从施工现场向汴河挖出一条大深沟，把挖出的土当作建筑用土，这就解决了建筑用土的问题。当大深沟与汴河沟通的时候，就可以利用船只运送从南方过来的木材等建筑材料，这就解决了建筑材料如何进入建筑工地的问题。最后工程完成的时候，把水排出并把建筑废料倒入沟中将其夷平，而整个工程时间只用了原计划的一半。

这种统筹兼顾的决策在当今的决策科学中通常被视为多目标决策，那么从价值的角度来看我们将其视为如何实现多种价值的合理综合问题，丁谓的决策堪称是实现多种价值合理综合的典范。

若决策为一种价值决策，那么就要了解价值是有多维度的，不同层级的主体有不同的价值维度，相应地同一个主体也有不同方面的价值需要。个人既是一个独立完整的主体，同时在更高的主体层面他又是一定群体、阶级、民族和最高的主体中的一部分，所以即便是个人在做决策的时候也会在多重主体身份之间进行权衡，找到那个平衡点进行决策。比如青年人在择业的时候不但要考虑到自身的发展前景而且也要考虑到家庭、国家的现状等。这一思维原则要求我们在决策之初就要有综合的能力、动态的眼光，要注意实现多种价值的综合，而不仅仅是单一的价值获得。例如在我国改革开放之初过分强调经济的发展速度而忽视了对自然和环境的保护，这就是没有做到统筹发展，没有考虑到价值的多元性和多维性，教训是深刻的。价值作为一种客观的主客体关系，若在决策之初思虑不周全，没有兼顾到多种价值在现实中的动态变化就会做出"先污染再治理"的错误决策，后果是得不偿失的。价值多元意味着我们要清醒地面对多元的现实，但这并不意味着要在多元中消解自我的主体性，相反只有坚持自己的主体性才能真正走向多元。

在意见表达中，"实际的需要"是构成价值标准的主要内容，它成为评价标准中的客观根据，可以说它是"标准的标准"。"客观的应该"是主体的价值意识与客观的价值标准相统一的根据。作为评价标准中的"应该"，是关乎评价的合理性和正当性问题。因为人们不但在生活中做出各种各样的评价，而且对他人的评价或自己的评价进行再次评价，也就是说对评价的评价。没有一个客观的应该标准，那么一切评价都变成了自说自话。如果有标准，而标准不能够反映主体的客观价值需要，那么这一标准就是不合适的，同样不会起到"公理"的作用。对评价标准的追求，反映出评价的性质和地位，如果为了讲这个"公理"客观化到如同数学标准一样的话，那么走的就是真理道路。很多学者为了防止评价进入相对主义，就不惜将评价划归到认识论领域，试图通过真理的绝对唯一性来保证评价的客观性。他们将评价理解为一种认知的活动，这种观点违背了价值的基本概念和原则，因为价值本质上就是与真理相区别的一种特殊的关系质、关系态，何况评价又是价值的核心内容，更不可能与真理混为一谈。而且在实践当中，他们也无法解释价值多元、主体性、多维性和社会历史性等现象。一旦理论解释不了现实，那么出错的肯定是脑袋，所以用真理的尺度来解读价值显然是走不通的。价值标准中的应该，只能通过价值主体本身的客观需要来解读，而且这种需要随着主体在不同情境中的需求、时空中的变化而变化。

尤其是在高度专业化和技术化的领域内，业外人士无法做出决策，只能通过专业人士的"推定"进行而不能用"票决"式民主决策。比如，当飞机遇到危急情况，乘客是无法决定自己的命运的，一切都要由机长决定。同样，对医疗救助情境下器官捐献量与所需量之间的矛盾关系，可以通过"推定同意"原则来获得。一些意外死亡（尤其是年轻人遇到车祸等）情况，当事人的身体器官若不在一定时间之内被取出，就会失去利用价值，然而此时救护人员无法获得当事人的授权，大部分当事人在生前也不会立下遗嘱关于遇到此种情形愿意"捐献器官"。所以，我们可以按照此原则来假定，即没有特殊要求的情况下默认所有社会中的年轻人都是同意此原则的，这将有利于促进社会上的医疗救助事业，当然能否行得通，还需要更专业的研究讨论，最后通过立法形式征得全社会同意。另外一种情形就是"价值冲突中的决策"，例如"对于强盗的存款银行是否接受？"从银行的性质和责任来说，只要公民凭借有效证件即可将现金存入银行，银行没有理由不接受，也不会过问储户资金的来源，也就是说银行没有责任来辨别谁是强盗和哪些现金是非法所得，银行只是采用"善意推定原则"，既没有相应的权利也没有足够的精力来调查。因此，银行的专业性使得它只能保证价值的一面。但公安机关要求银行通过"反洗钱"渠道将异常现象提交给有关部门审查时，银行则需要配合工作，而银行平时则无此义务和权限。同样的情境也会出现在"消防""医疗"等极具专业性的领域，他们都是以工具性的方式来保证价值的一个维度，至于缺失的或对立的其他价值问题则需要有更高级的主体来协调决策。

　　人们实际能把握到的价值，很多时候只是众多价值关系中最明显、最直接的那些，而在这之外还有很多未发现的深层的价值可能存在。价值的多维性不是一种静止的多维，而是不断变化着的多维。因此，人们可以随着实践进展去改变、限制甚至消除负价值的影响，但却不应该试图取消某一价值维度，就像成年人可以努力去减少儿童可能因好奇心而带来的伤害，却不可以试图从根本上扼杀儿童的好奇心一样。价值的多维性不但体现在空间中的结构关系上，也体现在时间当中的变动关系上（即价值的时效性）。在现实生活中，能够产生价值效果的，它在现实与历史上就有一定必然的合理性。价值的多维性，实质是人的本质的全面性、人的发展的全面性。正如马克思所言，价值关系就是"人以一种全面的方式，就是说，作为一个总体的人，占有自己的全面的本质"❶。全面性具有历史的相对性。人"自己的全面的本质"是在历史中不断发展的。他又说"人的本质并不是单个人所固有的抽象物。在其现实性上，它是一切社会关系的总和"❷。因此，在研究思路上要注意将主体置于现实的

---

❶ 马克思. 1844 年经济学哲学手稿［M］. 北京：人民出版社，2000：85.

❷ 马克思，恩格斯. 马克思恩格斯选集：第 1 卷［M］. 北京：人民出版社，1995：135.

环境中考察，把握主体与环境之间以及主体间的互动关系；要注重研究个体需要与社会需要之间的辩证关系；主要目标与次要的价值目标之间的权衡关系；投入与产出之间的关系问题；决策的初始目标与最终结果之间的平衡关系，等等。多种价值的合理综合是决策目标设定的一个必要考虑选项，这也是多目标决策合理性的理论依据。

在当今社会，决策对象的复杂程度使得大部分复杂决策不能由个体通过经验或者"三个臭皮匠"民主商讨的前提下得出，需由掌握专业知识的专家才能保证决策的可靠性。这使得在社会日益复杂、分工日益细化的过程中，公民越来越只能在自己熟悉的领域内决策。而大部分的决策意见则要通过他人给出，尤其涉及"国家大事"这样的公共决策，个体公民更是显得"很不专业"，不但是因为个人拥有极少的决策信息，更是因为个人无法"运算"如此庞大、复杂的决策对象。这无疑让公民民主参与公共决策沦为一种形式，成为"举手表决"与"人头充数"的多数民主工具，它伤害到了整个社会民主的核心本质。哈贝马斯也认为："专家文化"使得民主讨论不可能实现。有人提出，要将公民与专家之间的知识分工，对公民与专家的角色和地位进行区分，并在目的—手段的逻辑框架内，将公民与目的相联系，专家与手段相联系，赋予公民与专家共同参与公共政策的途径。❶ 面对以上矛盾，我们党和国家在关系到国计民生的重大决策之时主要依靠的是民主集中制，必须要有合理的决策制度和相应的智囊决策咨询机构，要有"信息"分析部门、"策"的制定部门和"决"的权力部门，我们国家政治体制和表决制度也是这个流程。万里曾经说过，"领导人不仅要依靠本人长期实践中积累的智慧和经验，不仅要依靠领导成员集体的智慧和经验，而且要依靠一大批各行各业的专家，依靠各种专门的决策研究班子，依靠那些知识和信息以及实践反馈信息的综合体，采取新的理论和方法，进行集体的研究，才能提出正确的对策"❷。所以在越高的决策主体层面，建立健全科学决策和民主监督的程序和制度，越能统筹兼顾实现多种价值的合理综合，并真正提高办事效率。

---

❶ 孙秋芬. 论决策科学化与民主化的两难困境及化解——基于专家与公民的知识分工理念的分析 [J]. 中南大学学报（社会科学版），2016，22（6）：149-155.

❷ 万里. 万里文选 [M]. 北京：人民出版社，1995：517.

五、着力建构合理而科学的决策制度

科学化和民主化，都将作为决策制度而被保留下来。制度化是其共同的追求，并使得决策文化得以传承。制度是被作为一种运行机制和政治文明的固定形态而存在的最为有效的方式，所以制度建设成为任何一个政党或政府所积极探索、努力追求的目标。决策制度的建立是为了达到实现多重价值的综合以及价值最大化。制度是一种手段价值，而价值最大化则是一种目的价值。那么为了实现最终的目的，决策制度的改革和建设就成为阶段性目标。我们现在的改革就是为了实现决策的科学化和民主化，从而保证经济价值、生态价值和社会价值等多种价值的综合，这也将为我们的政治制度和决策制度改革提供一定的理论支持。

（一）提高党和政府的决策能力是国家治理现代化的必然要求

在现代的文明法治社会中，科学决策、合法决策和程序正义成为群体决策尤其是涉及公共利益的行政决策的必要条件。建立和完善科学的决策制度本身也是对民主和法制的保障，而民主在人们的日常生活中则表现为主体追求好生活的一种自由权利。这种追求是人对自己人生反思的深度、广度和高度的体现，当然这一切都需要在人们的一次次选择当中体现出来。我们知道，决策环境作为一种约束条件是制约决策主体能够在多大、多深、多广的层面上进行决策的内外部条件的总和，而这其中科学和民主的决策制度是良好决策环境的首要条件。

薄一波在《若干重大决策与事件的回顾》中指出，"建国初期，毛主席对重大问题的决策是很谨慎的，对不同意见也很尊重，新区土改保存富农经济政策的形成过程，就是突出的一例。那时，在我们党内，可能还没有几个人听说过国外有一门叫'决策科学'的学问，当然也没有人使用现在流行的决策程序民主化这样一些概念。但是，毛主席和党中央当年关于富农政策走群众路线的决策过程，却为决策程序民主化提供了一个很好的范例。我们现在就比较详细地来谈谈这个过程。毛泽东答：我们已经找到新路，我们能跳出这周期率。这条新路，就是民主。只有让人民来监督政府，政府才不敢松懈。只有人人起

来负责，才不会人亡政息。"❶

十一届三中全会重新确立了"解放思想，实事求是"的马克思主义思想路线，为决策体制改革打开了思想枷锁。同时，随着党的工作重点转移到经济建设上来，面对改革开放的新局面，决策体制改革成为一项重要而又紧迫的任务。党的十二大开始触及决策体制的改革问题，通过了新党章，规定任何重大问题都不能由任何个人来作决定，必须经过党委民主讨论作出决定，这无疑体现了既民主又集中的科学决策。

1986 年 7 月，万里在全国软科学研究工作座谈会上的讲话中首次明确提出决策科学化、民主化问题。他指出："所谓决策科学化，首先就要民主化。没有民主化，不能广开思路，广开言路，就谈不上尊重知识，尊重人才，尊重人民的创造智慧，尊重实践经验，就没有科学化。反过来说，所谓决策民主化，必须有科学的含义，有科学的程序和方法。否则只是形式的民主，而不是真正的民主。"❷ 万里还论述了在中国决策民主化、科学化的必要性。他认为，国内外错综复杂的形势、社会主义现代化建设繁重的任务，决定了决策工作的复杂性和困难性。任何个别卓越的领导人单凭个人智慧难以作出科学的决策。要作出正确的决策，"领导人不仅要依靠本人长期实践中积累的智慧和经验，不仅要依靠领导成员集体的智慧和经验，而且要依靠一大批各行各业的专家，依靠各种专门的决策研究班子，依靠那些知识和信息以及实践反馈信息的综合体，采取新的理论和方法，进行集体的研究，才能提出正确的对策"❸。万里主张，要建立起一整套严格的决策制度和决策程序，建立完善的决策支持系统、咨询系统、评价系统、监督系统和反馈系统。1987 年，"党的决策的民主化和科学化"被写进中国共产党的十三大报告。

1992 年中国共产党十四大报告进一步指出："决策的科学化、民主化是实行民主集中制的重要环节，是社会主义民主政治建设中的重要任务。""领导机关和领导干部要认真听取群众意见，充分发挥各类专家和研究咨询机构的作用，加速建立一套民主的科学的决策制度。"❶ 这里不仅强调了决策民主化、科学化在民主政治建设的重要地位，还从制度上对决策的民主化、科学化提出

---

❶ 薄一波. 若干重大决策与事件的回顾：上卷［M］. 北京：中共中央党校出版社，1997：120.
❷ 万里. 决策民主化和科学化是政治体制改革的一个重要课题［N］. 人民日报，1986－08－15.
❸ 万里. 决策民主化和科学化是政治体制改革的一个重要课题［N］. 人民日报，1986－08－15.
❶ 江泽民. 江泽民文选：第 1 卷［M］. 北京：人民出版社，2006：236.

了要求。1994 年，中国共产党十四届四中全会通过的《中共中央关于加强党的建设几个重大问题的决定》强调："要建立健全领导、专家、群众相结合的决策机制，逐步完善民主科学决策制度。"❶ 1997 年，中国共产党十五大报告指出："要把改革和发展的重大决策同立法结合起来。逐步形成深入了解民情、充分反映民意、广泛集中民智的决策机制，推进决策科学化、民主化，提高决策水平和工作效率。"❷ 十五大还概括了决策机制的三个特点。此后，中国共产党十六大报告、十七大报告强调要推进决策科学化、民主化，并从完善决策机制上提出了具体措施。2012 年 6 月，习近平在全国创先争优表彰大会上的讲话中指出：我们要以民主集中制为核心，坚持和完善党的领导制度，完善党内民主决策机制，坚决克服违反民主集中制原则的个人独断专行和软弱涣散现象。❸ 同年，中国共产党十八大强调，坚持科学决策、民主决策、依法决策，健全决策机制和程序。

我们党的决策制度建设是一个循序渐进的过程，在这之中党的制度化、规范化和程序化水平不断提升。而要建设好科学的决策制度，就要做好关于信息的严格审查机制，用我们党的话来说就是要做好"调查研究"，这是获取有效信息的主要途径。习近平总书记在这方面提出了许多重要论述，"只有这样，才能真正做到一切从实际出发、理论联系实际、实事求是，真正保持党同人民群众的密切联系，也才能从根本上保证党的路线方针政策和各项决策的正确制定与贯彻执行，保证我们在工作中尽可能防止和减少失误，即使发生了失误也能迅速得到纠正而又继续胜利前进。回顾我们党的发展历程可以清楚地看到，什么时候全党从上到下重视并坚持和加强调查研究，党的工作决策和指导方针符合客观实际，党的事业就顺利发展；而忽视调查研究或者调查研究不够，往往导致主观认识脱离客观实际、领导意志脱离群众愿望，从而造成决策失误，使党的事业蒙受损失。"❹ 习近平总书记进一步强调了"坐在办公室关起门来做决策"的害处，作为决策机构的领导干部要对层出不穷的新情况新问题有敏锐的反应，要看到事物的发展变化是一个由量变到质变的过程，我们反对凭经验办事，拍脑袋决策。不深入调查研究通过想当然的拍脑门决策是会严重影

---

❶ 中共中央文献研究室. 十四大以来重要文献选编：中［M］北京：人民出版社，1997：961.

❷ 江泽民. 江泽民文选：第 2 卷［M］. 北京：人民出版社，2006：29 - 30.

❸ 习近平. 始终坚持和充分发挥党的独特优势［J］. 求是，2012（15）.

❹ 习近平. 谈谈调查研究. 党建研究，2011（12）：4 - 8.

响决策的科学性的。

关于建立和完善科学的决策制度，习近平总书记引用陈云的话说，"领导机关制定政策，要用百分之九十以上的时间作调查研究工作，最后讨论作决定用不到百分之十的时间就够了"。这充分说明了，科学的决策制度之首要条件就是对决策对象的准确把握上。他进一步指出："决策是一个提出问题、分析问题、解决问题的过程。为了防止和克服决策中的随意性及其造成的失误，提高决策的科学化水平，必须把调查研究贯穿于决策的全过程，真正成为决策的必经程序。该通过什么调研程序决策的事项，就要严格执行相关调研程序，不能嫌麻烦、图省事。对本地区、本部门事关改革发展稳定全局的问题，应坚持做到不调研不决策、先调研后决策。提交讨论的重要决策方案，应该是经过深入调查研究形成的，有的要有不同决策方案作比较。特别是涉及群众切身利益的重要政策措施出台，要采取听证会、论证会等形式，广泛听取群众意见。要在建立、完善、落实重大项目、重大决策风险评估机制上取得实质性进展，使我们的各项工作真正赢得群众的理解和支持，从源头上预防矛盾纠纷的发生。"❶ 决策的科学之处不但要体现在对决策对象信息的把握上，而且还要能够体现此决策乃人民群众真心想要的，习近平总书记强调要了解群众的"所急、所想和所盼"，这正体现了科学决策的另外一个维度，即要满足主体的真实价值需要，只有办了人民群众所"真实需要的"，而不是领导"自以为需要的"，才能做到科学决策，才能赢得群众的支持。我们党一贯反对搞政绩工程、面子工程，更反对在行政决策当中一些领导干部，将自己的意见当作集体的意见，甚至想当然地把它作为"事实"来制定方针政策，这种决策风格不符合科学的决策制度，也损害了我们党民主集中制的优秀传统。所以党的第十六届四中全会上通过的《中共中央关于加强党的执政能力建设的决定》，就将"改革和完善决策机制，推进决策的科学化、民主化"当作党的执政能力提高的一个重要方面来建设。

我们要注意的一个事实是，领导在决策活动中具有很大的权限，这在任何一个执政团体或群体当中都不可避免，领导的决策权限、决策能力与决策风格是否能够匹配是影响一个群体决策水平的重要因素。为了防止领导个人决策风格的弊端对整体决策效果产生不良影响，我们党和国家领导班子采取集体表决

---

❶ 习近平. 谈谈调查研究. 党建研究，2011（12）：4－8.

的方法，利用民主集中制的行政决策原则，推进多元主体的意见表达，从而保证决策的效率和执行问题。对于国家层面的决策来说，这是一个有机体的中枢系统、信息系统和反馈系统的综合能力体现。不同的政治文明有着不同的决策体制，它在人们认识世界和改造世界的过程当中不断发展起来，一个决策制度好与不好的判断标准在于它能否与其所存在的政治体制相符合、相适应，能否得到最广大人民群众的支持。面对抗击疫情这样重大的公共决策，我们更加真实地看到了国家治理现代化尤其是决策能力问题的重要性和迫切性。党的十九届四中全会指出要将国家治理体系和治理能力现代化作为一项重要的工作来做。决策实践中的科学化和民主化乃是亟须厘清的问题，二者之间的张力及在现实中如何化解等将是重点考察的内容。因此，决策科学化的内在要求是通过确立严格的信息真实性审查机制，并研发和运用先进的决策技术从而保证决策的科学性；而决策的民主化则要求营造良好的组织氛围以及促进决策伦理的内化，以保证决策民主化。要注意，决策的目的是利益最大化，因此就需要统筹兼顾并实现多种价值的合理综合，审慎对待多元主体意见表达，确保实现多种价值最大化。与此同时，还要注意统筹实现多种价值的可能性与现实性问题。从国家治理现代化的角度来说，要着力建构合理而科学的决策制度，只有形成规范的决策制度，才能减少决策的风险，并保证国家的长治久安。

（二）决策中的正义问题

公共决策中的正义问题，既是一个决策科学的问题又是一个政治哲学的问题。公共决策必须遵循正义原则，其正义性包括决策动机正义、决策程序正义和决策结果正义。公共决策权来源于人民，必须坚持以人为本；公共决策的程序要做到合法正当、公开透明；公共决策执行的结果要有利于促进社会和谐与公正、促进人的全面发展。公共决策既是社会公共权威运用公共权力对社会资源进行权威性分配的政治过程，也是一种社会价值的分配过程。因此，公共决策者和决策参与者必然是公共决策的责任主体，承担公共决策的法律责任和道德评判。❶

---

❶ 钱俊君. 论公共决策的正义性［J］. 中南林业科技大学学报（社会科学版），2008，2（1）：17 - 20.

1. "公众参与"是公共决策程序正义的重要特征

公众参与重大行政决策就是公共决策正义性的一个例子。在近年来政府部门的实践中，听证会、专家论证等机制愈加成熟，公众参与决策逐渐成为常态化。但从政府决策到公共决策，并非一蹴而就，它经历了一个逐渐发展的过程。2004 年 3 月，国务院发布《全面推进依法行政实施纲要》，首次提出重大行政决策合法性论证程序，指出要建立健全科学民主决策机制。2008 年 5 月，国务院在《关于加强市县政府依法行政的决定》中，提出完善市县政府行政决策机制，为公众参与重大行政决策提供了良好环境。2010 年 10 月，《国务院关于加强法治政府建设的意见》中明确提出把"公众参与"作为重大行政决策的必经程序。2014 年 10 月，中共十八届四中全会通过《关于全面推进依法治国若干重大问题的决定》中，提出把"公众参与"正式确定为重大行政决策程序，为公众参与行政决策提供了根本保障。

2. 行政决策的正义性是其效力的内在根据

正如公共决策一样，行政决策的正义性也包含了三个维度，即起点的正义、过程的正义和结果的正义三个维度，行政决策的正义性是其合法性的内在动因。从行政决策的生成机理和执行需要来看，行政决策不是僵硬的严格等级化的体系，也不是完全不受约束的市场生成过程，而是由多维的网络结构所构成，其中决策主体与决策受体之间的互动是行政决策发挥作用的重要渠道。这就决定了只有有了决策受体的心理认同，权力才能转化为权威，决策才有力量源泉，其执行才能顺利。相反，如果行政决策的过程和内容不能为社会公众所认可和接受，那么决策主体的凝聚力和号召力就会减弱，决策执行的效果也会大打折扣。如果这种合法性不复存在，行政决策本身就没有任何实质意义了。而要增进社会公众对行政决策的心理认同，就必须首先解决行政决策的正义性问题。❶ 四川省人大常委会办公厅将《四川省赤水河流域保护条例（草案征求意见稿）》予以公布，征求社会各界的意见；省人大城乡建设环境资源保护委员会拟就条例（草案征求意见稿）中的有关问题举行立法听证会，与赤水河流域保护有关或者关注赤水河流域保护立法问题的社会各界人士均可报名，听证会设立旁听席，各界人士、有关单位代表均可参与旁听，公共决策的民主

---

❶ 彭忠益，张学泽. 正义：我国行政决策的理性诉求 [J]. 行政与法（吉林省行政学院学报），2004（12）：8 – 10.

化、科学化得以充分体现，公共决策的正义性得以彰显。除此之外，近年来党中央、国务院相继做出的取消农业税、实施九年免费义务教育、推行新的农村合作医疗制度等重大决策，体现的就是党和政府以人为本、重视民意的执政理念与执政原则。公共决策的民主化、科学化进程不断加速。像三峡工程、南水北调、青藏铁路、西气东输等重大项目的决策，经过科学论证，反复酝酿，历时数年甚至几十年。我国《婚姻法》《职工带薪年休假条例》《国家法定节假日调整方案》等与百姓利益息息相关的法律法规出台之前，均公开征求民众意见，让民众成为政府决策的"参谋者"。❶

3. 程序正义是结果正义的重要保障

程序正义源于一句人所共知的法律格言："正义不仅应得到实现，而且要以人们看得见的方式加以实现。"从英国最早的自然理性，到边沁等人的程序工具主义以及罗尔斯等人的程序价值主义，都从不同的角度对程序正义进行了界定。然而，自从 20 世纪 70 年代罗尔斯将程序正义作为一个独立的范畴进行深入分析阐述，程序正义理论才真正得以产生。在《正义论》中，罗尔斯将正义划分为形式正义、程序正义与实质正义，三者共同构成了社会正义。形式正义也称为规则的正义，强调的是规则的执行，要求平等对待所有的当事人和情况。实质正义则指的是人们对于事实与结果平等的一种价值追求，它要求制度本身的正义性，在公正对待所有人的权利、义务、自由的同时，亦追求规则本身能具有一定的灵活性、原则性，同时兼顾差异性、特殊性与普遍性。相较于形式正义与实质正义，程序正义作为法律的价值标准，是一种法律精神或法律理念，强调在制定与执行法律的过程中必须体现公平与正义，追求所谓的"过程价值"，同时自身亦具有相对独立的内在价值。随着社会的不断进步，程序正义的重要作用与价值逐渐受到广泛关注。树立程序正义理念，认识程序正义的特征与标准，是优化重大行政决策程序，推动法治社会的必然要求。程序正义具有以下特征：程序设计的科学性、程序过程的公开性、程序价值的中立性以及程序结果接受主体的对等性。❷

程序正义经过了漫长的发展与演变，它要求体现科学性，即程序设计科学合理，只有程序合理，才能使最终的结果公平成为可能；它要求过程的公开性，

---

❶ 钱俊君. 论公共决策的正义性［J］. 中南林业科技大学学报：社会科学版，2008，2（1）：17 – 20.

❷ 戴娟. 程序正义视角下重大行政决策程序优化研究［D］. 湘潭：湘潭大学，2016.

如最高人民法院制定的《关于人民法院执行流程公开的若干意见》就是为了贯彻落实执行公开原则、规范人民法院执行流程公开工作，以提高执行工作的透明度、推进执行信息公开平台建设，保障人民的根本利益；它要求体现价值的中立性，如法院回避制度就是为确保案件的公平审判而建立的制度，当法官、办事员、翻译、专家和勘验人与案件当事人或有关当事人、诉讼代理人存在近亲关系或其他关系时应当予以回避，程序价值的这种中立性有利于使每一位当事人都受到裁判者的公正对待；它要求程序结果接受主体的对等性，即在裁决过程中，不因性别、社会地位或年龄区别对待当事人，以确保程序正义的真正实现。

谈到程序正义问题，让人很难不会联想到 25 年前的"聂树斌案"。1995年聂树斌被执行死刑，2014 年 12 月，最高人民法院指定山东高院复查聂树斌案，经过 4 次复查延期的漫长等待之后，在 2016 年 12 月 2 日，最高人民法院第二巡回法庭宣告撤销原审判决，改判聂树斌无罪。❶

最高人民法院的提审决定让社会关注的聂树斌案迎来再审的重大进展，人民群众在每一个司法案件中感受到程序正义，才能实现真正的公平公正。古时儒家倡导"听讼，吾犹人也。必也使无讼乎！"民众自愿调解纠纷当然是一种理想状态，但不应为了"无讼"强迫他人放弃诉讼的权利。当然，放眼世界司法实践，很难说有哪个国家真正做到"无冤"，但若是这种"无冤"是公权力刑讯逼供甚至栽赃陷害所致，则完全是没有正当程序的结果。因此聂树斌案实行再审机制，严格按照法定程序复查和重审进行平反，无疑是程序正义的胜利。虽然还有很长的路要走，但我们也欣喜地看到了司法公信力的提升与司法改革的重大进步。正如刘武俊所言，"让人民群众在每一个再审案件中感受到公平正义，就要求司法机关认真回应社会关切。再审案件尤其是类似聂树斌案这种引发老百姓和媒体的极大关注的重大复杂案件，司法机关要第一时间公布案件复查再审的进展情况，及时解疑释惑"❷。

4. 集体决策失误问题

集体决策失误是在多数人参与判断的前提下，在正式制度和非正式制度因素的影响下，做出的与预期目的不同并使决策事务向不利方向发展的行为或决定。进而言之，决策的主体不是单个人，否则不属于"集体"决策。集体决

---

❶ 刘武俊. 让人民群众在司法案件中感受到程序正义［N］. 人民法院报，2016－06－15（001）.
❷ 刘武俊. 让人民群众在司法案件中感受到程序正义［N］. 人民法院报，2016－06－15（001）.

策失误包括两种情况：过失决策和错误决策。

（1）过失决策。过失行为的实施者希望有利结果的出现，只是在过程控制上出现了偏差或者缺失。因此，对于过失决策，应当从以下几个层面理解：第一，动机良好。在过失决策过程中，决策者的出发点是立足于集体利益或者企业发展的，其决策的初衷是实施一项正确的有利于企业发展的事务。第二，认知偏差。过失决策的构成中，决策者可能会受到自身经验、能力、业务素质、对象信息、经济环境、政策方针等主客观因素的影响，导致选定方案与实际需求不一致，预期结果与最终结果不一致。第三，合法性。决策的合法性是区别过失决策和错误决策的关键，它决定着决策活动是否符合管理伦理的要求。这是因为决策本质上是一种社会行为，而社会行为必须要在最低限度的合法范围内。

（2）错误决策。第一，放任的动机。对于即将做出的某项决定，决策者将一己之利放在优先的位置考虑，将决策存在的风险主观降低，即便对不利后果的发生不是积极追求的态度，但也没有任何风险意识，有甚者其决策动机完全违背管理伦理。第二，认知正确。与过失决策不同的是，错误决策的主体往往能够清楚地认识到其决策行为产生不利后果的可能性较大。当然，在放任的动机下，即便决策者存在认知偏差，也不能认为是一种过失，而是一种错误。第三，非法性（违规性）。错误的决策往往存在更大的非法性，比如决策的内容不符合法律规定，与国家政策方针相悖，严重违反企业发展规律或者决策的合理程序。❶

杭州市流传已久的限牌传闻让车市几度升温，但杭州市治堵办等部门多次辟谣，称杭州公共交通体系以及路网建设尚不具备限牌条件，限牌是车商为了刺激消费进行的炒作。但某日 19 时，杭州市政府却突然宣布次日起开始汽车限牌。而最先推行汽车限购的北京，在政令发布前一周，进行了意见征集，至少给了市民心理缓冲带。针对这次事件，傅达林评论说"'一夜限牌'的公共决策，在根本上都违反了程序正义。即便具有防止污染的实质正义目的，于现代政府治理而言也不足取。或许政府决策有着难以名状的苦衷，也是为了防止一些市民'投机取巧'，但从公共治理的恒久利益考量，以牺牲公信力的方式

---

❶ 华彦玲，袁小慧. 国有企业集体决策失误纠偏：制度合理＋程序正义［J］. 江海学刊，2016（6）：208－212.

违反正当程序法则，实施让民众措手不及的公共决策，无疑陷政府于失信于民的境地。"❶ 公共权力机关在做出决策时，必须充分听取公众意见，了解民意、遵循程序，即便在最后的结果上不能保障所有人的利益，但就决策过程的正当性而言又是无可指摘的，强调公共决策的民主性、讲求决策的程序正义，公众也会更容易接受，并为接下来的决策实施奠定基础。

再如多年前安徽池州的"平天湖玉带桥拆除"事件，也反映了政府在集体决策中的失误。2011 年 6 月 21 日，安徽池州耗资 300 多万建设的平天湖玉带桥在即将竣工之际遭拆除。据当地相关部门称，该桥本身因尺度过大，与周边环境不甚协调，破坏了平天湖水面的整体效果，在一定程度上不利于平天湖水循环，故决定拆除该桥梁。此举一时间引发市民热议，不少市民认为拆除实在可惜，浪费了资源。(《新京报》) 在某些政府决策案例中，急于求成或为了突出政绩而不搞深入调查研究，不经科学民主的社会讨论和公众参与就盲目决策，后果是不堪设想的。而决策错误给社会造成重大损失却不需负任何法律责任，也反映了我国政府决策激励机制中的不足，毫无疑问在涉及政府部门决策的时候，需要多方参与。只有经过科学民主的制度安排，如社会讨论、公众参与、议会表决、专家咨询等方式，以此制约政府决策的随意性，才可能降低集体决策的失误率。

最后，合理的决策制度是否需要引入决策、执行、监督的分权问题，即是否需要引入一种互相制衡的机制，以确保决策的科学性、民主性以及效率，这也是需要继续思考的问题。

---

❶ 傅达林. 从"一夜限牌"看公共决策的程序正义 [N]. 检察日报，2014 - 05 - 07 (007).

第六章　行动的理由及拉兹的相关论证

拉兹讨论规范的目的是论证法律作为最重要的规范体系，是一种权威性规范命令，又通过将权威性规范划归到二阶理由的排他性理由之中，进而保证法律规范的行动效力。也就是说，当人们基于理由进行权衡时，若有相应的法律规范存在，那么所有理由的强弱权衡在规范面前都是无效的，人们只能按照法律的要求来行动。这便是拉兹论证的实践之理性和规范之价值和意义。这一思路对我们的决策研究有重大的启发作用。本章将重点讨论拉兹的行动理由及相关论证，并指出其中的价值和不足之处。

一、理由理论与实践哲学

"行动"问题应当放在实践哲学层面进行考察。杨国荣指出，行动的结构体现在各个方面，从意欲到评价，从权衡到选择，从作出决定到付诸实施等。意欲对行动的作用要通过动机表现出来。分析哲学通常用意欲加信念的模式来解释行动理论。如果行动者形成了某种欲望，同时又相信通过某种行动可以使这种欲望得到满足，那么，他便会去实施以上行动。从解释的层面看，欲望与信念的结合构成了行动的理由；从过程的层面看，二者的融合则表现为行动的原因。● 另外，弗兰克福特曾区分了初阶欲望（first – order desire）与二阶欲望（second – order desire），前者即通常直接形成的某种欲望，后者则是想形成某种欲望的欲望。那么在二阶欲望的形成中，涉及人的反思评价能力。杨国荣认为人的行动不同于动物性本能行为的一个关键，是人的欲望不是未经评价直接进入到行动层面的。正因为人对欲望有反思和评价，这才将人和动物的行动区分开来。我认为弗兰克福特（Harry G. Frankfurt）的这一区分并未深入到行动

● 杨国荣. 人类行动与实践智慧 [M]. 上海：三联书店，2013：48.

的现实根据层面，仅仅追溯到二阶欲望，依然停留在现象层面。关于对行动的根据拉兹的论证更加符合现实、符合逻辑。

拉兹指出，行动理由的概念是说明规范的关键概念。而对规则进行说明的主要困难在于理解规则与行动理由的关系。他说，实践哲学就许多方面而言是一个统一的哲学场域。对规则的这种研究不应视为一个孤立的探究，而应视为一个更大的事业的一部分。任何规范理论的成功部分取决于它对于澄清实践理性的哲学（简言之，实践哲学）的其他主要概念所做出的贡献。如果我简要地勾勒出本研究的主题与实践哲学的其他问题之间的关系的话，那么它将有助于理解眼前这一研究的要旨及其奠基性预设。❶

不难看出，拉兹讨论理由问题的时候已经很明确地指出了这一问题在实践哲学中的地位和作用。因此，对拉兹理由理论的分析，不仅仅是法律规范的合法性论证，更关乎决策和选择领域的人的行为问题。

拉兹虽然强调实践哲学的各个部分具有彼此的独立性，但他的这部著作并不是讨论实践哲学的某个部分，而是就实践哲学的基本概念进行分析。实践哲学的实质部分包括旨在表明我们应当追求何种价值、何种行动理由应当指导我们的行动、何种规范具有约束力等等所有的论证。（实践哲学的）概念分析涉及像价值、行动理由或规范这些概念的逻辑特征以及支配实践推理的推论规则的本质。❷

实践哲学亦可通过其所关注的活动性领域或者人类关系的本质而得到思考。在这种意义上，道德哲学、政治哲学和法哲学均为实践哲学的分支，各自处理人类生活的不同方面。详尽地论证不同的哲学学科之间的关系并无多大意义。但是指出所有这些哲学学科中通用的许多概念则不无裨益。权利、义务和正义，权力和权威，规则和原则——这些只是广泛用于伦理学、政治哲学和法哲学之中的概念当中的少数几个。这些学科也有许多共同的问题。行动的合理性问题以及行动及其后果的责任问题，只不过是这些共同问题当中的两个例子而已。要解决这些问题，关键在于形成适用于所有这些学科的批判性的或者"评价性"的原则。这些哲学学科与其他相关的哲学学科之间的这种相当客观的重叠要求我们不是在每一学科的有限的、狭隘的范围之内研究这些概念和问题，而是要心胸开阔，将它们作为普遍的实践哲学的一部分来研究，思考它们的所有运

---

❶ ［英］约瑟夫·拉兹. 实践理性与规范［M］. 朱学平，译. 北京：中国法制出版社，2011：2.

❷ ［英］约瑟夫·拉兹. 实践理性与规范［M］. 朱学平，译. 北京：中国法制出版社，2011：3.

用和后果。由于规则和规范体系的概念对法律、道德和政治就像对其他哲学学科一样重要，因而对这两个概念的这一研究也就构成了普遍的实践理性哲学的一个重要部分。讨论法律体系的最后一章实际上是一篇法哲学论文，它表明法哲学是怎样植根于实践哲学之中的。❶ 这里我们不难看出，在拉兹看来法哲学实际上是实践哲学的一个领域，对法哲学的探讨也应该纳入到实践哲学之中。

拉兹认为道德哲学、政治哲学和法哲学均归为实践哲学领域，但这里拉兹指出还有其他不同的划分方法。因此他说，实践哲学不是按照它所讨论的活动的领域或者生活的方面，而是按照讨论的实践问题的类别进行划分。按照这种标准，价值理论、规范理论和归责理论就构成了实践哲学最重要的分支。价值理论主要是对各种现实或者可能的状况进行比较，以决定何者更好，并且确定它们的好坏特征。价值理论最重要的概念是价值、好、坏、更好、更坏。规范理论预设了某种价值理论，并从中推演出它强加于个体行为之上的要求。谁应当实现何种价值，以及他如何实现这种价值，构成规范理论的主要问题。规范理论最重要的概念是应当、行动理由、规则、义务和权利。归责理论关注的是能够将过失（blame）或者罪行归之于人的条件。❷ 而在规范理论的概念中，行动理由又是最基本的。

拉兹将《实践理性与规范》看作是规范理论研究，指出"绝不涉及根本价值，只预设了实践陈述的相对正当性之可能性"。他进一步强调，在实践哲学中，正是这种相对正当性之可能性已经受到了挑战。有人已经提出这种观点：唯有其意义能够通过一种真值函数（truth‑functional）的分析而得到说明的表达才具有逻辑关系。这种观点已经证明是错误的。黑尔（R. M. Hare）（《道德语言》，牛津，1952年）和赖特（G. H. von Wright）（《道义逻辑》，载《心灵》第60卷，1951年）导致了对于实践话语当中的逻辑研究兴趣的复兴，而且研究许多关键性的实践概念的逻辑特征的著作也出版得越来越多。但是鲜有例外的是，大多数逻辑研究限于"应当""可以"（may）和"被禁止"的逻辑。也有许多对于像规则、正义、义务、权威、责任、权利、德性等这些孤立的概念的有益研究。但是，总的来说，这些都是对于概念的孤立研究，如果想要理清这些概念和类似的概念之间的逻辑关系的话，那么我们还有很远的路要

---

❶ ［英］约瑟夫·拉兹. 实践理性与规范［M］. 朱学平，译. 北京：中国法制出版社，2011：3.
❷ ［英］约瑟夫·拉兹. 实践理性与规范［M］. 朱学平，译. 北京：中国法制出版社，2011：12.

走。不论关于根本价值的认识论问题的真理是什么，本著都建立在这样的信念之上：发展出一种属于规范理论的所有概念的统一逻辑是可能的，也是必要的，而且这种逻辑的最基本的部分不是道义逻辑，而是行动理由的逻辑。❶

通过这部分的论述，拉兹指出通过一种真值函数的分析而得到说明的表达才具有逻辑关系，这一做法已经被证明是错误的了。拉兹也表明了自己的目的就是要完成对行动理由的逻辑论证而不是道义逻辑。基于此，他开展了对于规范理论的研究，并将行动理由的概念看作是说明规范的关键概念。

二、理由句子及其逻辑结构

拉兹从理由的结构入手来看理由在行动中居于何种位置，他认为，"像行动理由（reasons for actions）一样，也有信念的理由，欲望和情感的理由，态度的理由，规范和制度的理由，以及许多其他的理由。在这些理由当中行动理由和信念的理由是理由的最基本类型，其他的理由衍生于它们，或者依赖于它们"❷。虽然他在此做出了理由的区分，但是他指出，重点要讨论的是行动理由，它在拉兹这里通常用"理由"一词指示。而在本书看来，行动的理由虽然和情感的理由等不同，但是情感本身可能会作为行动的理由进入行动，同样，情感、欲望、态度等都可以影响人们的决策和行动。

拉兹认为，行动理由和信念理由具有同样的逻辑特征，尽管很多内容同样适用于这两者，但没有必要、也绝无可能对信念的理由进行直接的评述。所以，拉兹把目光集中在行动理由上，他所提及的"理由"一般也只是用来指示行动理由。

在说明、评价和指导人们的行为的时候，我们就会提到理由。同样，理由的概念也用于各种其他的目的，但这三种用法是主要的，其余的用法都是从它们衍生出来的，或者依赖于它们。例如，我们在恰当的场合说约翰为了钱而和玛丽结婚，然而人们只应当因为爱而结婚，因此，既然约翰因为错误的理由而行动，那他就做得不好，而德里克就不该这么做。要说明行动理由的概念，就必须要表明：它怎样服务于这三个目的，这三个目的是如何相互关联的，以及为什么一个概念要服务于这三个目的。在说明行动理由的时候，由于要把说明

---

❶ ［英］约瑟夫·拉兹. 实践理性与规范［M］. 朱学平，译. 北京：中国法制出版社，2011：6.
❷ ［英］约瑟夫·拉兹. 实践理性与规范［M］. 朱学平，译. 北京：中国法制出版社，2011：15.

行动的理论任务与评价和指导行动的实践任务结合起来，从而出了很多困难。一个充分的说明不仅要表明一个概念能够用于这些极其不同的目的，而且也要表明这些目的是相互依赖的。理由能够用于指导和评价，只是因为理由也能够用于说明，作为一种内容的说明，理由的独有特征是，它们通过参酌指导行动者行为的各种考量来说明行为。❶

拉兹在这里指出了理由概念应用的三种主要目的。在生活中我们会基于一定的理由评价人的行为，说它好还是不好；同样，理由也是行为本身可理解的依据；最后，理由直接引发人的行动。但理由最独有的特征在于通过各种考量来说明行为，同时表明这些目的的相互依赖性。

（一）理由句子的类型

接下来拉兹试图从日常语言中来探讨理由的使用方式，给出了五种常见形式。

"理由"（a reason for）这一表达以及与之相关的表达出现于各种类型的句子当中：

（1）"……是……的理由"（例如，"货币贬值是加强外汇管制的理由"。）

（2）"有理由……"（"有理由惩罚他"）

（3）"×有理由……"（"约翰有理由拒绝这份工作"）

（4）"×相信……是……的理由"（"约翰相信他母亲的病是他推迟旅行的理由""约翰相信即将来临的选举是总统到国外巡访的理由"）

（5）"×是做的 Φ 理由是……"（"他在办公室待到很晚的理由是他不在的时候堆积下来的一大堆工作"❷

---

❶ ［英］约瑟夫·拉兹. 实践理性与规范［M］. 朱学平，译. 北京：中国法制出版社，2011：16.

❷ ［英］约瑟夫·拉兹. 实践理性与规范［M］. 朱学平，译. 北京：中国法制出版社，2011：3.

（1）'— is a reason for—'（For example, 'The devaluation is a reason for imposing exchange controls. '）

（2）'There is a reason for—'（'There is a reason for punishing him. '）

（3）'X has a reason for—'（'John has a reason for refusing the job. '）

（4）'X believes that—is a reason for—'（'John believes that his mother' s illness is a reason for postponing the trip. ' 'John believes that the approaching election is a reason for the President to go on a tour abroad. '）

（5）'X' reason for Φ – ing is—'（'His reason for staying late in the office is the enormous amount of work which accumulated during his absence. '）

在日常生活中，人们对于理由往往不会有明确的指定或者区分，有时甚至将其与"陈述、信念、事实"画上等号。拉兹指出了陈述作为理由的主要根据，它们具有逻辑结构，由于理由出现于实践推理之中，因而当然要接受逻辑分析。但是信念和事实两者也都能够进行逻辑分析。在任何情况下，逻辑分析都能充分地用于事实陈述或者用于构成理由的信念的内容的陈述。语言和我们的直觉都很少支持"一切理由都是陈述"的看法。说"要下雨了"这一陈述是我带伞的理由，似乎不大自然。要么是"要下雨了"这一事实，要么是"要下雨了"的信念，方可作为理由。❶

而在事实与信念之间做出区分与选择却比较困难，首先应当明确不是所有信念都是理由，虽然有时候信念就是理由，因为在拉兹看来指导人们真正做出行动的，归根到底是事实。在这一部分的论述中，拉兹对此进行了具体的说明：我们应该记住，理由用于指导行为，而人们的行为常常由事实而非人们对事实的信念所指导。诚然，事实的指导以一个人必须相信事实就是如此为前提。尽管如此，指导他的仍然是事实，而非他对事实的信念。事实，而非他对事实的信念，才是理由。以 p 为例子，我不相信 p 这个事实，并不证明对于我来说，p 不是我实施某一行动的理由。"我没有意识到任何理由"这一事实并不表明就没有理由。如果理由要用来指导和评价行为的话，那么，并非所有的理由都是信念。那些既不是行动者的信念也不是其欲望的理由似乎不能用来说明他的行为，但这是错的。[对行为的]说明依赖于他的这一信念，即理由是成立的，但这也同样不能证明他的信念就是理由。它所表明的只是，对一个人的行为的这种类型的说明依赖于其"一定的理由是适用的"这种信念，而不是依赖于"这些理由确实适用了"这一事实。即便我们认为他的有很好的理由去做他已做的事情的信念是错的，我们还是能够理解他的行为。❷

但拉兹同样也承认，"事实构成理由"这一说法也面临着诸多困难，"事实"是何种意义上的事实、包含了什么样的内容等，因此在此基础上他提出了一些"克服这些困难"的方式，并作出了评论。当我说"事实即理由"时，我是在一种扩展的意义上来使用"事实"一词的，并用来指代，真的或证明为正确的陈述因之而是真的或是被证明为正确的东西。"事实"指的只是那种

---

❶ [英]约瑟夫·拉兹. 实践理性与规范 [M]. 朱学平，译. 北京：中国法制出版社，2011：17.
❷ [英]约瑟夫·拉兹. 实践理性与规范 [M]. 朱学平，译. 北京：中国法制出版社，2011：17.

能够用"……这一事实"（the fact that…）这一算子所指的东西。事实就是我们在使用"……是事实"这种形式的句子进行陈述时所谈到的东西。在这种意义上，事实并不与价值相对立，而是包含了价值。同样，事实包含了事件的发生、过程、实施和活动性。在"事实"的这种广义的用法之下，尽管信念的内容不是事实，但是信念［本身］也同样是事实。

　　不可否认，我们使用这种形式的用语："他做 Φ 的理由是他的信念 p"（His reason for Φ－ing was his belief that p），"他做 Φ 的理由是他认为 p"（the reason he Φ－ed was he thought that p），等等。即使 p 不是事实（如在"他不来的理由是他认为你不会在这里"的情形中），这些用语仍能使用。在这种情形下，作为理由而引用的当然是一个事实；因为尽管 p 不是事实，但他认为 p 是事实。然而并不是事实构成了被说明的行动理由。一个人的朋友不在这里就不是一个这样的理由。当问及他为何不来的时候，被问及者通常会回答：因为我的朋友不在那里。在大多数情况下，正是当我们开始认为我们依据的理由并不成立的时候，我们就援引我们对它的信念作为理由。在这种情形下，与上述分析一致，我们可能会说，我们没理由不来，但我们却有理由认为我们有一个［不来的］理由。●

　　可见拉兹做出了一个重要区分，即"事实 p"和"对事实的信念 p"的区别："要在事实和信念之间进行选择则更加困难。有时，信念即理由，但是如果认为所有信念都是理由，那就错了。我们应该记住，理由用于指导行为，而人们的行为常常由事实而非人们对事实的信念所指导。诚然，事实的指导以一个人必须相信事实就是如此为前提。尽管如此，指导他的仍然是事实，而非他对事实的信念。事实，而非他对事实的信念，才是理由。以 p 为例子，我不相信 p 这个事实，并不证明对于我来说，p 不是我实施某一行动的理由。'我没有意识到任何理由'这一事实并不表明就没有理由。如果理由要用来指导和评价行为的话，那么，并非所有的理由都是信念。那些既不是行动者的信念也不是其欲望的理由似乎不能用来说明他的行为，但这是错的。［对行为的］说明依赖于他的这一信念，即理由是成立的，但这也同样不能证明他的信念就是理由。它所表明的只是，对一个人的行为的这种类型的说明依赖于其'一定的理由是适用的'这种信念，而不是依赖于'这些理由确实适用了'这一事

● ［英］约瑟夫·拉兹. 实践理性与规范［M］. 朱学平，译. 北京：中国法制出版社，2011：6.

实。即便我们认为他的有很好的理由去做他已做的事情的信念是错的，我们还是能够理解他的行为"。拉兹进而将行动的理由表达为"事实 p 是 x 做 Φ 的理由（The fact that p is a reason for x to Φ）"。❶ 进而将这表达公式化："R（Φ）p，x"。只有当 p 是事实而且它是 x 做 Φ 的理由两者［同时成立］时，这种句子才是真的。我们不难看出，拉兹认为一个行动成立要满足两个条件即：（a）p 是事实；（b）事实 p 是 x 做 Φ 的理由。其中"p 是事实"是拉兹尤其强调的，即他认为人们应该基于"事实 p"，而不是"对事实的信念 p"而行动。

需要注意的是，拉兹虽然强调"事实构成理由"，认为只有基于事实理由来指导行动才具有意义，但也并没有完全否定信念的价值，它在解释和评价行动中都起着重要作用。拉兹进一步指出，虽然以这两种方式使用理由，甚至区分理由，但不应该将它们完全等同起来看待。唯有理解为事实的理由在规范上才是最重要的；只有这种理由才决定了应当做什么。要决定我们应当做什么，我们就必须要发现世界是怎样的，而不是要发现我们的想法是怎样的。理由的另一观念只与说明［行为的］目的有关，而与指导［行为］的目的完全无关。正是这一点表明这种纯粹说明性的概念是次要的，它是以另一观念为前提，而不是它的前提。正如我们所看到的，不仅纯粹说明性的观念能够用（第一种）理由来替代它而被忽略，而且用理由来说明行为的特别之点在于，这些说明用行动者应当做什么的信念、用行动者自己对于各种适用于他的（原始意义上的，规范意义上的）相关理由的评估来说明其行为。

然而，应当对最后这些说法进行限定。运用理由表述（reason‐expression）的各种语境及其服务的各种目的造成了极大的逻辑复杂性。因而理由表述必须按照它们出现的语境而予以不同的解释。为了分析的方便，我将用"R（Φ）"这种形式的算子表示"做 Φ 的理由"。这些是按照事实指示（"p" that p），"事实 p"（the fact that p）和指示个人的个别表达而形成的算子，这就是说，它们指示了事实和个人之间的关系。这种理由算子出现于其中的任何句子都叫作一个 R 句子。❷

总之，在这部分的论述中，拉兹对理由句子的类型做出了总结，区分了陈述、信念、事实三者与理由的区分，尤其是关于事实与"对事实的信念"进

---

❶ ［英］约瑟夫·拉兹. 实践理性与规范［M］. 朱学平，译. 北京：中国法制出版社，2011：8.

❷ ［英］约瑟夫·拉兹. 实践理性与规范［M］. 朱学平，译. 北京：中国法制出版社，2011：20.

行区别，进而强调"人们应该基于事实 p 而非基于对事实的信念"而行动。那么决策背后的缘由，我们也就不难理解了。

（二）理由句子的逻辑结构

拉兹通过对日常理由句子的陈述方式按照语用结构进行分析，指出"R（Φ）"是一个算子，接下来便是他对理由句子的逻辑结构进行的分析。

拉兹指出了对行动理由概念完全分析的三个方面，并指出最基本形式为"R（Φ）"算子，即"…是…的理由"：（a）对"R（Φ）"算子提供语义解释和逻辑分析，（b）标明每一个给出理由的陈述（不管它是不是通过运用"理由"这一表达标准做出的）能够怎样用标准形式的句子表达出来，和（c）运用"R（Φ）"算子对标准形式的句子进行分析。❶

为了更准确进行分析，拉兹对于（a）做了一些基本的评论，并对"R（Φ）"算子对标准形式的理由句进行分析的方式做了概述。以下是拉兹提出的观点：

（1）"事实 p 是做 Φ 的理由"（The fact that p is a reason for X to Φ）。这种形式的句子是最简单的 R 句子。其符号表达式为"R（Φ）p, x"。只有当 p 是事实而且它是 x 做 Φ 的理由两者"同时成立"时，这种句子才是真的。在像"对财政大臣来说，这次货币贬值是加强外汇管制的理由"这样的句子中，"这次货币贬值"这一用语指的是"货币贬值了"这一事实。只有当所言的货币贬值发生时，以通常的方式使用这一句子作出的陈述才是真的。像"对财政大臣来说，货币贬值是加强外汇管制的理由"这类句子并不预设发生了货币贬值。它们可以重述为："无论何时发生货币贬值，对财政大臣来说，这都是加强外汇管制的理由。"在第一种形式中拉兹引入"R（Φ）p, x"算子，即对 x 来说，事实 p 是做 Φ 的理由。拉兹举出了"货币贬值是财政大臣进行外汇管制的理由"的例子，不难看出，只有当"货币贬值"是事实，与"货币贬值是理由"两者同时成立，这个理由句才是真的。否则的话，这个句子便不能成立，因为假如"货币贬值"未发生，那么就不能引发财政大臣加强外汇管制，这是好理解的。但是，若对财政大臣来说他从没有将"货币贬值"当作理由的话，那么即便发生货币贬值他也不会去加强外汇管制。所以，只有

---

❶　［英］约瑟夫·拉兹. 实践理性与规范［M］. 朱学平，译. 北京：中国法制出版社，2011：21.

p 是理由而且 p 出现的时候，这个句子才为真。

（2）"对 x 来说，有理由做 Φ"（There is a reason for x to Φ）。这种形式的句子等值于"有事实 p，以致于 R（Φ）p，x"。若引用前文例子，那么这个理由算子可以表述为"对 x 来说，有理由惩罚他"，这个理由句便等同于"存在一个事实 p，以致于事实 p 使得 x 做出惩罚别人的行动"。也就是说，"对于财政大臣来说，有理由进行外汇管制"，这也就相当于"存在着这样一个货币贬值的事实，以致于货币贬值使得财政大臣做出外汇管制的行为"。

（3）"x 有理由做 Φ"（x has a reason to Φ）。对这种句子的分析还非常不清晰。在许多场合下，这种句子的用法还非常不清晰。在许多场合下，这种句子的用法与"对 x 来说，有理由做 Φ"这种类型的句子等值。在其他场合下，它们用于宣称 x 有理由做 Φ 并且 x 知道它。拉兹在这里仅仅给出了这种形式："x 有理由做 Φ。"拉兹本人也承认，这个句子的分析显得不那么明朗。例如"约翰有理由拒绝这份工作"就等同于"对约翰来说，有理由拒绝这份工作"，虽然在日常生活中我们往往不会这样表述它，但这个句式意味着"行动者有理由做出某种行为，并且行动者知道该理由的存在"。

（4）"x 相信，对 y 来说，p 是做 Φ 的理由"（x believes that p is a reason for y to Φ）。这种形式的句子包含了（1）中注意到的模糊性。有时它们用来表示将信念 p 归于 x，有时则表示不将信念 p 归于 x。在第四种给出的形式中，它似乎发生了一些变化，但并不妨碍我们去理解。"约翰相信即将来临的选举是总统到国外巡访的理由"，这里涉及两个主体，即"约翰"和"总统"，那么这种信念 p"即将到来的选举"，既可以表示约翰的信念，又可表示总统的信念，因而在这方面是不唯一的。

（5）"x 做 Φ 的理由是 p"（x's reason for Φ–ing was p）用于宣称：（a）若"p"不包含 x 的愿望，x 既相信 p，又相信 p 是他做 Φ 的理由，而且由于他的这两个信念，x 有意做 Φ；或者（b）若"p"是这种形式，即"x 欲求 s，和 q"，则"x 做 Φ 的理由是 p"用以宣称：x 欲求 s 并且相信 q［是事实］，而由于（because of）他的这些信念和愿望，x 有意做 Φ。第五种形式中，例如"他在办公室待到很晚的理由是他不在的时候堆积下来的一大堆工作"，这样的话意味着两种情况，一是由于相信"他不在的时候堆积下来的一大堆工作"，也预设了它会是他行动的理由，并且这个理由不包含他的愿望，那么基于此他就会有意采取行动；而第二种情况则表示，若"他不在的时候堆积下来的一大堆工作"意味着他有某愿望，并且相信有事实 q，出于某种信念和愿望才做出行动"在办公室待到很晚"。

在分析了理由句的五种形式后，拉兹又指出还有一类理由不适合概要式分析，例如生活中人们常援引"可能性 p"、"预期 p"、"危险 p"等作为理由，但它们却不是构成理由的事实，仅仅是将"对信念的理由的断言或预设，与对行动理由的断言结合了起来"。因此拉兹表示，对包含此类说法陈述的分析，要放在具体语境中分析。如他指出的第一种情形：（a）将会下雨的可能性是带伞的理由。这一句子可以分析为是在宣称："有理由相信将要下雨，而将要下雨是带伞的理由。"在这种情形下，"对 x 来说，可能性 p 是做 Φ 的理由"可以分析为："有理由相信 p，而且 R（Φ）p，x"。这里的可能性，是指当可能性发生的时候，这个事实便构成了行动理由。但第二种情形，拉兹认为不能对此做同样分析：（b）"在这种大雾天气出事的危险是车开得很慢的理由。"会发生事故是买保险的理由，但这不是开慢车的理由。不难看出这种陈述应当怎样进行分析。他声称大雾使一个人相信除非开慢车，否则就会发生事故的原因。"一个人除非开慢车否则就会发生事故"这种事实是开慢车的理由。相似的陈述可以做相似的分析。对这类情形进行完全分析要求进一步探讨"相信的理由"，对此这里不进行探讨。

除此之外，拉兹还指出了"相信的理由和行动的理由一起存在"的情形。"我将去车站的理由是我收到了朋友的一封信，信上说他今天要到。"在这种情形下，我已经收到了这样一封信是我相信我的朋友今天会到的理由，而这反过来又是我去车站的理由。此时，"对 x 来说，p 是做 Φ 的理由"是"p，而且 p 是相信 q 的理由，并且 R（Φ）p，x"的省略。这一解释也同样适用于其他标准形式中的陈述。毫无疑问，"我将去车站"这一行动，包含了信念理由和事实理由作用的发挥，但我们仍需明白，信念理由需建立在事实理由基础之上。

在我看来，经过考察之后，将理由视为事实和个人之间的关系［所具有］的大多数困难和涉及可能性的困难是相同的，或者至少可以做出类似处理。这里的简略分析把坚持认为唯有事实才是理由的观点和用一个人对理由的信念来说明行为的方式结合了起来。这也适用于对行为的评价或评定。我们可以判定一个人的行为有很好的理由，或者不是按照实际上是否存在实施动作的理由［而行动的］。按照一个人是不是有理由相信他拥有行动理由，他的行动可以被评定为合理的或是理性的。[的确] 是世界在指导我们的行动，但由于它的指导必须要通过我们对它的意识，因而对于我们行为的说明和评价来说，我们的信念就是重要的。❶ 在这一部分，拉兹区分了"事实理由"和"信念理由"对人行为的作用，从而更加明确地肯定了事实理由，但他也认为人的信念对于说明和评价行为占据着不可或缺的重要地位，只是信念理由虽然可以解释人的行为，其合理性却值得怀疑。

三、理由的完整性及强弱

那么日常生活中在使用理由来解释我们的行动或者为自己的行动找根据的时候，我们是如何使用理由的，以及当我们在遇到不同甚至相反的理由共同指向一个行动的时候，我们是如何权衡的？这些问题拉兹在"完整理由"和"理由的强弱"部分作出了论证。下面是拉兹关于"完整理由"的论述。

日常谈话中我们几乎从不完整地陈述我们的理由。我们只陈述一部分理由，而选择陈述哪一部分则取决于实际的考虑。我们说什么，说多少，取决于我们对于听者已经知道多少、他想要知道什么、我们愿意在多大程度上信任他、说什么不礼貌等的估计。当有人问约翰为什么去车站时，约翰可能会说（a）詹姆斯会到达车站；或者（b）在车站见面，詹姆斯会很高兴；或者（c）他想让詹姆斯高兴。他会用何种陈述进行回答，取决于各种考虑。尽管在朋友的坚持下他会说出这些所有的回答甚至答得更多，但是一开始就把这三个回答全都说出来，这几乎是不可能的。而我们知道这三个回答是一个整体，只有三者结合起来才接近于一个完整理由的陈述。每一回答单独来看都只陈述了理由的一部分。在只给出部分理由时，如果我们觉得我们理解了一个人的理由，这是因为我们知道该理由的其他部分，或是因为我们并不对所有的细节都感兴趣。❷

紧接着拉兹指出完整理由奠定了我们理解理由的基础，对理由的任何逻辑解释都少不了它。想象一下别人回答我们不断追问时的情景。我们最先得到的回答是（a），接着是（b），然后是（c）；然后约翰说（d）他已答应詹姆斯，他将到车站去接他；并且（e）一个人应当遵守诺言；以及（f）一个人应当

---

❶ ［英］约瑟夫·拉兹. 实践理性与规范 ［M］. 朱学平，译. 北京：中国法制出版社，2011：22 - 23.

❷ ［英］约瑟夫·拉兹. 实践理性与规范 ［M］. 朱学平，译. 北京：中国法制出版社，2011：11.

让朋友高兴。我想我们都会感觉到在这些陈述之间以及在它们和约翰去车站的行动之间存在着不同的逻辑关系。（a）到（c）陈述了约翰去车站的理由的各个部分。（d）说的不是这一理由的其余部分，而是说出了同一个行动的第二个理由的一部分。（a）也可以说是陈述了第二个理由的一部分，而（b）或（c）则不是。（e）和（f）也极不相同。它们不是约翰去车站的部分理由，而是［约翰］去车站的理由的理由。它们以两种不同的方式说明了为什么约翰有，或者他认为自己有两个去车站的理由。❶

拉兹关于完整理由的提法让我们认识到我们生活中的行动或者决策是有多重理由或者理由的理由，又或者我们在讲出行动的理由的时候并不是将整个决策的依据即理由全盘托出的。很有可能我们所讲出的理由（a）是能够支撑行动的，但是（a）的背后的理由（b）却是错误的，那么我们的行动合理性的逻辑基础就会遭到质疑。因此，完整理由有助于我们对行动的逻辑基础进行完整的考察。

在此部分拉兹进一步提出了一个非常重要的表述，即理由应被当作谓词分析。即"A是一个理由"，那么意味着A要达到理由的本质，A是一个具体的个别的，而它要符合理由的概念和本质才能构成这一表述。所以他指出：

"理由"一词，像"父亲"一样，既可以出现在关系的表达中，也可以出现在谓词的表达中。当且仅当有某个这样的个人，从而事实和个人之间的关系成立的时候，谓词"有理由做Φ"才适用于该事。正如当且仅当有x，并且a是x的父亲时，a才是一个父亲；同样，当且仅当有一x，而且R（Φ）p，x时，p才是做Φ的理由。有时我也会以客体为理由：当x存在这一事实构成行动理由时，我经常会省略，并以x自身为理由。❷

我们不难看出拉兹在这里虽然是从语用上来使用"理由"这一词语，但是中间却蕴含着理由本质论的一些痕迹。

当且仅当要么（a）必然地，对于任何同时理解陈述p和陈述"x做Φ"的人y来说，如果y相信p，那么不论他有什么别的信念，他都相信x有理由做Φ，要么（b）R（Φ）p，x包含了完整理由R（Φ）q，y，那么对于x来说，事实p就是做Φ的完整理由。但是，如果只是因为陈述p包含了某人指

---

❶　［英］约瑟夫·拉兹. 实践理性与规范［M］. 朱学平，译. 北京：中国法制出版社，2011：11.

❷　［英］约瑟夫·拉兹. 实践理性与规范［M］. 朱学平，译. 北京：中国法制出版社，2011.

导某个事实 s，并且 s 满足这一定义，从而陈述 p 包含了某人知道某个事实 s，并且 s 满足这一定义，从而陈述 p 一般地满足这一定义，这时事实 p 就不是一个完整理由。

在上述（a）（b）两种形式中，拉兹区分了部分理由和完整理由，拉兹意在表明，一个完整理由的陈述包含了许多组成部分，每一个组成部分代表一个不完整理由。例如天下雨是带伞的理由，想出门但不被淋湿的事实也是带伞的理由，它们是完整理由的一个部分。

这一定义假定 R（Φ）p，x 这种形式的陈述的真实性，部分地是一个逻辑问题。p 是否为真，这是一个偶然的事实问题，或是一个道德哲学或者实践哲学的问题。但是，如果 p 是一个完整理由，那么"无论何处 p，R（Φ）p，x"是否为真就是一个逻辑问题。这种陈述在逻辑上要么为真，要么为假。

拉兹认为，"对 x 来说，p 是做 Φ 的理由"这一形式陈述的真实性是被假定的，甚至从某种意义上说，这可以说是一个逻辑问题——因为 p 是否为真并不一定；若 p 是完整理由，那么"无论何处 p，R（Φ）p，x"是否为真也不一定。尽管有人将其解读为任何行动实施的事实前提都是完整理由，但这一观念还需改善，而实际上它已经澄清了"即使 p 是做 Φ 的理由，'x 知道 p'这一事实也不是做 Φ 的理由"，也包含了"即使一个分析陈述对于有理由做 Φ 这一蕴含来说是一个必要的前提，它也不是一个完整理由的陈述的一部分"。

假定约翰说：无论何处，做 Φ 都会增加人类的幸福，因而我们有理由做 Φ。我们假定杰克否认之。我们怎样理解杰克的立场？他犯了逻辑错误吗？不一定。尽管我们容易看出约翰是在诉诸何种完整理由，但他并没有说出这一完整理由。它就是：人类幸福是一种价值，并且在一定条件下做 Φ 会增加人类的幸福。当这些条件成立时，这就是他做 Φ 的完整理由。在杰克进行否定时，他可能是想否认人类幸福是一种价值。如果这就是他否认的理由，那么他的错误就不是逻辑错误，而是道德错误。但是如果他否认的理由是价值并不总是构成理由，或者尽管事实上做 Φ 会促进幸福，但有时会有更强的理由不做 Φ，那么他的错误就是一个逻辑错误。因为价值是理由，并且一个理由即便被另一个与之冲突的理由所胜过，它仍然是理由，这是一个逻辑问题。

在这个例子中，我们看出拉兹对一些反驳行动理由的情形立场进行了分析，若是其他条件成立，而某种行动的理由又是完整理由，那么反对它的话可能就会犯道德上的错误；如果行动的理由并不是完整理由甚至不构成理由，而反对的理由甚至胜过先前给出的理由，那么这就属于逻辑上的错误。但拉兹同样指出，在实际生活中，人们往往不会给出完整理由，但完整理由及构成它的各个事实也是"理由"。

如上述，在大多数情况下，当人们给出理由时，他们并不给出完整的理由。我没有理由偏离这种实际情况。一个事实，只有当它属于一个构成完整理由的复杂事实的时候，它才是一个理由；而该完整理由以及构成它的各个事实均为理由。两个理由通过定义构成一个完整理由。我们可以将一个原子的（atomic）完整理由定义为一个完整理由，只有当它的任何一个组成部分省略时，它才不完整。要达到精确和准确，就需要对理由的结构做出更多的说明。就当前的目的而言，以上的描述足矣。❶

（一）理由的强弱与权衡

理由的强弱在拉兹看来是在一阶理由的对比中才有效，也就是说在人们的决策中，当理由间处于一阶地位上才能通过它进行对比权衡，进而根据强理由作出决策。也只有这样的决策才是符合一阶理由决策理性的，也才是可以被理解的。

理由具有强弱的维度。有些理由比另外一些理由更强或者更加有分量。在冲突的情形中，较强的理由胜过较弱的理由。强势理由的这种特征是其界定性特征。我们所关注的理由的强弱是其逻辑上的强弱。理由的逻辑上的强弱不同于其现象上的强弱。后者表现为理由的考虑对一个人及其意识的支配和主宰程度。有时候，对理由的考虑越是支配一个人的意识，他就越发认为这是一个强势理由，在这种情形下，逻辑的强弱和现象的强弱可能会一致，但事实并非总是如此；相反的情形倒常常是真的。强弱的逻辑观念和现象学观念并无逻辑关联。一个人即使知道他满脑子都是某个理由，他也可能会认为这个理由很弱，冲突时不会据之而行动。❷

由于理由的逻辑力量依赖于它们胜过何种与之相冲突的理由，因而我们首先需要对"理由的冲突"和胜过（overriding）进行界定。

（1）当且仅当 R（Φ）p，x 和 R（$\bar{\Phi}$）q，x，即对 x 来说，p 是其做 Φ 的

---

❶ ［英］约瑟夫·拉兹. 实践理性与规范［M］. 朱学平，译. 北京：中国法制出版社，2011：25.

❷ ［英］约瑟夫·拉兹. 实践理性与规范［M］. 朱学平，译. 北京：中国法制出版社，2011：15.

理由，而 q 是其不做 Φ 的理由时，相对于 x 和 Φ 来说，p 与 q 严格冲突。

（2）当且仅当 p 蕴涵 p'，而 q 蕴涵 q'，而 p'和 q'相当于 x 和 Φ 严格冲突时，则 p 和 q 相对于 x 和 Φ 在逻辑上冲突。

（3）当且仅当 p 和 q 在严格的意义上相对于 x 和 Φ 是相互冲突的理由，并且 R（Φ）p&q, x，而不是 R（$\overline{\text{Φ}}$）p&q, x 的时候，相对于 x 和 Φ 来说，p 胜过 q。

（4）在两个相互冲突的理由中，当且仅当一个理由所包含的全部理由胜过另一理由所包含的所有的严格冲突的理由时，一个理由才比另一个理由更强。

这种强弱关系可以扩展到相互冲突的理由之外。如果 p 和 q 是做 Φ 的理由，当且仅当 p 胜过一个反对做 Φ 的理由，而 q 则不胜过该理由，同时也不存在 q 胜过而 p 不胜过的理由，那么 p 就是比 q 更强的做 Φ 的理由。最后，如果 p 和 q 是行动的理由（并不必定是同一行动的理由），那么当且仅当存在理由 r，p 胜过 r，而 q 不胜过 r 时，而且也不存在理由 s，q 比 s 更强而 p 不强于 s 的情况，那么由此定义及上述定义之一，p 胜过 q。❶

在这里，拉兹对理由强弱与胜过的几种形式进行了解读。因为我们在做或者不做某种行动时，可能背后有多个理由起作用，理由之间会发生压制和冲突，强理由会胜过弱理由，而在各种力量权衡之下胜出的就成为人行动的理由。拉兹接下来也对此做出了说明，"这样界定的强弱观念将理由的强弱和那些实际上成立的理由关联起来。可以说，它指明了理由在现实世界中的实际强弱。我们还能够与可能成立但实际上并不成立的所有可能的理由进行比较而另行定义强弱的观念。但这里我们不必探讨这些可能性。这些定义似乎技术性太强，也太复杂，而其目的也只不过是相对精确地表达我们的理由强弱的一般概念所具有的两个最重要的特征。这两个特征可以大致表述如下：第一，在两个相互冲突的理由中，胜过另一理由的那个理由就是更强的理由；第二，如果一个理由胜过另一理由所胜过的所有理由，而且也胜过这一理由，那么它就是比这一理由更强的理由"。

接下来拉兹引入了"取消性理由"，虽然理由的强弱相对说来可以通过胜过其他理由而得以说明，但还要与"被一种取消性条件所取消的理由的观念"

---

❶ ［英］约瑟夫·拉兹. 实践理性与规范［M］. 朱学平，译. 北京：中国法制出版社，2011：27.

相区分。一个理由只能被一种事实胜过，这种事实本身就是与之相矛盾的行动的理由。但是有时我们发现 R（Φ）p，x，而不是 R（Φ）p&q，x，也不是 R（Φ）q，x。实际上，q 本身可能完全不是任何行动的理由。在我约好与朋友在卡法克斯塔见面的时间带一个受伤者去医院的需要是一个不遵守约定的理由，这个理由胜过了作为守约的理由的约定。我的朋友解除了我的约定，这一事实完全不是任何事情的理由，而它仍然取消了由约定产生的去卡法克斯塔的理由。此处拉兹举了这样一个例子，当与朋友约定见面，但需要在这个时间内带一名伤者去医院，那么"带伤者去医院"便是一个取消性理由，它的出现足以"取消"其他任何理由。那么理由能否取消、何种情况下会被取消，其实反映的都是相关理由的本质问题。因此拉兹指出，"就行动理由的研究，对取消性条件的这种分析极为重要"，但他同时说明，"既然由取消性条件所导致的取消并不包含理由的冲突，因而也就并不反映理由的强弱。一个理由可由一种取消性条件所取消，而另一理由不能为它所取消，这一事实并不能证明第二个理由就一定强于第一个理由。它完全没有包含这些理由具有相对强弱的意思。在我看来，这与我们平常评定理由强弱的方式是一致的"。那么，拉兹在这部分对于理由强弱、取消性理由的相关分析，就为我们的决策找到了逻辑上的合法性。

（二）决定性理由和绝对理由

拉兹除了对完整理由和理由的强弱进行分析之外，还在此基础上引入了"决定性理由"和"绝对理由"等概念。

（1）决定性理由（a conclusive reason）：当且仅当对 x 来说，p 是做 Φ（它未被取消）的理由，而且不存在胜过 p 的 q，则对 x 来说，p 是做 Φ 的决定性理由。

（2）绝对理由：当且仅当没有一个事实能胜过 p，这就是说，对于所有 q 而言，不存在这种情形即若 q，则 q 胜过 p，则对 x 来说，p 是做 Φ 的绝对理由。

（3）表面理由（a prima facie reason）是一种既非决定性理由亦非绝对理由的理由。

为了说明"决定性理由"和"绝对理由"的区别，拉兹假定了这样一种情形："儿子受伤了"这一事实是我以每小时 45 英里的速度开车送他上医院的理由。它不是一个绝对理由。很可能一个行人会突然走到马路中间。要是这样，那它就胜过了我开得这样快的理由。但由于事实上并没有行人突然走到马路中间，我的理由就是决定性的。它胜过了眼前唯一与之相冲突的理由：法律强制规定的每小时 30 英里的速度限制。如果分析要完整的话，那么这个例子就需要进一步补充。尤其是要注意，我只指出了部分的相关理由。我也略过了由于对事实一知半解而产生的那些问题。说不定一个行人会走到马路中间。在这种情况下，就要遵循上面的分析，因为我知道我的理由并不是决定性的。

如果面临这种情况，"45 英里每小时的速度送儿子去医院"已经胜过了与之冲突的规定"每小时 30 英里"，这时的理由就是决定性的；但若是有行人走到了马路中间，它就胜过了超速的理由，此时之前的理由便不再是"决定性理由"了。但"决定性理由"就是"绝对理由"吗？很显然，拉兹并不认为它们可以画上等号："并非每一个决定性理由都是绝对理由。一个理由可能会因为胜过现存的所有与之相冲突的理由而非决定性理由，但是它也许不会胜过某种可能的理由，而如果这样的话，那它就不是决定理由。［同样］并非每一绝对理由都是决定性的，因为 p 即使被 q 所取消，也可能是一个绝对理由。在这种情形下，它就不是一个决定性理由。只有在考虑了所有赞成或者反对做 Φ 的理由以及所有相关的取消性条件之后仍然有理由做 Φ 的时候，这种做 Φ 的理由才是决定性的。绝对理由则并不服从同样的条件。一个原子理由可以是决定性的，而且对一个行动者实施一个行动来说，决定性理由也可能不止一个。"❶

(三) 理由的实践推论

由前面的分析我们可以得知，"事实构成行动者实施某种行动的理由"，拉兹认为，对事实的陈述也是这样一种前提，它可以推出"行动者有理由实施该行动或者他应当实施该行动"的结论。那么接下来拉兹就对"理由"和"应当"两种陈述形式做出了分析。

这种形式的陈述："p 是 x 做 Φ 的理由"，相当于一个以"p"为前提而以"对 x 来说，有理由做 Φ"为结论的推论。一个其结论为一个"有理由……"陈述或"应当"陈述的推论是一个实践推论。我们现在能够更清楚地看到前

---

❶ ［英］约瑟夫·拉兹. 实践理性与规范［M］. 朱学平，译. 北京：中国法制出版社，2011：19.

述五种主要形式的提供理由的陈述之间的逻辑关系。"x 做 Φ 的理由是 p"通过"x 相信 p 是做 Φ 的理由"以及成问题的"因为"而得到分析。而"x 相信 p 是做 Φ 的理由"和"x 有理由做 Φ"二者的逻辑分析都依赖于"p 是 x 做 Φ 的理由"和"对 x 来说，有理由做 Φ"。最后这两种陈述形式是基本形式。在这两种形式中，"p 是 x 做 Φ 的理由"代表了实践推论的形式，而"对 x 来说，有理由做 Φ"则是实践推论的结论。

要全面分析（我没有做这种分析）提供理由的陈述的逻辑特征以及它们之间的关系，我们就要有一种"有理由……"类型的陈述何时正当、正确或者具有良好依据（或者我们用来与理论陈述的"真实性"相对应的任何谓词）的理论。如果要对行动理由进行完备的分析的话，那么这一分析也必须要对一些条件进行陈述，在这些条件下，我们将"对 x 来说，有理由做 Φ"的信念归于某人是正当的。但对这一问题，我将很少着墨。❶

在"理由"形式的陈述中，拉兹对之前的五种日常表述进行了概括总结，"对 x 来说，有理由做 Φ"是其最终的实践推论。但拉兹也提及，"对 x 来说，有理由做 Φ"与"x 应当做 Φ"在逻辑上是等值的，这就引出了"应当"形式的陈述及其实践推论。在二者的关系上，拉兹是这样分析的：

第一，拉兹并不主张这两种类型的句子是同义的。拉兹的主张只是，通过其使用而标准地做出的［这两种］陈述在逻辑上是等值的。那些证明由之得出的一个结论是正确的前提，也能够证明由它们所得出的另一结论是正确的。一个陈述所蕴含的每一结论，另一陈述也同样蕴含。我们也必须立即承认，这两种类型的句子在其他许多方面是不同的。尤其是由于风格和其他实际原因，它们也并不总是可以互换。比如，在许多语境下，说"你应当看他"，而不说"你有理由看他"，是自然而然的。我们会说"你应当做 Φ 的理由是 p"，而不说"对你来说，有理由做 Φ 的理由是 p"。然而这些风格和实际方面的考虑并不影响这些陈述的推论力量。

第二，拉兹的主张似乎更加符合我们对于一般的"应当"陈述的运用。一般的"应当"句子常常用于宣称存在一种以一定方式行动的情形，但这种情形并不必然是决定性的（conclusive）。说"一个人不应当说谎"或者"士兵应当服从命令"，并不是叫人相信，不论与之冲突的理由是什么，一个人都

---

❶ ［英］约瑟夫·拉兹. 实践理性与规范［M］. 朱学平，译. 北京：中国法制出版社，2011：19.

应当这样做。有人可能会认为，"应当"陈述即使没有断言决定性理由的存在，也断言了强势理由的存在。但是即使这种看法也决不适合于一般的"应当"陈述。声称"每个人都应当去看看那不勒斯"并不必然使人相信存在着这样做的情势理由。确实，除非我们相信理由很强，否则我们很少做出一般的"应当"陈述。主张存在很可能被胜过的理由并无多大意义。但这不是"应当"的含义的一个结果。它是对话的一条实用规则，而且也适用于通过运用"对于 x 来说，有理由做Φ"这种句子而做出的陈述之中。❶

从这里来看，拉兹对于"应当"陈述是在一般意义上使用的，在强理由存在的情况下会做出这样的陈述，并且适用于"对于 x 来说，有理由做Φ"这类理由句。

第三，由于理由会发生冲突，因而按照拉兹的解释，"应当"陈述也会发生冲突。正如我们已经注意到的，这在解释个别的"应当"陈述时就产生了一个问题。一个人可能会有理由去实施一个行动，也有理由不实施该行动。从而结果是，他既应当做Φ，又不应当做Φ。必须承认，说我应当守诺和我应当背诺两者都是真的，这是悖谬的。然而这一明显的悖谬，拉兹认为，可以作为实际会话含义的产物而消除。由于说话者不应当保留相关的信息这一实际的要求，例如我对约翰说："你应当守诺"，就包含了这种实际的会话含义，即我既不相信任何理由能够胜过信守诺言的理由，也不相信这些事实能够取消这些理由。当然，这也同样适用于约翰。因而，如果他告诉我，相反，他应当违背诺言，那就产生了一个真正的意见冲突，因为我们两人都是根据理由的权衡来陈述我们的观点。而之所以出现这种情况，则是因为实际的会话含义，而不是因为"应当"的含义。[因为]如果这是"应当"的含义所产生的结果，那么一般的"应当"陈述和个别的"应当"陈述两者都会是决定性理由的陈述。拉兹认为，显而易见，这并不适用于一般的"应当"陈述。既然"应当"在用于宣称一般陈述和个别陈述时具有相同的含义，那我们就不得不得出结论说，一般的"应当"陈述和个别的"应当"陈述之间的差异是由于一种实际的会话含义上的差异。所以拉兹认为，"应当"陈述和"有理由"陈述具有相同的推论力量，它们的差异只在其他的方面。

第四，拉兹认为，我们可以用这种形式的"应当"句子主张那些无须其

---

❶ ［英］约瑟夫·拉兹. 实践理性与规范［M］. 朱学平，译. 北京：中国法制出版社，2011：30.

他理由来提供支撑的终极的道德真理。"应当尊重人"可以作为这样一个陈述的例子。尽管它提供了行动的理由，但它自身的正当性却不能用其他的理由来证明。然而如果把上述"应当"陈述视为其唯一前提是"尊重人是一种价值"的推论的一个结论的话，"尊重人"这种价值是"应当"陈述的理由，因而这一陈述就在逻辑上等值于"有理由尊重人"。尽管如此，拉兹还是认为，必须在价值理论和规范理论之间做出一个非常清楚的术语区分。"理由"和"应当"两者首先都是规范术语，然而它们有时都被用作价值术语。拉兹认为，"理由"和"应当"应专门用作规范术语。

"应当"陈述和"有理由"陈述在拉兹看来是在逻辑上充分等值的，以至于如果一个人相信其一，必定相信其二。信念的相同条件对这两种陈述也都是适用的。也许会有人认为，一个人相信应该做 Φ 的前提是，x 知道有做 Φ 的机会，并且他会努力做 Φ。然而这个标准实际上是不成立的。即使一个人认为他应当实施一个行动，即使他相信他能够实施这一行动，他也可能不会去努力做它。拉兹提到，第一步最好是承认，对一个"应当"陈述的信念包含了对于行为所具有的一定的批判性态度，这种批判性态度与该"应当"陈述相一致或相冲突。反过来，这种态度又在行动以及其他的（促进或者妨碍与"应当"陈述相吻合的对事实的、个人等的）信念、态度和情感中表现出来。

四、二阶理由及行动的原则

拉兹认为从冲突的情境之中，我们看到了理由的本质的东西，那就是理由的不同层次。于是他指出，"正是对各种理由冲突的详尽考察迫使我们承认不同的理由属于不同的层次，这一事实影响到它们在冲突情境中的作用"❶。紧接着拉兹指出我们拥有一套连锁观念。我们既可以用这个连锁观念来描述理由的冲突得以解决的方式，比如一个人意识到了相互冲突的理由，但是认为照料生病孩子的需要超过了所有其他的考虑；也可以用来描述这些冲突应予解决的方式，并指出这里所有这些冲突都按照一个逻辑模式。

理由的冲突通过相互冲突的理由的相对分量或强弱来解决，它们的相对分量或强弱决定了它们当中的哪一个理由胜过了其他理由。拉兹提出，就我们满

---

❶　[英] 约瑟夫·拉兹. 实践理性与规范 [M]. 朱学平，译. 北京：中国法制出版社，2011：27－28.

足于以一种单凭印象的方式理由这种冲突而言，这种看法没错。但是如果我们要建构一种实践冲突的逻辑理论的话，那我们就不得不承认，并不是所有的冲突都属于同一类型。

于是他提出了他的理由理论最为创见性的主张，那就是，他认为理由应当有一阶（first – order）和二阶（second – order）之分。并强调，理由的强弱作为行动的有效性只能在一阶理由内部进行，而不能跨度到一阶理由和二阶理由的冲突之中。

拉兹提出，他之前的哲学家们尚未认识或讨论一阶和二阶的行动理由之间的区别。无疑这至少部分是由于这一事实的缘故，即这种区别没有在我们对日常语言表达的运用当中直接反映出来。这两种理由都作为"理由""考虑""根据""因素"等而提到。不同层次的理由之间的冲突的解决，就像同一层次的理由之间的冲突的解决一样，也以一个理由优于、胜过或者强似另一理由的方式而得到描述。如果我们满足于依靠我们对这些表达的意义和用法的直观把握的话，那我们就无须关注一阶理由和二阶理由之间的这种区别。我的主张是，只有以限制［理由的］强弱、分量和胜过这些概念的适用范围为代价，才有可能对它们的概念做出一个有益的阐明，而且如果我们要从事这样一种阐明的话，那么冲突理论就必须容许其余逻辑类型的冲突和冲突解决的存在。❶

因此，拉兹认为如果没有引入对理由本质的考量，也就是说没有对一阶理由和二阶理由的区分，那么人们从直观的角度看，仅仅需要从理由的权衡即按照理由的强弱来行动就好。所以，从一个完美状态下来说，人们应该在考察了一切信息之后，按照理由之间的强弱去决策行动。于是，拉兹指出在没有二阶理由引入的前提下，可以将行动的原则表述为：

原则一：在对所有的事情进行考虑之后，一个人应当总是按照理由的权衡去做他应当去做的任何事情。❷

拉兹特别强调这里的"所有的事情进行考虑"是："不仅仅是在行动者实际上考虑的或者可能已经考虑的理由的基础上应当做什么，而是在与该问题有关的所有行动理由的基础上应当做什么。"所以，拉兹的这一要求也仅仅是逻辑上，这一原则并不能在现实实践中展开。对一切信息进行考察，它

---

❶ ［英］约瑟夫·拉兹. 实践理性与规范［M］. 朱学平，译. 北京：中国法制出版社，2011：36.
❷ ［英］约瑟夫·拉兹. 实践理性与规范［M］. 朱学平，译. 北京：中国法制出版社，2011：20.

的问题就是脱离了现实的时间约束条件，但这还不是拉兹要否定原则一的重点。

他接下来想说明的是人们的确是基于理由而行动，但是理由本身却有不同的层级。他举了一个例子，一个女人很困，她没法对一项投资进行考虑，于是她放弃了做出决策。她的放弃并不是基于理由之间的权衡，做出了不投资的决定，而是她没法相信自己在此种情境中的判断。于是结果都是不投资，基于的理由却是不同的。拉兹进而指出"她很困"是一个二阶理由，这是一个更为高阶的理由，当一个二阶理由出现的时候，人们不能根据理由的权衡而行动。比如同样的情景，士兵应该遵守命令（二阶理由）而行动，而不是根据理由的权衡。拉兹是如此论证的：

想像一下安的情形。安在寻找一种好的投资方式。后来，一天晚上，一个朋友告诉她一项可能的投资。问题是她必须当晚做出决定，因为该交易将在午夜停止。朋友推荐的投资非常复杂，安对此一清二楚。她意识到这可能是一笔非常不错的投资，但是也有事实表明对她来说这根本就不是一笔好交易，而她也不能确定它是不是比另一建议要好还是要差，这个建议是别人前几天提供给她的，而她也一直在考虑中。现在她需要的就是几个小时的时间来对这两个建议进行彻底的考察。所有的相关信息都在桌子上的文件堆里。而安又非常不安地度过了漫长而紧张的一天。她告诉朋友，她不能对其建议的好坏做出一个理性的决定，因为即便她想努力搞清楚接受这一建议的后果，她也做不到。她太累、太烦，从而难以相信自己的判断。她的朋友回答说，她必须做出决定。拒绝考虑建议就等于拒绝建议。她承认她拒绝这个建议，但是她说她拒绝它并不是因为她认为反对它的理由胜过了赞成它的理由，而是因为她现在不能够相信她自己的判断。她的朋友反驳道，这违背了原则一，是不理智的。她的疲倦和情绪状态不是她拒绝这个建议的理由。它们不能证明接受这个提议是不对或者不好的，或者这样做会违背她的利益，等等。按照原则一，她应当按照建议本身的好坏对它进行考察。原则一并不意味着她应当不考虑当前的精神状态。按照原则一，她必须承认她的判断会受到她的精神状态的影响，因而她必须纠正它以免这种情况发生。然而安发现这样做只会使事情变得更糟。在当前的状态下，她确实不能相信她自己能够搞清楚她的精神状况会怎样影响她的判断。她坚持认为，尽管她决定不接受该建议，但她能够理性地这样做，并不是因为按照其好坏该提议应当被否决，而是因为她有理由不按照这种建议的好坏来行动。她承认，这是一种原则一没有承认的理由，但这也只不过表明原则一是无效的。

安的例子是有趣的，因为她主张根据一种原则一未曾考虑的理由而行动。她认为她有一个有效的行动理由，或许这是错的，但是既然她所依据的理由并非不同寻常，因而值得仔细研究。她的例子的特殊之处并不在于她认为她的精神状况是她的行动理由，而在于她将它视为一种不考虑其他行动理由的理由。原则一允许她把疲倦作为上床休息的理由。而她则将其视为拒绝一个交易建议的理由（或理由的证明），尽管事实是她的疲劳与该建议的好坏毫无关系。她主张拥有一个不基于理由的权衡而行动的理由。在这个例子中，安没有基于理由的权衡形成任何看法。但这无关紧要。她或许形成了"这个提议是好的"这种意见，但同时却拒绝了它。她可能不信任她自己的判断，因而拒绝据之而行动。我对安的推理的分析是不完整的。这一分析表明，她认为她不应当基于理由的权衡而行动，而不是要表明在这种假定下她为什么选择拒绝而不是接受这一提议。最可能的解释是，她依赖于某种经验规则（ruleofthumb）。安的推理对于一种情境来说是典型的，在这种情境下，因为行动者在时间的压力之下，或者他喝醉了，或者他受到了强烈的诱惑或威胁，或者因为他认识到他受到了他的情绪的影响，等等，因而他不能相信他的判断。但是这种推理并不限于此类情境。❶

从拉兹举的安的例子可以看出，拉兹认为安之所以没做出投资的决定并不是因为处于是否应该投资的一阶理由之间的权衡，而是她不能相信自己的判断。不能相信自己的判断本身也是一个理由，它构成了不投资的根据，但是这种不投资的理由跟"有事实表明这不是一笔好交易"有根本的不同，不同之处乃是，这种不投资的理由是二阶理由，而不是一阶理由。紧接着拉兹又举了第二个"士兵抢车"的例子：

在服兵役时，杰里米的指挥官命令他占用一辆属于某个商人的货车，因而他有理由占用该车。朋友力劝他不要服从这一命令，并指出了这样做的重要理由。杰里米不否认他的朋友有道理，但是他认为，他的行为是对还是错，这无关紧要。命令就是命令，即使命令是错的，即便是违背命令不会产生任何危

---

❶ ［英］约瑟夫·拉兹. 实践理性与规范［M］. 朱学平，译. 北京：中国法制出版社，2011：38－39.

害，也得服从命令。这是下级的职责。它意味着不是由你［自己］去决定什么是最好的。你也许知道，按照理由的权衡，一个做法是对的，然而不遵之而行动仍然是正当的。命令是你不顾理由的权衡而去做命令要求你去做的事情的理由。他承认，如果命令他去干一桩暴行，他会拒绝。但他认为，他的［这一任务］是一种平常的情形，命令应当优先。在这种情况下，也许杰里米错误地接受了上司的权威。但是按照权威的本质，难道他不对吗？❶

　　这个案例同样是二阶理由的案例，但是指向不同，它意在表明"命令是一个二阶理由"，即遵从命令而不是基于自己对情境的判断和理由的权衡。这也是拉兹想要论证的关键，他在后文中将论证法律作为一种权威规范是一种典型的二阶理由，那么人们应该遵从法律规范的理由是因为这些规范是二阶理由，它的存在本身就是理由，人们不应该将法律规范放在一阶层次进行权衡，而是必须执行法律规范。

　　接着我们看拉兹举的"许诺案例"：

　　最后考虑一下科林的例子。科林答应妻子，在所有影响到儿子教育的决定上，他只会为了儿子的利益而行动，而不会考虑所有其他的理由。假定科林现在不得不决定是否要送他的儿子去一所公立学校。如果送儿子上公立学校，那么他就不能辞职去写他非常想写的书，而且考虑到他在社会中的杰出地位，那么他的决定也会影响到许多其他父母的决定，包括那些不能很好地承担费用的父母的决定，这些事实都在相关的理由之列。然而他认为，由于他［对妻子］的许诺，他应当完全不顾这些考虑（除非它们会间接影响到儿子的福利）。同样，有人会认为他的许诺并无约束力，但这是无关宏旨的。我们的目的只是要理解那些相信这种理由的人们的推理，并且必须承认这种人很多。科林的许诺，就像安的疲倦一样，并不影响到理由的权衡。他的许诺本身并不是赞成或者反对送他的儿子上公立学校的理由。它没有改变现有的任何理由，也并不意味着科林的决定对于他写书的机会以及对其他父母的决定所造成的后果不再是相关的理由。它们仍然是相关的理由，但是科林有理由或者他相信他有理由不管它们，不按它们行动。科林像安和杰里米一样相信他有理由不按一定的理由而行动，而这意味着他相信他不基于理由的权衡而行动是正确的。❷

❶　［英］约瑟夫·拉兹. 实践理性与规范［M］. 朱学平，译. 北京：中国法制出版社，2011：39.
❷　［英］约瑟夫·拉兹. 实践理性与规范［M］. 朱学平，译. 北京：中国法制出版社，2011：39.

在这一案例中，也体现着一种不同的二阶理由作用，那就是"许诺"本身可以构成二阶理由，当一个人做出了许诺，这一许诺就成为一个理由，而且是二阶理由，许诺者要按照许诺行动而不能再考虑一阶层级的理由之间的权衡。这样的例子，我们生活中随处可见。从某种意义上来说，当许诺者做出许诺的时候，就意味着他已经主动放弃了阻碍许诺内容实现的一切理由。同样，发誓、保证等属于同样的性质。然而到底什么是二阶理由，拉兹是这么论证的。

拉兹指出，要说明上述三例中的推理形式，就必须引入几个新概念。我们说，当且仅当一个人因为他相信 p 是他做 Φ 的理由，从而做 Φ 的时候，他因理由 p 而做 Φ。当且仅当他不是因理由 p 而做 Φ 的时候，他就会因 p 而不做 Φ。换言之，如果一个人不做某个行动，或者不是因为某个理由而做这一行动，那么他就是因为这一理由而不行动（refrains from acting）。"不行动"（refrains）这里在广义上使用，它不是说行动者因为这一理由而故意不做。二阶理由是因为某个理由而行动或者因为某个理由而不行动的任何理由。排他性理由则是因为某个理由而不行动的二阶理由。科林、杰里米和安认为他们的推理是明智的，因为他们认为他们拥有有效的排他性理由，他们的决定部分基于这种排他性理由之上。他们拒绝原则一，因为它没有虑及排他性理由。排他性理由是我们这里关注的二阶理由的唯一类型。

如果 p 是 x 做 Φ 的理由，而 q 则是其不按 p 去做的排他性理由，那么 p 和 q 就不是严格地相互冲突的理由。q 不是一个不做 Φ 的理由，而是一个不因理由 p 而做 Φ 的理由。p 和 q 之间的冲突是一阶理由和二阶的排他性理由之间的冲突。这种冲突不能通过相互竞争的理由的强弱来解决，而是通过实践推理的一个普遍原则来解决。这一原则决定了，在与一阶理由发生冲突时，排他性理由总是优先。应该记住，排他性理由的范围变化很大；它可以排除适用于特定实践问题的所有理由，或者仅仅排除适用于该问题的某个理由。例如，可能会有某些影响范围的考虑，以致于尽管科林的许诺旨在明显地排除一切影响到他儿子利益的理由，它实际上并不能有效地排除公正待人的考虑。而且下文将会说明，排他性理由也可能与另一二阶理由相冲突，并为它所胜过。只有不败

的排他性理由才能成功地进行排除。❶

在这里，拉兹想强调的是，理由 q 和理由 p 并不是相互竞争的关系，而是当理由 q 出现的时候，对于 x 来说就不能按照理由 p 去行动。而 q 并不是一个让 x 不去做 Φ 的理由。同样二阶理由中也会有一些胜过另一些的，因此，只有那些不能被其他二阶理由所胜过的二阶理由才具有排他的地位，也就是说只有这样的二阶理由才是不败的排他性理由。当这种理由出现的时候，人们就不能基于理由之间的权衡去行动了。那么就自然提出了行动原则的第二条规定。

原则二：如果打破平衡的理由被不败的排他性理由所排除，那么一个人就不应当基于理由的权衡而行动。

至此，我们看到原则二是原则一的现实修正，从根本上说，原则二之所以出现是拉兹基于现实实践的考察。我们不难看出原则二与原则一之间的矛盾，因此拉兹指出，原则二有效的话，就必须要重新修正原则一。而"引入排他性理由意味着理由有两种被击败的方式。理由可能被严格地相互冲突的理由所胜过，或被排他性理由所排除（当然也可能被取消）"。也正是有原则二的出现，而且原则二是成立的话，那么原则一则应该被修正，因此，原则一将被重新表述，即在对一切事情进行考虑之后，一个人总是应当出于一个不败的理由而行动。也就是得到了行动原则的第三条规定：

原则三：在对一切事情进行考虑之后，一个人总是应当出于一个不败的理由而行动。❷

也就是说，拉兹通过对行动原则的设定（原则一），进而否定（这一否定是有原则而实现的），达到了原则一的现实版即原则三。所以，在拉兹这里，行动的原则其实只有两条，即原则一和原则三。它的完整表述应该是这样的，"在对一切事情进行考虑之后，一个人总是应当出于一个不败的理由而行动。而如果出现打破平衡的理由被不败的排他性理由所排除，那么一个人应当基于理由的权衡而行动"。

拉兹的问题在于执着于"对一切事情进行考虑"，这显然是不可能的，从西蒙那里我们就知道，人在行动中只能寻找"最满意解"，而不能寻求"最优

❶ ［英］约瑟夫·拉兹. 实践理性与规范［M］. 朱学平，译. 北京：中国法制出版社，2011：33. 排他性理由是二阶理由中的一种。

❷ ［英］约瑟夫·拉兹. 实践理性与规范［M］. 朱学平，译. 北京：中国法制出版社，2011：34.

解"，因为现实的决定会受到主体的能力、时间、条件等现实有限性的限制。因此，我们认为人们行动的出发点是主体自身的目的，进而在现实中寻求自己需要的信息，这些信息构成了理由的内容，从而作为证据支撑着行动。至于拉兹最终想要论证的法律是一种权威性命令规范，它本身就构成了行动的理由，超出了本书的讨论范围，在此不做过多的阐述。

第七章 "后真相"时代人的
存在方式和行动理由

发端于媒体界的"后真相"时代，其实反映了以往人们对"真相"的理解已经不能满足于对现状的描述这样一种现象。它促使我们重新定义"真相"。首先，真相总是表现为一定价值主体的真相，因为真相本身具有整体性和过程性，可见真相是无法穷尽的。而主体总是也只能是根据自己的价值需要来"整理"属于自己的真相。"后真相"的困惑凸显出真相中的价值维度，使真相表现出一种主体性和目的性。其次，这种对真相把握的相对特点并未造成"真相虚无"和"真相相对主义"，人们依然能关于真相达成共识。这一共识是基于真相中的"事实要件"达成的。最后，人们行动要基于一定的理由，而任何理由的本质内容都是为了满足主体目的。因此，行动的本质就体现为一种价值选择的活动。"后真相"时代的价值凸显，本质上揭示了在新的历史条件下人的存在方式的新特征。

一、"后真相"语境下的真相问题

"后真相"（post—truth）一词的最早使用是出现在美籍塞尔维亚剧作家史蒂夫·特西奇（Steve Tesich）1992 年发表于美国《国家》杂志上的一篇文章里。2016 年伴随着英国脱欧、特朗普当选等一系列国际政治怪象，"后真相"一词成功入选《牛津词典》，成为年度词汇。《牛津词典》对"后真相"一词定义为"诉诸情感及个人信念比客观事实更能影响舆论的情况"，这是目前对"后真相"概念最确切的规定。但是，后真相这一概念中对客观事实存在的必然性给予了肯定，将情感及个人信念剥离于客观事实之外。除此，它把客观事实与真相等同，强调了正是由于现实社会凸显出情感及个人信念凌驾于客观事实之上，使我们由"真相"时代转入"后真相"时代。

(一) 真相中的价值维度

基于前文关于信息时代的分析，知道我们信息异化成了当今社会的一个特征，而人们获取信息的主要途径就是通过新闻媒体，因此新闻的主要责任就是保证报道内容的真实性。然而，对于什么是真实却有各不相同的说法，没有哪个媒体会声称自己的报道是不真实的。这就造成了现实中，民众得到的并不是未经加工的纯粹事实，而是经过新闻机构解读过的事实。因此，理解事实真相，我们有必要引入价值思维。"价值思维是以人的生活实践为基础和依据的，它既要求置身于主体社会性、历时性的现实生活实践关系中进行思考，'用生活实践的眼光看待一切'，从而把握主客体之间的价值关系及其运动发展、变化，更要求以主体（人）的生活实践为范式，'像生活那样思考'，'像实践那样思维'，将价值生活实践的结构、方式、形态和规则，提炼升华为具体的可操作的价值思维方式。"❶ 事实和价值在理论上、逻辑上有别，不容混淆；但按照生活实践的逻辑，二者是不可分割的。我们基于一定的目标和行动方案而行动，与我们对事实真相的把握与价值的追求，是结合在一起的。"事实"或"真相"，"价值"或"信念"，不是生活中两个完全不同的、可以分割开来的东西。它们其实是我们生活实践中的同一件事、同一个过程，只是我们基于不同角度，在理论思维中把二者分开。人们的生活实践本质上是自觉自由的，人的行为指向某种目标时，必然是求真与求善的统一。我们确认真相的基本途径是：按我们既有的认知去实践，并能获得成功。所以列宁说："在唯物主义者看来，人类实践的'成功'证明着我们的表象同我们所感知的事物的客观本性相符合。"❷ 也就是说，作为价值效应的成功，反过来证明被我们认定为真相的内容，的确符合事物本性。列宁谈到验证真理时，也是这个意思："必须把人的全部实践——作为真理的标准，也作为事物同人所需要它的那一点的联系的实际确定者——包括到事物的完整的'定义'中去。"❸ 如此看来，放弃简单性的实体思维而运用价值方法和主体性思维，承认"我们认为其真"的信息，是顺理成章的事，这实际上是主体对"纯粹事实"建构的结果，其中已经融进了我们的情感、立场和信念。

---

❶ 孙伟平. 价值哲学方法论 [M]. 北京：中国社会科学出版社，2008：256.
❷ 列宁. 列宁选集：第2卷 [M]. 北京：人民出版社，1992：100.
❸ 列宁. 列宁选集：第4卷 [M]. 北京：人民出版社，1992：419.

以价值思维来重新理解当今的"后真相"现象，需要我们用新的方式理解真与假、事实与价值。也就是说，我们应在主客体互动、事实与价值统一这样的语境下，辨析"后真相"中必要的主体、价值因素与干扰性主观因素，在开放的和大众文化的语境下，给"后真相"合理定位。

1. 承认"后真相"现象的必然性，并关注大众文化和主体多元化所导致的复杂性与不确定性

如前所述，传统媒体时代，"真相"也有主体的情感、信念等价值因素渗透其中。"后真相"不是离开了真相，而是因为信息、网络和大数据技术带来的便捷，催生了自媒体，使得信息采集和传播的主体多元化、大众化。如果我们承认技术和社会发展的这种趋势，承认平民文化和大众文化兴起的客观规律，我们就应该认可主体的情感、信念和价值立场对"真相"的建构作用，接受"后真相"现象。当然，事实合理性不等于价值合理性，我们正视"后真相"，不等于无视它引出的一系列问题，如信息泛滥、信息被操纵，以及信息真假莫辨。从事实与价值角度说就是，复杂的和多元价值因素参与建构"真相"，得出的"事实真相"也必然是复杂的和多元的。不过这并不意味着各种信息同样为真或有同等程度的真值。正是由于信息泛滥，真值却大不相同，"后真相"中的主体性和价值因素才成为新的问题。这种问题已成为一种严重的社会现象，成为我们进入所谓"复杂性"时代和"风险社会"（Risk Society）的重要推手。这样，我们要关注的不是情感、信念对真相的"污染"，而是我们该以何种新的姿态面对"复杂性"和"风险社会"，以新的方式解决它带来的问题。

2. 用价值思维更新和完善自己辨析真相的能力

不要把真相理解为既定的结论、永恒不变的真理，似乎我们一旦获得所谓"真相"，就有了稳固靠山；不是靠某个权威机构把信息中的真和假分辨清楚，而我们只管拿来用就行。真相之"真"，需要我们在能动的实践中把它挖掘出来、发挥出来，把抽象的信息转化为活生生的事实。在生活和实践中，通过前提（"真相"）与结果、主观与客观、应然与实然的互动和对照，来验证信息的真与假、事实与价值，剔除其中主观的虚假成分。作为一次完整的行为，我们一般是将"真相"转化为预期目标，并将目标付诸行动。实施的过程及其结果，验证作为起点的"真相"究竟是否为真、有多真。当然，鉴于事物发展过程的复杂性和无限性，我们不可能完全靠经验来把握完整事实、事实完整

的发展演变过程。我们还需要借助理论思维，需要批判反省和逻辑推理，需要超越经验的具体，达到对事物的本质把握。

3. 要适应"后真相"的特点，完善和改进信息资讯的公共管理

传统媒体时代，信息资讯的管理主要是两种办法：一是身份定位，即信息的采集和传播权，限于获批的特定部门和特定主体；二是对信息的主题、基调、口径等内容做统一规定。随着新媒体的出现，传统管理措施有些力不从心；它对真相的认定也不尽合理：一刀切的管理模式也可能会把很多有价值的真实信息屏蔽掉。"后真相"时期的管理，不能继续采取以往那种简单化办法，社会管理也要适应复杂性和多元性的现实，应该给多元主体较为宽松的环境，采取更加开放与灵活的管理方式。例如用"合法""非法"的法律标准代之以一刀切的行政标准，用底线伦理原则和公共道德代替长官意志。"后真相"时代的社会管理，需要在分层的基础上，借鉴哈贝马斯商谈伦理的思想。国家直接干预和管理的范围应该限于影响比较大、后果比较严重的公共领域的问题。民间、私人交往领域的信息管理问题，交给公民自己，按照平等协商或平等博弈的游戏规则去解决，按照"商谈伦理"的原则解决。随着公共交往的扩大，信息采集和传播越来越普及，主体间的关系日益凸显，商谈伦理原则在评价、调适和筛选资讯信息中的作用也会增加，这是大概率的事。

为消除"后真相"中的主观和虚假内容，主体也需要提高自己法律和道德修养。人们要意识到，在"后真相"语境下，一句不经意的说法，有可能在信息的海洋中被放大，并对公众产生意想不到的结果。正因为如此，每个主体在采集和传播信息时，更要有责任感。敬畏法律、遵守法律、依法行为；遵守公共道德和职业道德，避免自己的情感和立场导致信息失真，对他人带来伤害。

（二）"真相"的几个特征及其推论

我们要澄清的一个问题是，"绝对客观"的真相是不存在的，事实本身就内含了情感和个人信念，这既是实然的又是应然的，或者说这才符合真实的情况。基于以上分析，真相主要有以下几个特征。

1. "真相"具有主体性

真相是与人有关，对动物来说没有"事实"而只有"实存"。进而可以推出，"事实"有不同"主体层次"的事实。不同主体层次所把握的事实不同，

并不是信息的完整性导致的，而是由主体本身的立场不同所凸显出来的自然结果。所以，"事实只能是其对应主体的事实"。

2. "真相"具有公共性

公共性来自人的"社会性"。❶ 事实的这种主体性表现为一种相对性，就像评价的形式一定是主观的，同时也会表现出一定的相对性，但是却不是一种相对主义。因为，就像评价的相对性由"社会评价""历史评价""权威评价"或"卓越标准"等方式来化解一样，对事实的把握的相对性也会由在具体的主体范围和层级内表现出的一定的"共识性"所化解。❷ 保证"共识"成立的基础是人们对"真相要件"的认知，就像控诉双方基于对"事实"的不同理解而对簿公堂，但法官需要的是让双方提供"证据"，"证据"即"真相要件"。法庭是一个将零散的"真相要件"还原成一个"完整事实"的地方，而法官的判决本质上是基于"证据"的评价。正常情况下，只要"证据"确凿，法官做出的判决往往是能够让人们达成"共识"的。

3. "真相"具有目的性

因为事实总是作为主体的事实，故主体对"事实"的把握必然自觉不自觉地将自己的目的投射到对事实材料的把握上，进而形成符合主体价值倾向和目的的事实。就像不存在"无主体的事实"一样，现实生活中也不存在"无目的的事实"。于是我们知道，当一个人声称他说的是"真的"的时候，也要把此内容理解为"他认为的真的"。

4. "真相"具有完整性和过程性

真相的绝对完整性是无法穷尽的，这里指出的完整性是一种相对的完整性，即只要能证成一定主体范围内对真相的"共识"，那么就形成了真相的相对完整性。同样，真相的过程性即时间性也是其完整性的一部分，这是真相作为有机体发展的必然逻辑。

黑格尔在《精神现象学》中强调不要将"事情本身"当作"解剖"的对象，那样只能得到一些"僵死的存在物"。❸ 事实本身就是一个有机体，无论它的生成、发展还是影响与反馈，都是与人和人的活动相互交织在一起的。

---

❶ 李德顺. 选择的自我：一位哲学家眼中的人生［M］. 北京：北京出版社，1996.

❷ 陈阳. 对拉兹价值社会依赖性理论的反思——从价值是如何生成的视角看［J］. 科学经济社会，2018，36（1）：7-13.

❸ ［德］黑格尔. 精神现象学：上卷［M］. 贺麟，王玖兴，译. 上海：上海人民出版社，2013：51.

"事实永无止境"，这并不是让人放弃把握事实或者说主体不能得到其所需要的"完整事实"。同样，这也并不意味着我们不能或无法依据"事实"而行动。正相反，人的问题除了依据"事实"别无所依，事实构成了行动的理由。那么我们是不是只有把握到"事实"的全部的、完整的过程才能做出判断进而行动呢？这一思维在历史上、现实中和逻辑上都是行不通的，我们认为对事实的把握达到"必要的、完整的要件满足对主体所期待的'事实'之证成"即可。首先，从逻辑上说，我们在搜索和评价信息的时候只需要找到能满足我们判断的"关键要件"，是"要件事实"构成了我们"需要"的真相；其次，从现实经验上说，行动的条件性（时间、环境、主体能力等）都使得这一理想化的探索成为不可能。但是，这一切并不意味着要将真相中的客观要件相对化或者虚无化，从而指出"客观真相不存在"，否定掉真相中的客观性。真相中的价值维度的凸显，并没有消解真相或者意味着真相的崩塌，它再次印证了黑格尔的那句话："花朵开放的时候花蕾消逝，人们会说花蕾是被花朵否定了的；同样地，当结果的时候花朵又被解释为植物的一种虚假的存在形式，而果实是作为植物的真实形式出现而代替花朵的。这些形式不但彼此不同，而且互相排斥互不相容。但是，它们的流动性却使它们同时成为有机统一体的环节，它们在有机统一体中不但不互相抵触，而且彼此同样都是必要的；而正是这种同样的必要性才构成整体的生命。"❶ 与黑格尔将真理看成一个发展着的过程一样，事实或真相同样也在时间中展开，而非静止和孤立的实存，它同样也受到人以及其他外部性的影响，甚至人的观察本身就会影响事实的发展变化。总之，真相和事实是属人的、表现为时间中的、具体情境中的那个样子。

因此，不受个人情感支配的事实是不存在的，所谓的"客观事实"只是事实组成的要件。事实是由"要件"生成的，也正是要件的存在使得"真相"之真得以成立，但是它却不是"真相的全部"。

二、"相对主义"的消解和"真相共识"的达成

"真相"的主体性起始于"相对"，但并不停留和终止于"相对主义"。无论是在不同主体对真相把握的过程上还是逻辑上，这一相对性并不必然导致相对主义。恰恰正是主体这种"真诚"地将"事实"把握为"我的事实"，才使

---

❶ ［德］黑格尔. 精神现象学：上卷 ［M］. 贺麟，王玖兴，译. 上海：上海人民出版社，2013：52.

得普遍"共识"成为可能。此部分论证需要从对"真相"完整性理解的影响因素入手，进而以民法诉讼为例来论证达成"真相共识"的可能、必然与必须。

（一）对"真相"完整性理解的影响因素

"真相"的主体性要求"真相"起始于"相对"，但并不停留和终止于"相对"。无论是在不同主体对真相把握的过程上还是逻辑上，这一相对性并不必然导致相对主义。恰恰正是主体将"事实"把握为"我的事实"，才使得普遍"共识"成为可能。

对事实把握的准确性受到三个环节的影响，即信源、信道和信宿。信源本身展示得是否充分；信道即在采集之时是否完整、准确地把握了事实中的要件，传播过程中有没有被某些介质干扰；信宿即信息的接受者，其能力和需求会直接影响对信息的评价。所以，通过对事实把握的三环节分析可知，在消除对真相完整性理解的影响因素方面可以从主客观两个方面入手：一方面，真相的完整性和过程性要求构成真相的要件要全面，时间顺序要唯一，因为不完整的片段或打乱的时间顺序很有可能构建出另外一个故事。这样的事情在生活中是常见的，正如所谓的公说公有理、婆说婆有理，不过是公婆各自裁剪了事实。然而，当听众两头都听了之后，才能发现问题，即他们各自所说的"真相"不过是真相"整体性"的一部分。同样，就像骗子有时候并不是告诉人们一个虚假的信息，而是告诉人们"事实"的一部分信息，引导人们去"构建"一个自身想要的"事实"。"解释"是对事实的理解，它用"分析"的方式来证成一种"事实"。它虽然没有增加虚假信息，但是却向人们隐瞒了一些关键信息，即构成真正"事实"的"要件"，我们知道由于"要件"不同会让人们"生成"不同的"事实"。

相对于故意为之，还有一种情景是观察主体由于自身的能力问题，不能把握事情的全部或者关键，从而导致"失真"。因此，主体要尽量消除理性工具在对"真相"把握过程中的负面影响。人们能够把握到客观"事实"，还是通过对"事实"的解释来把握到他所能接受的"事实"？我们通常通过自身"理解"或者他人"解释"来接受我们所"同意"的事实。我们要区别一种由于"主体"自身不自觉的主观性导致的被骗，这既不是骗子的故意为之，也不是"事实"的复杂性导致"观察者"难以发挥自己的能动性去深入事情本身来分析它、把握它，而是由于"主体"被自己的"欲望""懒惰""恐惧""侥幸"等主观性所蒙蔽导致对"事实"的误判。❶ 在这种情景下，人们虽然运用了自己的理性但是并不彻底，在自我论证的时候感性压倒了理性。当然，有时候也会出现"真相失真"的问题，那是由于人的认知过程本身的问题，比如眼睛看到的东西经过大脑皮层的处理或者心理情绪的影响从而生成了你的"事实"，这是不可避免的，也是一个自然的过程。问题的关键在于人们如何形成"共识"。有时候魔术就是利用人在处理信息的"漏洞"来制造一些看似不可能的"现象"。当然，有时候是逻辑漏洞或者话语的圈套等，但都是一样的模式，都是利用了人本身的自然特点罢了。

很多情况下真相的完整性或者关键要件的出现会解决人们的分歧，却不能解决所有的分歧。因为有些情境下，由于主体的地位和立场不同，面对同样的"完整真相"也会得出有利于自己的评价，进而采取与对方截然不同的行动。的确，对真相的理解必然表现为相对性与多样性，但这并不意味着就是相对主义，笔者将在下一部分论述这个问题。

（二）"要件—要件事实—证据—真相"消除分歧达成共识

常识告诉我们，法院是"达成共识"的地方，它通过合理的程序来保证这一目的。我们从民事诉讼的逻辑流程来看法院是如何让人们达成"真相共识"的。❷ 王泽鉴先生在《法律思维与民法实例》中指出，"应先明确其构成要件，解析其个别构成要素及其举证责任问题，再就案例事实判断是否得为可适用的规范"，这将静态的司法分析动态化、过程化。以民法中的"请求权"为例，"请求权基础的所有构成要件都满足的话，才能得出请求权产生的效果，是为要件事实的完整性。与每一要件相对应的事实都必须具备真实性和符合性两个特征，真实性是指该事实有相应的证据证明，符合性是指该事实有相应的理由证成符合法律的规定"❸。

那么"请求权"是什么，一是指获得某种特定的给付的要求。他人可以

---

❶ "欲望"，比如想占便宜；"懒惰"，比如觉得差不多了，不再想花工夫去查询一些要件信息；"恐惧"，比如人们听到社会上流传的一个恐怖消息而去疯抢某种商品（养生食品或保健药品也属于此种类型）；"侥幸"，这是基于"小概率理论"的误判，觉得这样的事情"应该"不会发生吧，等等类似情况。

❷ 此部分得益于段清泉在《民法学人》公众号上的《要件事实的假设、证明与论证》一文。

❸ 王泽鉴. 法律思维与民法实例［M］. 北京：中国政法大学出版社，2001.

请求这种给付，至于他人能否获得其希冀的给付，则是另一回事。二是将请求权定义为"要求他人为或不为一定行为的权利"。该种请求权以存在一项有实体法依据的请求权为前提。而请求权基础，其一般表现形式是法律条文，即规定和规则。而要件即重要条件或主要条件，一般是事实的具体化表现。要件事实也称为事实，法律上的事实一般分为事件（与当事人意志无关）和行为（与当事人意志相关）。因此，法律上事实的定义或特质应该是重要条件的具体化，并由证据证实的。可见法律诉讼的逻辑循环是由请求权基础出发，进行整理要件事实，即要件—事实—证据。其中事实必然是与要件直接相关的实质性事实，❶ 而证据是事实的关联性证据，具有可采性和逻辑合理性。再由证据—事实（证明要件事实）—要件（论证要件事实），最终审视请求权基础并做出判断。

"请求权"法律案例及法律中提出的"要件事实"和"实质性事实"，对我们理解"事实"内涵具有一定的启发性。请求权基础与要件一脉相承，是由人的目的和需求产生的，标志着"事实"是必然有目的范畴的，即包含人的主体性，这里就与"纯客观的存在事实"不同。而"事实"之所以成为"事实"，其自身质的实现过程并不是静止的、孤立的，需要具有关联性的、真实的、逻辑可推的证据进行证明、证实，从而保证事实的客观性。正是这一案例，让我们看到"真理共识"的可能性、必然性。

因此，对真相的理解必然表现为一种相对性和多样性，这是主体参与必然的、自然的和合理的结果，然而这并不代表着一种相对主义。在一定时期的文化群体内，若有证成真相的要件出现，那么人们在一定程度上就会形成一致的判断和评价，进而解除这种相对主义的危机。只是在时代交接或者受到另一个卓越标准冲击之时，这种大的相对性才凸显出来。当然，也正是在这种比较剧烈和紧张的价值评价分歧中才体现出时代背景下人们如何选择的多种存在样式，个人和群体也正是在这样一次次的价值评价与选择中与他人和其他群体、时代相区分，它呈现了社会面貌改变的岔路口。当然，也正是这种对真相理解的相对一致性，构成了人们互相理解以及制定规范的前提条件，也使得社会共识和对话成为可能。这种一致性是以相对性为前提的，它

---

❶ 这里有一个问题就是"实质性事实"。"当我们明确一个请求权基础的要件之后，就根据这个要件去寻找与这个要件相关的事实，不相关的事实就没有必要去寻找，为了区别，这种事实和法律要件的相关性我们称为实质性。"

非但没有滑向相对主义，反而更能让人们形成共同体，理解不同的主体层级，甚至能够将"人类"作为最高的共同体从而来使用自己的权利和承担自己的责任。

三、"行动"本质上是一种价值选择

在"后真相"时代，人通过主观选择并做出行动并非是反对以往学者对"后真相"主观性的彻底批判，也不是对"后真相"掩饰客观性真相、满足一些人用主观性的立场判断来引导人们行为这种观点的支持。这里的选择想要表达的是，在现实生活中没有必要也不太可能在追求真相、进行价值选择时考虑到所有的信息和因素，往往是基于主体的需要而选择信息，使自己的行动无限趋近于真相，从而进行价值选择，事实往往的确是按照这样的真理选择过程而发生的。人在进行选择时主观性所发挥的切实作用，不是重建一个可以接近客观性标准的框架，也不是让真相留下的空位直接转移到主观性之上，而是对人的主观能动性在现实中所起作用的规律发现与阐释，这恰恰是在"后真相"时代对人的存在方式与行动理由真相的追求与判断。

（一）"实践哲学"意义上的"行动"

这里需要做一说明，即对"行动"的分析不在经济学、管理学、心理学等层面探讨，而是在哲学，尤其是用价值哲学的视角和方法来考察。我们着重分析人们如何评价行动过程中的各个环节，从人们如何设定目标、搜集信息、制订方案、诉诸行动、反馈修正等行动的全过程的完整性上考察，并把这一完整过程看作是广义上的"决策"。当然，有学者会对此提出异议，建议使用"实践的理由"，因为"行动的理由"这一提法更像是分析哲学的语言风格。那么关于"行动"和"实践"之间的区别我们还可以参照杨国荣的分析，他认为："宽泛而言，作为人的活动，行动（action）与实践（practice）都渗入了人的意向和目的，并在不同层面受到普遍规范的制约。不过，二者可以分别加以考察。在区分的意义上，行动往往侧重于微观层面个体性或单一性的活动，实践则更多地涉及宏观层面社会性、系统性的活动。"其实，这种区分具有相对性。他进一步指出，"从理论上看，在行动的层面考察人类活动，可以推进对实践过程的具体理解；从实践之维研究人类活动，则有助于把握行动的社会内涵与社会意义"❶。

另外，人类早就做出了关于"理论的知识"和"实践的知识"之区分。亚里士多德认为，"实践活动以善为追求目标，而最高的善即幸福。与理论活动旨在达到普遍性知识不同，实践活动更多地展开于具体情境，后者所指向的善，也唯有通过普遍原则与特殊情境结合才能实现"。杨国荣进一步指出，这种观点甚至影响到了康德，"康德区分了实践哲学与理论哲学，认为：'实践哲学的对象是行为（conduct），理论哲学的对象是认知（cognition）'"❷。同样，拉兹也做了类似的说明，"实践哲学亦可通过其所关注的活动性领域或者人类关系的本质而得到思考。在这种意义上，道德哲学、政治哲学和法哲学均为实践哲学的分支，各自处理人类生活的不同方面"❸。他进一步指出，这些学科中的一些概念是可以通用的，比如权利、义务和正义，权力和权威，规则和原则等。那么这些学科中有一些共同的问题，比如"行动的合理性问题以及行动及其后果的责任问题"❹。正是基于以上考虑，对行动的关键性问题即支撑行动的理由做一哲学上的分析。在我看来，人们正是基于理由而行动，所不同的是，拉兹认为人们应该基于事实而行动，而不是对事实的信念。"后真相"现象表明，人们并未按照拉兹所说的基于完全客观的事实而行动，行动中的事实是各自根据自己的价值目的而构建出的事实，比如美国大选中特朗普的支持者就是如此行动的。那么这一现象说明了什么，正是本书要分析的。

（二）理由要符合主体的需要

理由以信息的形式出现，又作为评价的内容进入决策，进而指向行动。在这里要区分"需要"与"想要"的差别，这是评定理由合理性的依据。我们认为，需要是主体合理的价值关系的实现问题，而"想要"是一种并不符合主体实际情况的且对主体来说无力实现的一种价值可能，那么从严格意义上来说，它是一种对"价值关系"的误判。因此，主体应当依据对自身的正确定位和判断而评价所获得的信息，进而区分哪些才是真正的理由，而哪些只是"虚假理由"。例如 1967 年在菲利帕·福特发表的《堕胎问题和教条双重影

---

❶ 杨国荣. 人类行动与实践智慧［M］. 北京：生活·读书·新知三联书店，2013：2.

❷ 杨国荣. 人类行动与实践智慧［M］. 北京：生活·读书·新知三联书店，2013：4.

❸ ［英］约瑟夫·拉兹. 实践理性与规范［M］. 朱学平，译. 北京：中国法制出版社，2011：3.

❹ ［英］约瑟夫·拉兹. 实践理性与规范［M］. 朱学平，译. 北京：中国法制出版社，2011：3.

响》中被首次提出的"电车难题":一辆失控的电车向一条绑着五个人的轨道驶去,并且即刻就要撞上,此时电车司机可以拉一个拉杆,将电车拐到另一条轨道上,但是这条轨道上也有一个人被绑着,那么电车司机该做出什么样的决策呢?它难的地方就在于无论给出什么样的决策理由,都会被指责是有缺陷的,都会有相反的理论来反对这一行动的理由。因此,我们反对这种"真空决策模型",因为它忽略了决策主体的现实情境。决策主体的行动理由应在具体的情境中予以考察,而不是忽略主体自身的现实规定性而作为普遍性的抽象的人加以分析。对此类难题的反对,本质上是对价值独断主义的反对。因此,"理由"一定是符合主体需要的"理由"。我们可以从人们真实决策的过程来分析这一现象,因为决策的过程本质上就是对理由的权衡过程,也是一个价值选择的过程。

人的存在方式表现为各种各样的文化样态。决策活动是一种典型的价值选择活动,在一定群体和时代范围内的主体总表现出自己生命样态的决策方式和行动特征。在"后真相"时代,人们的决策不再迷信真相,而是将自己的情感和目的加入到决策和行动中,表明人们开始了"价值自觉",一个真正的呼唤主体性的时代的到来。"后真相"时代的特点就是将被人们掩盖的"价值维度"凸显出来,把人们从对"客观事实"的迷雾中摇醒,指出"真相和价值是事实的两个维度"。因此,"后真相"时代等同于"价值选择的时代",本质是其作为"价值时代"的代名词出现。它实际上意味着,人们已经不再迷信和追逐那个"绝对客观的真相",好像只要找到了那个"真相"就万事大吉,而是开始反思和怀疑"真相",不断凸显价值思维在观察和行动中的地位与作用。但是,我们同时也要防止实用主义的误区,就是把一切都归为价值问题,用价值吞没了真理,消解了真相中的客观要素。我们说"后真相"时代让人们认识到价值维度,但并不是否认事实或真相中的"客观要件",人正是怀着这种价值目的、戴着"价值的有色眼镜"来搜寻能够证成自己价值目的的"要件",进而为自己的行动找到合理的理由。这才是人们观察事实、理解事实、进而选择和决策以作出符合主体价值需要的行动的完整逻辑。

这就是"后真相"时代可能带给我们的积极启示。"后真相"时代的特点,是将被人们掩盖的"价值维度"凸显出来,把人们从对"客观事实"的单向迷恋中摇醒,进入一个自觉地担当主体权责的历史时代,成为历史的真正主人。马克思说:"历史什么事情也没有做,其实,正是人,现实的、活生生的人在创造这一切，拥有这一切并且进行战斗。并不是'历史'把人当作手段来达到自己——仿佛历史是一个独具魅力的人——的目的。历史不过是追求着自己目的的人的活动而已。"❶ 经过"后真相"时代的困惑和觉醒，我们可以学会将"真理原则"和"价值原则"统一起来，把理由视作实践逻辑的自觉提升过程，把行动视为人的本质不断展现的过程，总是在反思当中关照对象、改造对象，并把自身视为对象，在新的历史情境中不断探索人类美好生活的新定义。

---

❶ 马克思，恩格斯. 马克思恩格斯文集：第一卷［M］. 北京：人民出版社，2009：295.

第八章 总结与展望

本书从对价值、评价、信息以及各类型决策的辨析入手，总结和抽象出决策的一般模式和基本特征，并指出评价在决策中居于基础性、前提性地位，同时在决策过程的每一步骤上起到方向性引领的作用。本书可以视为决策科学和价值哲学的交叉研究，通过论证，我们认为"评价"和"信息"是决策过程当中必不可少的两个关键因素，而二者都是在"主体"尺度上被统一到决策实践中的。评价反映评价者自身的认识水平和价值取向，这中间有认识的成分，但更是一种主体性哲学的体现。评价主体在目标设定、方案选择的时候，本质上是一种价值评价和价值选择。而决策中的信息包括事实性信息和价值性信息，同时任何一个信息又都包含了这两个维度，决策主体对其进行区分剥离并考察评价，最后信息便以价值关系的方式进入到决策方案中。决策主体是研究决策问题的钥匙，关于它的研究经历了从单主体模拟假设到多主体的组织行为学研究，在我们看来这是一种对决策研究越来越接近实践和"真实"的过程。当前，决策研究中的多主体以及同一主体内的成员关系等问题成为决策主体研究的重点。另外，在决策类型上关于不确定因素下的风险决策也成为各个行业关注的要点。这种越来越接近真实世界实际情况的决策研究反映了人们关于自身和对象世界的认知深入和价值多元的包容心态。

我们知道，人在生前身后都不会遇到决策问题，决策的需要只存在于现实生活当中，每一个目标都是对现实的否定，每一次方案的制定和执行都体现着人的能力与智慧之光辉。决策是一个否定性的实践过程。决策概念有广义与狭义之分，现代决策理论起始于狭义决策概念，同时也是决策科学化研究的开始，它系统地研究了决策的各个要素、参与主体和各个环节如何运转等问题。随着研究的深入，决策研究专家们又根据决策的不同分类方法将决策分为个体决策与群体决策、确定性决策与不确定性决策、单目标决策与多目标决策、贯序决策、风险决策、模糊决策，等等。与此同时，又从决策的过程和后果两个维度来研究如何评价决策的质量问题，它既构成了评价一个决策优劣的标准，又在一定程度上构成了决策制定过程的原则和方法。在整个大的学科体系上，由决策问题引发并推动了一系列关于认识论、心理学、脑神经科学、组织社会学等相关学科的问题的研究，可见决策研究是一个需要多学科共同参与的交叉领域。单纯的决策模型是一个人的决定，主体利益不分化；复杂的决策模型是很多人意见的综合，涉及多主体之间的利益诉求。社会性的决策并不是简单的做事，而是涉及决策集团中不同人的利益关系，要在不同利益分配中取一个合理的比例等问题。所以，一旦涉及决策问题就是非常现实的问题，而在其中每一个主体的评价既表现出自己的立场和利益诉求，又反映着主体的精神活动过程，这从另外一个维度为我们研究评价和价值问题提供了一个实验场，这些都关系到对评价这一精神活动的本质如何理解的问题。

首先，自决策科学产生以来，西方的传统决策论研究专家对决策主体即决策者的假设一直以"经济人"的形式出现。经济人的假设是数学化、量化思维模式的必然产物，也是决策认识论所依托的必然前提条件，因为只有抽象掉了具体的活生生存在的主体，才能进入到数学计算领域。它的完全理性人假设、利益最大化假设以及完全孤立无感情的个人特点，在方便了数学家们计算的同时，却并未解决人们选择上的困惑，可以说"经济人"假设不具有现实可操作性，这只是一种削足适履的形而上学思维模式。通过对传统管理理论的反思，罗伯特·西蒙等现代管理科学家从对决策方法的关注中转向对决策主体的研究，进而对传统管理科学的基本前提即"经济人"假设提出了质疑，在"决策要有现实可行性"思想的指导下，提出了"行政人"假设取代"经济人"假设的观点，并以决策结果的"最满意方案"替代"最优方案"，从而使得决策研究从天上走向人间。西蒙对决策者的定位是一个活生生的现实的人，决策主体越精确、越具体，其受到的约束条件就越现实，其个人的能力、时间、精力等条件亦或所处的政治社会环境等都使得主体在制定和选择决策方案的时候非常现实，决策的方案也具有强烈的可执行性。相对于理性人假设将决策者置于一种全知全能以及时间条件都无限充足的理想状态下而选择一个最优解来说，行政人假设则承认决策主体的现实条件和困难，认为人们的决策其实并不需要一个最优解，而是一个最满意解即可，就像我们要在针盒里拿起一枚针缝衣服，只需要找到一根能把衣服缝好的针，而没有必要一定要找到最锋利的那根。西蒙对决策主体的这一人文关怀的定位从根本上解决了现实的决策困境，并大力推进了组织行为学和管理科学的进步，也带动了决策研究向其他学科的跨越与渗透。所以，通过全文的论证，"决策一般"应被表述为"决策主体基于信息和价值取向而设定目标—搜集信息—制订方案—执行方案—反馈反思—修正并继续执行原有方案或修改决策目标等"这样一个循环往复的认识—评价—实践—再认识—再评价—再实践过程。决策一定是基于一定信息而做出的决策，包括目标的设定和方案的制定。决策主体在允许的条件下，尽可能地做到对信息进行周全详尽的搜集以及全面多维的分析，这是主体首要的指导思想。

其次，在关于信息问题上，不能将信息等同于物质、能量，也不能将信息等同于具体的传播途径（报纸、电视），更不能将信息看作"非人的存在"。信息的"属人性"是在认识论的层面，它的"属主体性"则是在价值论的层面。因为认识可以是"人"在认识，但价值就只能是在"主客体的关系"范畴下讨论。从概念的严苛上来说，"属人的"并不一定是"属主体的"，但是"属主体的"一定是"属人的"。价值关系考量信息要比认识论层面考量信息更进一步把握信息的本质。人们对信息的态度和使用主要是用来辅助制订生产生活的方案，来达到主体的目的，过上主体所认定的"好生活"。没有信息主体无法做出判断也无法制定下一步的实践方案，就像不知道明天是否下雨就无法做出明天要不要出门的打算一样。从宏观到微观，从以个人为主体到以全人类为主体，无不需要从比特中获取有价值的比特（即信息），这就是信息对主体的意义。想清楚不能只靠"脑袋"，信息所反映的事实只能是价值事实，它是经过主体参与加工过了的事实，并不是客观存在的物自体。所以，用对象性思维必然会被"多少"所困，只有站在主体需要的角度上，才能"有所取，有所不取"。人类对信息的开发和注意，归根结底是人类对自己作为一个主体的不断认识的过程，而只有主体越确定自己的价值需要，他才越具有分辨有效信息和信息价值高低的能力的可能性。所以当主体在面对现象、信号或者比特来判断它们是不是决策信息（或有价值的信息）的时候，主体的评价在这中间起到决定性的作用。"信息与'意义'关联，是一件属人的认识现象，不存在所谓的'本体论信息'，而只存在认识论意义上的信息。"❶ 这里与其说"信

---

❶ 肖峰. 重勘信息的哲学含义 [J]. 中国社会科学, 2010 (4): 32 – 43 + 220 – 221.

息与意义关联"不如说"信息与价值关联";同样，与其说是一件属"人"的"认识现象"，不如说是一件属"主体"的"评价现象"。信息是一种价值形式，它必然与主体相关，所以某一信息在决策中的价值有多大主要依赖于主体的评价，然而评价是否合理与正确却是有现实评判依据的，那便是价值事实本身，因为价值关系是一种客观实在。自然界自古以来对人类的显现总是那么的相似，但是不同时期的人们总是从自然当中获取不同的信息。就像我们知道太阳每天东升西落，其实并不是太阳本身升起来落下去，它不过是过去的人们以自己为参照做出的描述判断，随着科学的进步，我们知道那不过是地球自己自转造成的现象，这一现象在不同主体那里就出现了不同的信息，也直接产生了"日心说"的理论结果。若没有日心说，我们也发射不了卫星，更探索不了遥远的宇宙。于此，我们发现所谓的"困境"，以及那些表现得像形而上学一般的困境，不过是抽象掉了具体的人和主体的必然结果，它不过再一次证明了出问题的永远是脑袋而不是生活。

另外，信息越来越多从侧面反映了主体的价值需要越来越丰富。信息时代的困境是一个阶段性的困境，与其说这是一种滑坡，倒不如说是一种爬坡，是不断朝向马克思所说的"自由、全面、发展"的人的迈进，是人不断地朝向对人的本质的占有的迈进。我们要从对象性思维中转变出来，与其关注信息不如关注自身的价值需要。信息所谓的多少，不过是主体价值需要的映射罢了。"'自我'总是一切价值选择坐标系的原点。"❶ 人生自我境界的提高，就是不断扩大"自我"的范围，从不同高度的主体层次来实现自己的权利和责任。那么关于"信息抓取者"带来的生活困扰，本书认为可以从两个方面入手解决，一方面要加强职业道德规范建设，提高人们的公德素质；另外一方面要通过法治来规范市场经济的秩序，我们完全可以认为信息获取属于市场经济商业行为中的一种。尤其是在大数据泛滥的今天，出于经济利益考虑的商业主体无疑把握到了流量转化成信息的商业秘密，大肆通过非法手段获取流量。这种行为加剧了人们对自己信息安全的担忧。然而人们不能将信息本身视为罪魁祸首，我们应该认识到物与物的关系不过是人与人的关系。对这种现象的规范，就像对其他任何一种市场经济行为下的规范一样，一定要诉诸现代文明的有力武器"法治"而不能仅仅停留在个人的道德说教上。马克思在反驳鲍威尔的

---

❶ 李德顺. 选择的自我：一位哲学家眼中的人生［M］. 北京：北京出版社，1996.

《论犹太人问题》中指出："任何一种解放都是把人的世界和人的关系还给人自己。政治解放一方面把人变成市民社会的成员，变成利己的、独立的个人，另一方面把人变成公民，变成法人。"❶ 在当今社会，信息的丰富反映着主体以及主体需要的丰富与多元，那么只有让每一个人成为一个公民、一个权利与责任统一于一身的主体才能从根本上消除市场混乱的"困境"。总之，要从现实的角度用民主法治的思维将人的权利和责任梳理清楚，这既是解决以上问题的根本途径，更是新时代人类哲学的共同主题。

"信息过剩"的困境促使了"后真相"时代的兴起，与此同时也有人提出质疑，认为这种现象完全是个人情感、信念对真实的遮蔽。之所以如此，一个重要原因是我们以往把真相理解成"纯客观的"，没有意识到纯之又纯、与主体认知能力和认知方式全然无关的"真相本身"在人们的思想现实中是不存在的。所谓"真相"，从来就是客观事实与主体因素的统一，是事实"本身"与对事实的描述的统一。真相是人们凭借自己的主体性，观察、描述、传递和理解客观事实的结果。主体在确认和把握真相时，通常会倾向于选择符合自己立场的事实，自觉不自觉地将自己的目的投射到对象上，形成符合自己目的的"真相"。就像现实生活中不存在无主体性的价值事实一样，也不存在无目的性的真相。当一个人声称他说的"是真的"的时候，这个意思也可以理解为"他认为是真的"。需要指出的是：真相因主体因素不同而不同的特点，并不意味着主观主义和相对主义。因为主体将"纯粹事实"转化为"真相"的机制和规律是客观的；在同一共同体主体内部，真相仍是客观的和普遍的。

当然本书还有很多不足之处，主要体现在对经济学领域的前沿研究关注不够。因为从决策本质上是一种权衡利弊的行为的角度来看，生活当中的很多决策都可以用"经济决策"来还原和理解，而卡尼曼之后的诺贝尔经济学奖得主的研究，如塞勒将心理上的现实假设纳入到经济决策分析中，并指出人们在决策过程中对"利害"的权衡是不均衡的，对"避害"的考虑远大于对"趋利"的考虑。像这样一些问题，笔者并未深入细致地从评价的角度予以论证，这将是继续研究当中所要面对的问题。

那么关于决策研究最新展望或是后续将要探讨的主题，本书认为决策科学时代的特征需要对大数据、人工智能、心理学和神经科学、决策的民主与法

---

❶ 马克思，恩格斯. 马克思恩格斯全集：第 1 卷［M］. 北京：人民出版社，1956：443.

治、真理与价值等问题做进一步的深入研究。西蒙曾指出所有人类能够做出的决策计算机都可以做到，这不但为今后的决策支持系统指出了研究方向，也在某种程度上揭开了人工智能参与决策的可能性。当然目前在人工智能发展即将到来的井喷时期，决策科学发展的前沿之一就是如何让人工智能进入到人类的决策生活之中。从发展趋势上看，人工智能不再是简单的机器玩具，不再是一个输入指令只会扫地的机器，而是一个能全方位和人类合作为人类服务的伙伴，孙伟平指出，"人工智能以其'客观的立场''丰富的知识''敏捷的思维''冷静的态度'可以帮助人们敏锐地洞察时代发展趋势，全面地掌握事实情况，并以此为基础更好地认识客观世界和主观世界，不断提升价值评价、选择和决策水平。"❶ 我们甚至可以预测计算机从微小的决策，到一个国家的军事政治决策，都有可能完成。它甚至能代替一大部分政府的决策工作。这并非无稽之谈，因为计算机的决策来自大数据，它尽最大可能地计算一切掌握的信息，只要人类将自己的"原则和愿望"输入到计算机里，那么计算机就会以最满意的原则来管理社会。然而我们一边在欢喜人工智能为我们的决策研究和决策实践所提供的便利的同时，一边又为其卓越的决策能力和执行能力给人类带来的危机所担忧。正如孙伟平所言，"人工智能领域的管理者和科技工作者，作为处在人类知识限度之边缘的评价和决策者，实际上决定着人工智能的价值观和道德表现，更是肩负着不容推卸的道义责任"❷。

再次，集体决策的解决出路需要深入到偏好的形成中，尤其是社会互动对于偏好形成的作用，注意环境心理对决策的重大影响，群体心理是决策的重要依据，也是决策能否成功的重要考量因素。正所谓民心、民意就是百姓的所思、所想，就是人们心中真正想要的，执政党要倾听到话外音，认识到人民的心理和价值目标是一个政党得到人民拥护的关键。同样，决策文化反映着群体文化，决策主体中的领导必须十分重视并自觉努力地建构优秀群体文化，而优秀的群体精神往往是在该群体处于最困难时期形成的，"感人心者，莫过于情"，合理借助人们的情感也是决策能够成功制定并坚持执行到底的重要方法，要将所有人的信念、意向和愿望决定为一个整体的意向状态。此外，要注意人的直观能力在决策中的作用，直观判断是逻辑思维高度浓缩、简化和自动

---

❶ 孙伟平. 关于人工智能的价值反思 [J]. 哲学研究，2017（10）：120－126.
❷ 孙伟平. 关于人工智能的价值反思 [J]. 哲学研究，2017（10）：120－126.

化的结果。

最后，在关于社会决策与民主法治的关系上，我们认为民主法治是保证社会科学决策的前提，而只有科学的决策才能符合社会的根本利益。决策的无法执行，一部分原因来自于决策的科学性与现实性的矛盾。决策是应该如此做，然而，现实的利益关系导致此决策不能通过。所以，决策本质上是价值应然—现实分析（认识论）—价值引导的过程。但是，每一个环节都会受到价值的影响，而不是一个纯粹理性认知的过程。自然科学的研究是揭示已经真实存在的规律，而社会科学的研究具有价值引导性，它的结论并不是纯客观的，或者说它得到的是一种想要的客观。

总体来看，本书坚持历史唯物主义的基本方法和原则，从西蒙关于完全理性的反对入手来作为本书的逻辑起点，通过分析价值的本质以及由此引发的评价在决策当中的作用，并结合决策当中的一些历史案例，全面地论证了应该如何看待决策主体、信息、评价机制、群体效应和决策的组织伦理等问题。我们党和国家就有坚持"科学决策"和"民主决策"的优良传统，这在老一辈无产阶级革命家中广为体现，从毛主席时代起，邓小平、陈云、万里、薄一波等都有专门关于如何做好决策的论著，这是当前我们加快政府决策民主化、科学化步伐的理论基础和精神财富。目前关于深化我国政府决策机制的改革，已经成为我国政治体制改革的重要内容，它对于我国社会主义经济建设发展、保证党和政府的长治久安起着重要的推动作用。当然，任何决策或制度建设都必须尊重规律和法治，既要推动社会信息化建设的步伐并建立健全信息公开制度，又要在合法合理的前提下推进改革，不断完善决策公示和听证制度、加强政府的自我监督和人民群众的监督机制等，做到决策的权力和责任统一在一个主体上，这既是加快政治体制改革步伐的关键内容，也是推进社会主义市场经济健康发展的重要前提。

本书在结束部分，借用马克思的话来阐述一下笔者研究的初心："人的思维是否具有客观的真理性，这不是一个理论的问题，而是一个实践的问题。人应该在实践中证明自己思维的真理性，即自己思维的现实性和力量，自己思维的此岸性。关于思维——离开实践的思维——的现实性或非现实性的争论，是一个纯粹经院哲学的问题。"❶ 关于决策理论的研究前景问题，马克思的理论

---

❶ 马克思，恩格斯. 马克思恩格斯选集：第 1 卷［M］. 北京：人民出版社，2012：137 - 138.

同样具有现实的意义，"社会生活在本质上是实践的。凡是把理论诱入神秘主义的神秘东西，都能在人的实践中以及对这种实践的理解中得到合理的解决"❶。我们的决策研究一定要在实践中找到出路，给价值评价在决策中一个合理的位置，并正视它的作用。借用价值哲学的方法和视角在决策领域的探索，本书的研究只是一个开始，此后更是万水千山。

---

❶ 马克思，恩格斯. 马克思恩格斯选集：第 1 卷［M］. 北京：人民出版社，2012：139－140.

参考文献

一、中文著作及译著

[1] 马克思，恩格斯. 马克思恩格斯选集：第 1－4 卷［M］. 北京：人民出版社，2012.

[2] 马克思，恩格斯. 马克思恩格斯文集：第 1－10 卷［M］. 北京：人民出版社，2009.

[3] 马克思，恩格斯. 马克思恩格斯全集：第 3 卷［M］. 北京：人民出版社，2002.

[4] 马克思，恩格斯. 马克思恩格斯全集：第 20 卷［M］. 北京：人民出版社，1971.

[5] 马克思，恩格斯. 马克思恩格斯全集：第 21 卷［M］. 北京：人民出版社，2003.

[6] 马克思，恩格斯. 马克思恩格斯全集：第 25 卷［M］. 北京：人民出版社，1974.

[7] 马克思，恩格斯. 马克思恩格斯全集：第 30 卷［M］. 北京：人民出版社，1995.

[8] 马克思，恩格斯. 马克思恩格斯全集：第 31 卷［M］. 北京：人民出版社，1998.

[9] 马克思，恩格斯. 马克思恩格斯全集：第 35 卷［M］. 北京：人民出版社，2013.

[10] 马克思，恩格斯. 马克思恩格斯全集：第 40 卷［M］. 北京：人民出版社，1982.

[11] 马克思，恩格斯. 马克思恩格斯全集：第 44 卷［M］. 北京：人民出版社，2001.

[12] 马克思，恩格斯. 马克思恩格斯全集：第 47 卷［M］. 北京：人民出版社，2004.

[13] 马克思. 1844 年经济学哲学手稿［M］. 北京：人民出版社，2000.

[14] 列宁. 列宁选集：1－4 卷［M］. 北京：人民出版社，1992.

[15] 尤尔根·哈贝马斯. 重建历史唯物主义［M］. 郭官义，译. 北京：社会科学文献出版社，2013.

[16] 约瑟夫·拉兹. 实践理性与规范［M］. 朱学平，译. 北京：中国法制出版社，2011.

[17] 黑格尔. 精神现象学［M］. 贺麟，王玖兴，译. 上海：上海人民出版社，2013.

[18] 巴纳德. 经理人员的职能［M］. 王永贵，译. 北京：机械工业出版社，2007.

[19] 查尔斯·林德布洛姆：决策过程［M］. 竺乾威，胡君芳，译. 上海：上海译文出版社，1988.

[20] 赫伯特·A. 西蒙. 管理行为［M］. 詹正茂，译. 北京：机械工业出版社，2007.

[21] 赫伯特·A. 西蒙. 管理决策新科学［M］. 北京：中国社会科学出版社，1982.

[22] 斯科特·普劳斯：决策与判断［M］. 施俊琦等译，北京：人民邮电出版社，2004

［23］肯尼斯·J. 阿罗. 社会选择与个人价值［M］. 丁建峰，译. 上海：上海人民出版社，2010.

［24］罗素. 宗教与科学［M］. 徐奕春，林国夫，译. 北京：商务印书馆，2011.

［25］GEORGE M. Marakas. 21世纪的决策支持系统［M］. 朱岩，肖勇波，译. 北京：清华大学出版社，2002.

［26］贝克尔. 人类行为的经济分析［M］. 王业宇，陈琪，译. 上海：上海人民出版社，2015.

［27］丹尼尔·卡尼曼. 选择、价值与决策［M］. 郑磊，译. 北京：机械工业出版社，2018.

［28］薄一波. 若干重大决策与事件的回顾. 上卷［M］. 北京：中共中央党校出版社，1997.

［29］杨国荣. 人类行动与实践智慧［M］. 北京：生活·读书·新知三联书店，2013.

［30］车文博. 心理学原理［M］. 哈尔滨：黑龙江人民出版社，1986.

［31］陈珽. 决策分析［M］. 北京：科学出版社，1997.

［32］陈新汉. 权威评价论［M］. 上海：上海人民出版社，2006.

［33］陈正伟. 综合评价技术及应用［M］. 成都：西南财经大学出版社，2013.

［34］李德顺. 价值论［M］. 北京：中国人民大学出版社，2007.

［35］范翰章，杨树春，孙秀玉. 决策心理学［M］. 北京：中央党校出版社，1996.

［36］郭春香，郭耀煌. 不确定格序决策方法［M］. 成都：西南交通大学出版社，2013.

［37］郭湛. 主体性哲学：人的存在及其意义［M］. 北京：中国人民大学出版社，2011.

［38］黑格尔. 哲学史讲演录. 第一卷［M］. 贺麟，王太庆，译. 北京：商务印书馆，2011.

［39］李德顺. 选择的自我：一位哲学家眼中的人生［M］. 北京：北京出版社，1996.

［40］李怀祖. 决策理论导引［M］. 北京：机械出版社，1993.

［41］马俊峰. 价值论的视野［M］. 武汉：武汉大学出版社，2010.

［42］马俊峰. 马克思主义价值理论研究［M］. 北京：北京师范大学出版社，2012.

［43］萧浩辉. 决策科学辞典［M］. 北京：人民出版社，1995.

［44］王宪磊. 科学决策和信息管理［M］. 北京：社会科学文献出版社，2007.

［45］张东荪. 价值哲学［M］. 世界书局，1934.

［46］袁贵仁. 价值学引论［M］. 北京：北京师范大学出版社，1999.

［47］岳超源. 决策理论与方法［M］. 北京：科学出版社，2003.

［48］张岱年. 中国哲学大纲［M］. 北京：中国社会科学出版社，1982.

［49］李连科. 价值哲学引论［M］. 北京：商务印书馆，1999.

［50］赵新泉. 彭勇行. 管理决策分析第2版［M］. 北京：科学出版社，2008.

［51］中共中央文献研究室. 十六大以来重要文献选编：上［M］. 北京：中央文献出版社，2005.

［52］朱建军. 群决策信息分析及集结模型研究［M］. 北京：科学出版社，2012.

［53］万里. 万里文选［M］. 北京：人民出版社，1995.

［54］方迪启. 价值是什么［M］. 台北：台湾联经出版事业公司，1986.

［55］江泽民. 江泽民文选：第1~2卷［M］. 北京：人民出版社，2006.

［56］中共中央文献研究室. 十四大以来重要文献选编：中［M］北京：人民出版社，1997.

［57］孙伟平. 价值哲学方法论［M］. 北京：中国社会科学出版社，2008.

［58］王泽鉴. 法律思维与民法实例［M］. 北京：中国政法大学出版社，2001.

二、中文学术论文及期刊资料

［59］方平，陈满琪，姜媛. 决策的脑认知神经机制「J］. 心理科学，2009（3）：640－642.

［60］陈欣，叶浩生. 两难中合作行为研究的回顾和展望［J］. 心理科学进展，2007（5）：743－748.

［61］韩立新. 对象化与异化是否同一——"对黑格尔的辩证法和整个哲学的批判"的重新解读. 吉林大学社会科学学报，2010（1）：49－59.

［62］陈阳. 对拉兹价值社会依赖性理论的反思——从价值是如何生成的视角看［J］. 科学经济社会，2018，36（1）：7－13.

［63］方平，李英武. 情绪对决策的影响机制及实验范式的研究进展［J］. 心理科学，2005（5）：1159－1161.

［64］陈晓燕. 论我国公共决策机制的完善［J］. 湖北社会科学，2007（6）. 24－26.

［65］陈光明. 高层管理团队与核心决策团队比较研究［J］. 河南社会科学，2014（3）：78－83.

［66］陈国权，谷志军. 决策、执行与监督三分的内在逻辑［J］. 浙江社会科学，2012（4）：27－32.

［67］陈家昌. 我国科技非政府组织的决策参与问题探析［J］. 科学学与科学技术管理，2007（11）：29－32.

［68］陈晶，袁文萍，冯廷勇，等. 决策信心的认知机制与神经基础［J］. 心理科学进展，2010（4）：630－638.

［69］陈军. 归因风格、时间压力对决策信息加工的影响［J］. 心理科学，2009（6）：1445－1447.

［70］陈丽华. 邓小平决策理论与实践的历史特点［J］. 辽宁大学学报（哲学社会科学版），1999（6）：37－40.

［71］ 陈宁. 试论决策思维方式的转变［J］. 首都师范大学学报（社会科学版），2007（6）：112－115.

［72］ 宝贡敏，赵卓嘉. 面子需要概念的维度划分与测量———一项探索性研究［J］. 浙江大学学报（人文社会科学版），2009，39（2）：82－90.

［73］ 毕亮亮，托马斯·戴伊：《理解公共政策》［J］. 公共管理评论，2007：180－188.

［74］ 毕鹏程，席酉民. 群体决策过程中的群体思维研究［J］. 管理科学学报，2002（1）：25－34.

［75］ 毕鹏程. 领导风格对群体决策过程及结果的影响［J］，经济管理，80－84.

［76］ 毕新华，温池洪. 企业信息化决策模式与方法研究［J］. 情报科学，2007（12）：1897－1901.

［77］ 程凤春. 把握决策的三个维度：问题、权限和时机［J］. 经济管理，2004（19）.

［78］ 崔雯. 论我国决策纠错机制的健全和完善［J］. 西南民族大学学报（人文社会科学版），2012（10）：210－212.

［79］ 崔兆鸣. 对偏好逆转现象的解释［J］. 经济科学，2002（2）：122－128.

［80］ 戴子刚. 创新科学决策机制的思考［J］. 前沿，2008（5）：107－109.

［81］ 邓桂兰，周云华. 健全公众参与社会管理决策机制的思考［J］. 湖南社会科学，2012（1）：105－108.

［82］ 成思危. 大力发展软科学，促进决策科学化民主化［J］. 中国软科学，2005（4）：1－6.

［83］ 陈亚林，刘昌，张小将. 概率与事物表征［J］. 心理科学进展，2012（1）：65－74.

［84］ 陈莹，郑涌. 价值观与行为的一致性争议［J］. 心理科学进展，2010（10）：1612－1619.

［85］ 董琦. 解读困境：美国决策体制中的民主与效率［J］. 社会科学，2003（3）：37－41.

［86］ 窦彬，田志龙. 动态竞争中的技术创新信号与企业反应决策［J］. 科技进步与对策，2004（12）：21－23.

［87］ 段锦云，冯成志. 人类决策"理性观"的演化［J］. 苏州大学学报（哲学社会科学版），2010（2）：31－33.

［88］ 傅广宛，白侯军，傅雨飞. 中国古代决策咨询制度：历史沿革、发展特征与现代启示［J］. 江苏行政学院学报，2013（4）：84－90.

［89］ 傅天侠. 基于决策论的通信信号调制方式的识别［J］. 科技创新与应用，2014（19）：71－72.

［90］ 高利苹，李纾，时勘. 从对框架效应的分析看风险决策的神经基础［J］. 心理科学进展，2006（6）：859－865.

［91］古若雷，罗跃嘉. 焦虑情绪对决策的影响［J］. 心理科学进展，2008（4）：518－523.

［92］韩民. 着力健全领导决策失误的问责机制［J］. 理论学习，2015（8）：57－58.

［93］郝欣，胡振亚. 决策失误的重要成因探析［J］. 社会科学辑刊，2002（6）：44－46.

［94］何贵兵，奚岩. 保护性价值观及其对决策行为的影响［J］. 应用心理学，2005（1）：60－66.

［95］黄志华，闫巩固，王天乐. 经验决策：概念、研究和展望［J］. 心理科学进展，2011（12）：1814－1821.

［96］季浩，杨建锋. 西方伦理想象研究现状探析与未来展望［J］. 外国经济与管理，2013，35（4）：13－21.

［97］季浩. 团队如何进行伦理决策［D］. 南昌：江西财经大学，2014.

［98］李爱梅，孙海龙，熊冠星，等. "时间贫穷"对跨期决策和前瞻行为的影响及其认知机制［J］. 心理科学进展，2016（6）：874－884.

［99］李柏. 浅谈决策科学中的复杂性因素［J］. 青年与社会，2013（9）：268.

［100］李德顺. 21 世纪人类思维方式的变革趋势［J］. 社会科学辑刊，2003（1）：4－9.

［101］李德顺. 当代价值研究的新进路［J］. 马克思主义与现实，2013（3）：1－9.

［102］李辉. 高管团队特征与决策效果研究：行为整合的中介作用［D］. 辽宁大学，2014.

［103］李林，黄希庭. 价值观的神经机制：另一种研究视角［J］. 心理科学进展，2013（8）：1400－1407.

［104］李纾，梁竹苑，孙彦. 人类决策：基础科学研究中富有前景的学科［J］. 中国科学院院刊，2012（S1）：52－65.

［105］李纾. 发展中的行为决策研究［J］. 心理科学进展，2006（4）：490－496.

［106］李思，龙子建，乐天. 决策学研究［J］. 鄂西大学学报（社会科学版），1988（2）：87－105.

［107］李晓明，傅小兰. 决策中的延迟选择行为［J］. 心理科学，2006（1）：127－129.

［108］李晓明，傅小兰. 情绪性权衡困难下的决策行为［J］. 心理科学进展，2004（6）：801－808.

［109］凌斌. 行为决策中的选择性信息呈现：基于多重理论整合的视角［J］. 心理科学进展，2013（11）：2036－2046.

［110］刘法威. 伦理决策的困境与自主性［D］. 南京：东南大学，2005.

［111］刘金平，李红锋. 时间压力下的决策策略和决策理论［J］. 河南大学学报（社会科学版），2008（6）：73－78.

［112］刘金婷，蔡强，王若菡，等. 催产素与人类社会行为［J］. 心理科学进展，2011（10）：1480－1492.

［113］刘立飞. 浅述决策制定过程 ［J］. 科学学与科学技术管理，2007（S1）：182 – 183.

［114］刘敏军. 中国共产党执政决策机制改革研究 ［D］. 长沙：湖南师范大学，2008.

［115］刘庆顺，王渊，王刊良. 几种序贯观察与选择策略的比较 ［J］. 统计与决策，2007（14）：60 – 61.

［116］刘腾飞，徐富明，张军伟，等. 安于现状偏差的心理机制、影响因素及应用启示 ［J］. 心理科学进展，2010（10）：1636 – 1643.

［117］刘伟，周月梅，石永俊. 决策分析中的信息结构研究 ［J］. 武汉大学学报（哲学社会科学版），2008（1）：18 – 23.

［118］刘燕，赵曙明，蒋丽. 组织中的揭发行为：决策过程及多层次的理论框架 ［J］. 心理科学，2014（2）：460 – 467.

［119］刘耀中，唐志文. 类别决策直觉加工的事件相关电位研究 ［J］. 暨南学报（哲学社会科学版），2012（4）：96 – 101.

［120］吕虹. 政府决策制度体系研究 ［D］. 长春：吉林大学，2007.

［121］马剑虹. 决策渐进调整过程的个案研究 ［J］. 应用心理学，2001（3）：7 – 12.

［122］马剑虹. 组织决策的影响力分布 ［J］. 心理学报，1997（1）：83 – 91.

［123］马俊峰. 关于评价的几个问题 ［J］. 人文杂志，1992（1）：18 – 24.

［124］彭运芳. 决策者的得力助手——DSS ［J］. 统计与决策，1996（8）：22 – 23.

［125］祁雪瑞. 非理性因素的正面作用及其对决策的影响 ［J］. 中州学刊，2001（4）：73 – 75.

［126］沈凌. 中共执政决策机制研究 ［D］. 北京：中共中央党校，2014.

［127］沈翔宇. 不确定决策的两阶段特征研究 ［D］. 杭州：浙江大学，2011.

［128］施卓敏，范丽洁，叶锦锋. 中国人的脸面观及其对消费者解读奢侈品广告的影响研究 ［J］. 南开管理评论，2012（1）：151 – 160.

［129］石根. 决策学的发展趋势 ［J］. 决策探索，1997（7）：4 – 5.

［130］斯旺森·G. A.，刘海萍. 论物质信息和抽象决策信息的联系 ［J］. 中国流通经济，2008（3）：4 – 6.

［131］苏曦凌. 分殊还是融合：科学行政与民主行政之关系探讨 ［J］. 行政论坛，2015（2）：48 – 52.

［132］苏曦凌. 行政技术主义批判 ［J］. 广西师范大学学报（哲学社会科学版），2014（2）：43 – 50.

［133］苏曦凌. 行政决策的非理性维度研究 ［D］. 湘潭：湘潭大学，2011.

［134］苏曦凌. 行政现代性研究论纲 ［J］. 学习论坛，2015（5）：46 – 50.

［135］苏曦凌. 论现代行政的理性本质——基于历时态视角与共时态视角相结合的诠释 ［J］. 广东行政学院学报，2014（6）：11 – 16.

[136] 孙慧明，傅小兰. 直觉在军事决策中的应用 [J]. 心理科学进展，2013 (5)：893 - 904.

[137] 孙秋芬. 论决策科学化与民主化的两难困境及化解——基于专家与公民的知识分工理念的分析 [J]. 中南大学学报（社会科学版），2016 (6)：149 - 155.

[138] 孙伟平. 关于人工智能的价值反思 [J]. 哲学研究，2017 (10)：120 - 126.

[139] 陶新华，朱永新. 先秦兵家决策心理思想研究 [J]. 心理学报，1999 (2)：230 - 235.

[140] 汪凌勇. 国外科技决策咨询机构现状、特征与变革趋势 [J]. 科技管理研究，2014 (15)：10 - 12.

[141] 王大伟，刘永芳. 时间知觉对决策制定的时间压力效应的影响 [J]. 心理科学，2009 (5)：1106 - 1108.

[142] 王谷丹. 决策风格在决策支持系统中的作用 [J]. 现代情报，2004 (9)：7 - 8.

[143] 王洪明. 复杂性视角下的教育决策机制研究 [D]. 辽宁师范大学，2008.

[144] 王克群. 扩大公民有序政治参与 [J]. 理论视野，2008 (3)：41 - 43.

[145] 王鹏，方平，姜媛. 道德直觉背景下的道德决策：影响因素探究 [J]. 心理科学进展，2011 (4)：573 - 579.

[146] 王鹏，刘永芳. 时间框架对决策的影响 [J]. 心理科学，2009 (4)：840 - 842.

[147] 王卫. 决策中的信息问题 [J]. 情报资料工作，2006 (2)：32 - 35.

[148] 王晓庄，白学军. 判断与决策中的锚定效应 [J]. 心理科学进展，2009 (1)：37 - 43.

[149] 王彦，苏彦捷. 面对过多选项的心理后果及其可能的机制 [J]. 心理科学，2009 (5)：1153 - 1154.

[150] 王玉民. 决策的内容 [J]. 科研管理，1999 (3)：2 - 6.

[151] 王重鸣，邓靖松. 团队中信任形成的映象决策机制 [J]. 心理学报，2007 (2)：321 - 327.

[152] 魏子晗，李兴珊. 决策过程的追踪：基于眼动的证据 [J]. 心理科学进展，2015 (12)：2029 - 2041.

[153] 邬焜. 中国信息哲学核心理论的五种范式 [J]. 自然辩证法研究，2011 (4)：48 - 53.

[154] 吴宝沛，寇彧. 西方社会价值取向的研究历程与发展趋势 [J]. 心理科学进展，2008 (6)：987 - 992.

[155] 吴红梅，刘洪. 西方伦理决策研究述评 [J]. 外国经济与管理，2006，28 (12)：48 - 55.

[156] 吴佳辉，林以正. 中庸思维量表的编制 [J]. 本土心理学研究，2005，24：247 - 299.

[157] 习近平. 谈谈调查研究 [J]. 党建研究, 2011 (12): 4 – 8.

[158] 席酉民, 汪应洛, 王刊良, 等. GDSS 环境下群体大小的实验研究 [J]. 决策与决策支持系统, 1997 (2): 3 – 12.

[159] 肖峰. 重勘信息的哲学含义 [J]. 中国社会科学, 2010 (4): 32 – 43.

[160] 邢会强. 我国应建立重大公共支出决策听证制度 [J]. 行政法学研究, 2004 (3): 52 – 59.

[161] 徐惊蛰, 谢晓非. 决策过程中的建议采纳 [J]. 心理科学进展, 2009 (5): 1016 – 1025.

[162] 严进, 王重鸣. 两难情景下任务结构与价值取向的效用特征转换 [J]. 心理学报, 2002 (5): 529 – 533.

[163] 严万森, 李纾, 隋南. 成瘾人群的决策障碍: 研究范式与神经机制 [J]. 心理科学进展, 2011 (5): 652 – 663.

[164] 杨晓东, 韩刚. 国家生活中重大事项决定权问题初论 [J]. 理论与现代化, 2008 (1): 22 – 25.

[165] 杨永芳. 创新决策过程的有效信息获取方式 [J]. 情报科学, 2002 (6): 607 – 609.

[166] 杨中芳. 中庸实践思维体系探研的初步进展 [J]. 本土心理学研究 (台湾), 2010, 34: 3 – 165.

[167] 于窈, 李纾. "过分自信" 的研究及其跨文化差异 [J]. 心理科学进展, 2006 (3): 468 – 474.

[168] 余嘉元. 决策风格与风险偏好的关系 [J]. 统计与决策, 200L (II).

[169] 张登兵. 统计预测效果的评价方法 [J]. 统计与决策, 2012 (21): 99 – 101.

[170] 张国华, 戴必兵. 无法忍受不确定性研究进展 [J]. 首都师范大学学报 (社会科学版), 2012 (2): 124 – 130.

[171] 张慧峰. 信息时代大学生价值取向研究 [D]. 沈阳: 辽宁大学, 2013.

[172] 张军伟, 徐富明, 孙彦, 等. 行为决策视野中的幸福及其提升策略 [J]. 心理科学进展, 2010 (7): 1096 – 1103.

[173] 张旭锦. 知觉流畅性对判断和决策的影响 [J]. 心理科学进展, 2010 (4): 639 – 645.

[174] 张有喜. 科学决策是提高企业管理水平的重要途径 [J]. 煤炭企业管理, 2000 (3): 27.

[175] 张振, 张帆, 黄亮, 等. 决策中社会价值取向的理论与测评方法 [J]. 心理科学进展, 2014 (1): 48 – 56.

[176] 张智光. 决策的科学性与艺术性: 基于决策科学体系的分析 [J]. 东南大学学报 (哲学社会科学版), 2006 (3): 19 – 23.

[177] 赵守国. 企业决策体制的理性构造 [J]. 西北大学学报（哲学社会科学版），1994（1）：110-114.

[178] 赵玉英. 金初勃极烈制度决策机制论略 [J]. 北方论丛，2013（4）：100-102.

[179] 郑开琪. 关于信息的定义及其分类 [J]. 上海社会科学院学术季刊，1989（3）：114-119.

[180] 郑立明. 现状偏好的来源和成因分析 [J]. 现代管理科学，2012（8）：31-33.

[181] 郑曙村. 建立决策、执行、监督"权力三分"体制的构想 [J]. 齐鲁学刊，2010（6）：98-102.

[182] 支凤巧. 关于优化我国现行公共决策机制的思考 [J]. 法制与社会. 2010（6）：158.

[183] 周国梅，荆其诚. 心理学家 DanielKahneman 获 2002 年诺贝尔经济学奖 [J]. 心理科学进展，2003（1）：1-5.

[184] 周正，辛自强. 数学能力与决策的关系：个体差异的视角 [J]. 心理科学进展，2012（4）：542-551.

[185] 朱冬青，谢晓非. 最优化与满意型决策风格孰优孰劣？ [J]. 心理科学进展，2013（2）：309-316.

[186] 朱海东，汪强. 决策中主观价值计算与整合的神经机制及其影响因素 [J]. 心理科学，2015（5）：1095-1102.

[187] 朱琳，张庆林. 决策的发展性研究进展 [J]. 西南师范大学学报（人文社会科学版），2004（4）：60-64.

[188] 竺培梁，耿亮. 大学生情绪智力、认知智力、人格与决策的关系研究 [J]. 外国中小学教育，2011（8）：37-40.

[189] 庄锦英. 情绪与决策的关系 [J]. 心理科学进展，2003（4）：423-431.

[190] 李武，席酉民，成思危. 群体决策过程组织研究述评 [J]. 管理科学学报，2002（2）：55-66.

[191] 李德顺. 关于价值学的几个理论问题 [J]. 人文杂志，1992（5）：42-50.

[192] 我们面对的价值选择——李德顺教授一席谈 [J]. 思想政治工作研究，1993（4）：4-7.

[193] 徐晨. 神经经济学的兴起及其对经济学发展的贡献 [J]. 经济评论，2007，（2）：64-67.

[194] 尹建明. 决策活动中的理性因素与非理性因素 [J]. 安顺师范高等专科学校学报（3）：69-71.

[195] 刘超良. 制度德育论 [D]. 武汉：华中师范大学，2006.

[196] 刘学平. 企业家政府理论的伦理批判 [D]. 长沙：中南大学，2013.

［197］孙超. 以更好的券促更好的消费［N］. 21 世纪经济报道，2020 － 05 － 12（004）.

［198］王秀青. 对高校"非升即走"制度的分析［J］. 内蒙古科技与经济，2016
（16）：34.

［199］万里. 决策民主化和科学化是政治体制改革的一个重要课题［N］. 人民日报，1986 －
08 － 15.

［200］习近平. 始终坚持和充分发挥党的独特优势［J］. 求是，2012（15）.

［201］钱俊君. 论公共决策的正义性［J］. 中南林业科技大学学报：社会科学版，2008，2
（1）：17 － 20.

［202］彭忠益，张学泽. 正义：我国行政决策的理性诉求［J］. 行政与法（吉林省行政学
院学报），2004（12）：8 － 10.

［203］戴娟. 程序正义视角下重大行政决策程序优化研究［D］. 湘潭：湘潭大学，2016.

［204］刘武俊. 让人民群众在司法案件中感受到程序正义［N］. 人民法院报，2016 － 06 －
15（001）.

［205］华彦玲，袁小慧. 国有企业集体决策失误纠偏：制度合理 + 程序正义［J］. 江海学
刊，2016（6）：208 － 212.

［206］傅达林. 从"一夜限牌"看公共决策的程序正义［N］. 检察日报，2014 － 05 － 07
（007）.

三、外文学术资料

［207］EDWARDS W. The theory of decision making［J］. Psychological Bulletin，1954，51
（4）：380 － 417.

［208］BARON J, GRANATO L, SPRANCA M, et al. Decision － making Biases in Children and
Early Adolescents：Exploratory Studies［J］. Merrill － Palmer Quarterly，1993，39（1）：
22 － 46.

［209］THALER R H. Mental Accounting and Consumer Choice［J］. Marketing Science，2008，
27（1）：15 － 25.

［210］MOHAMED A, Wiebe F. Tow and a process theory of groupthink［J］. Small Group Re-
search，1996，27：416 － 430.

［211］JOSEPH Raz. The Practice of Value［M］. Oxford：Clarendon Press，2003.

［212］DAVIS G., OLSON M. Management Information Systems：Conceptual Foundations，
Structure and Development［M］. New York：McGraw － Hill 1985，pp. 200 － 204.

［213］GREEN D, Jacowitz K E, Kahneman D, et al. Referendum contingent valuation, ancho-
ring, and willingness to pay for public goods［J］. Resource and Energy Economics，
1998，20（2）.

[214] KAHNEMAN D. Chapter 100 The Endowment Effect: Evidence of Losses Valued More than Gains [J]. Handbook of Experimental Economics Results, 2008, 1.

[215] FREDERICK S, KAHNEMAN D, MOCHON D. Elaborating a simpler theory of anchoring [J]. Journal of Consumer Psychology, 2009, 20 (1).

[216] BATEMAN I, KAHNEMAN D, MUNRO A, et al. Testing competing models of loss aversion: an adversarial collaboration [J]. Journal of Public Economics, 2005, 89 (8).

[217] KAHNEMAN D. Commentary on Ebersole [J]. Journal of Experimental Social Psychology, 2016, 67.

[218] BEN – PORATH E, KAHNEMAN M. Communication in repeated games with costly monitoring [J]. Games and Economic Behavior, 2003, 44 (2).

[219] KAHNEMAN D, FREDERICK S. Frames and brains: elicitation and control of response tendencies [J]. Trends in Cognitive Sciences, 2006, 11 (2).

[220] BEN – PORATH E, KAHNEMAN M. Communication in Repeated Games with Private Monitoring [J]. Journal of Economic Theory, 1996, 70 (2).

[221] BREITER H C, Aharon I, Kahneman D, et al. Functional Imaging of Neural Responses to Expectancy and Experience of Monetary Gains and Losses [J]. Neuron, 2001, 30 (2).

[222] REDELMEIER D A, Kahneman D. Patients'memories of painful medical treatments: real – time and retrospective evaluations of two minimally invasive procedures [J]. Pain, 1996, 66 (1).

[223] REDELMEIER D A, Katz J, Kahneman D. Memories of colonoscopy: a randomized trial [J]. Pain, 2003, 104 (1).

[224] MOREWEDGE C K, Kahneman D. Associative processes in intuitive judgment [J]. Trends in Cognitive Sciences, 2010, 14 (10).

[225] KAHNEMAN D. Commentary on Ebersole [J]. Journal of Experimental Social Psychology, 2016, 67.

[226] KAHNEMAN D, Smith V L. Press Release from the Royal Swedish Academy of Sciences [J]. Scandinavian Journal of Economics, 2003, 105 (2).

[227] DOLAN P, Kahneman D. Interpretations Of Utility And Their Implications For The Valuation Of Health [J]. The Economic Journal, 2008, 118 (525).

[228] MILKEN M, Becker G, Scholes M, et al. On Global Warming and Financial Imbalances [J]. New Perspectives Quarterly, 2006, 23 (4).

[229] LOVALLO D, Kahneman D. Living with uncertainty: attractiveness and resolution timing [J]. Journal of Behavioral Decision Making, 2000, 13 (2).

[230] PAULSON S, Chalmers D, Kahneman D, et al. The thinking ape: the enigma of human consciousness [J]. Annals of the New York Academy of Sciences, 2013, 1303 (1).

[231] KEINAN G, Friedland N, Kahneman D, et al. The effect of stress on the suppression of erroneous competing responses [J]. Anxiety, Stress & Coping, 1999, 12 (4).

[232] SAMUELSON, ZECKHAUSER. Status Quo Bias In Decision Making [J]. Journal of Risk and Uncertainty, 1988 (1).

[233] ELLSBERG D. Risk, ambiguity, and the savage axioms [J]. The Quarterly Journal of Economics, 1961, 75 (4): 643 - 669.

后　记

　　"选择"这个问题，一直以来都让我很是困惑，生活中有很多看起来荒唐的选择行为，我总是试图去理解，然而答案却总是不能让我满意。这便是引发我去思考和研究选择与决策问题的最初动因。

　　在读博士期间，通过对价值问题的深入研究，认识到"价值是选择的客观依据，而评价是选择的主观依据"，所以，选择本质上是一种价值选择，而引发选择行动的中介则是评价。在厘清了"价值—评价—选择"这三者之间的关系后，就一下子找到了研究人类决策行为的关键，即应当从评价切入，而不能局限在"决策科学"的数学模型的分析之中，那样始终是脱离实际的"真空中的决策"，它既不能完全合理解释人类的决策行为，也不能对下一个决策具有实际的指导意义。

　　正是因为有这样的问题意识，我对决策科学的已有类型进行归类分析，并抽象出了决策的一般过程。在这个基础上，我将决策的各个要素放置在各种决策类型中加以论证，批判了决策技术论和决策主观论问题，发现决策主体的现实规定是决策行为的关键，应当将决策研究的落脚点放在对决策主体的考察上。同时，信息向来被看作是决策的首要条件，是最为关键的因素，因此我紧接着又详细考察了人们在决策过程中是如何对待"信息"的。我将信息从信息科学的物理语境中剥离出来，把它纳入价值语境中考察，并指出了信息中包含的价值维度，即为何饥肠辘辘的人眼中看到的都是食物而不是风景，而矿产学家眼中的金子和珠宝商人眼中的金子不是一个东西。归根结底是观看主体的不同，没有纯粹客观的观察，也没有纯粹客观的对任何人都一样的信息。至此，我认为正是主体的现实规定的不同，才合理地解释了人们为何会面对同样的信息却做出了不同的选择。当考察到这一步的时候，我就在理论上找到了"尊重别人选择"的依据。这种尊重和承认不是基于道德或善良的说教，而是从对现实的人的肯定与对其权利和责任的尊重上的必然逻辑出发的。

那么，接下来我又用大量的时间详细考察作为决策的主体是一个什么样的主体。这首先是一个价值主体，其次才是一个决策主体，这一决策主体具有价值主体的最一般的规定和特征。而更为重要的是，决策中的主体有着强烈的动态性，也就是说"时间"维度在决策主体上体现得更加明显。决策活动本身是一个具有强烈"时机"约束性的价值选择活动。时机的把握（即在什么时间点位上行动）体现在包括目标设定、信息搜寻及终止、方案制订与比较、矫正与反思等决策各个环节的一般流程之中。因此，我认为从某种意义上来说，决策的"决"要比"策"（分析和制订方案）更加重要。

随着长时间对这一问题的思考，我认为研究的落脚点应该是决策的科学化和民主化问题，需要厘清二者之间的逻辑张力与内在统一，并用合理的决策方法和决策制度来保障决策效果。总之决策是人自己在走自己的路，只能是人为了自己、依靠自己达到共同的善。因此决策中也会涉及决策正义和主体间的伦理政治等问题，这都是接下来我需要继续研究的问题。

针对有专家指出人类已经进入"后真相"时代这一问题，我在本书的最后也给出了一些思考和看法。这主要集中在如何对待真相、如何处理信息和如何行动等问题。同时，当进入到这一层面的时候，我的研究也真正地进入了实践哲学领域，通过更为宏观的层面，即从实践哲学的高度再次审视选择和决策，才发现对这一问题的研究不能忽视对"理由"的考察，对这一问题的重视得益于拉兹在《实践理性与规范》中给出的论证。然而相对于拉兹将理由理解为"事实"来说，我从价值哲学的角度将"理由"处理为一种评价的结果。这一处理是否得当，我会在后续的研究中给出回答，但就本书来说，已经没有更多的论证空间了，便不得不就此收尾。

这个后记，可以视为我自己从一个很现实的生活困惑上升到对这一困惑的理论审视，再到专业的实践哲学之理论研究的真实心路历程，我认为这也是学术研究之"问题意识"的一个样态。还望读到此书的朋友们多多批评，并给出宝贵的意见，若能对这一研究有所推进，那是再开心不过的事了，学术研究的乐趣可能也就在这里吧。

最后，要感谢我的博导马俊峰老师在理论上给予的指导，我的两位学生王柯颖和孙宇在成书的最后帮我做的校对工作，北京化工大学和马克思主义学院对青年教师的支持，我的朋友樊翱铭在金融领域给我提供专业的案例分析，以及石红华编辑的耐心等待和仔细的编校工作。再次感谢大家！

陈　阳

2020 年 5 月于北京